溧水客民文化调查

江文宏　潘惠明 编著

团结出版社

UNITY PRESS

图书在版编目(CIP)数据

溧水客民文化调查 / 江文宏，潘惠明编著. --
北京：团结出版社，2023.7
　ISBN 978-7-5234-0207-8

　Ⅰ. ①溧… Ⅱ. ①江… ②潘… Ⅲ. ①客家人-民族
文化-研究-溧水 Ⅳ. ①K281.1

中国国家版本馆 CIP 数据核字(2023)第 106158 号

出　　版：团结出版社
　　　　　（北京市东城区东皇城根南街 84 号　邮编：100006）
电　　话：(010) 65228880　65244790
网　　址：www.tjpress.com
E－mail：65244790@163.com
出版策划：力扬文化
经　　销：全国新华书店
印　　刷：成都兴怡包装装潢有限公司

开　　本：787mm×1092mm　1/16
印　　张：16
字　　数：239 千字
版　　次：2023 年 7 月第 1 版
印　　次：2023 年 7 月第 1 次印刷

书　　号：ISBN 978-7-5234-0207-8
定　　价：75.00 元

编纂单位

南京市溧水区文化和旅游局
南京市溧水区文学艺术界联合会

编纂编委会

顾　问：杨四洲
主　任：韦仁健　卞新宏　盛木彬
编　委：吴大林　傅章伟　宋震昊
校　对：史弘玉

序

　　太平天国运动是中国历史上规模最大的农民革命，从 1851 年起共坚持了 14 年，势力扩展到 17 省，攻克过 600 余座城市。清同治三年（1864），太平天国首都天京陷落，标志着太平天国运动的最终失败。江南地区由于太平天国的战乱和瘟疫流行，造成大批百姓死亡，使很多地区成了无人区。

　　人口剧减，田地荒芜，这是清政府所不愿看到的。早在同治元年（1862）九月，御史刘庆就提出，战后各州县官吏应以招集流亡、垦辟地亩为要务，并以此二事作为考核官吏政绩的依据。对那些能招集流亡、尽心民事者，"随时登之荐牍以备擢用"。据《清实录·同治朝实录》卷一百七十七记载："（同治五年五月）庚辰。谕内阁御史汪朝棨奏《被兵新复地方亟宜招徕垦荒》一摺。东南数省，半遭兵，农民类多失业。各地方官于收复后勒限催科，而于劝民垦荒事宜往往虚应。故事，殊非重农足食之道，亟宜认真劝谕，加意招徕。惟各直省情形不同，办理自难一致。着各该督抚因地制宜，妥议章程，广为招垦。按荒熟之成数，定属员之举劾，务使实力奉行，以拯民困而尽地利。"清政府于这一年开始谕令各省招垦荒田。于是"曾国藩于皖，杨昌浚于浙，皆分别土客，部署开荒。而马新贻于苏，刘典于陕，亦汲汲督劝"。

　　经历太平天国战争的溧水满目疮痍，十室九空，全县人口损失惨重，由咸丰初年的 30 万人之多骤减至 3.7 万人。为落实清政府的战后重建政策，溧水知县查祥考、程祖寅等人设立招垦局，劝农招垦，不惜辛勤。

　　响应清廷招垦政策而来的客民迁溧时间主要集中在同治六年（1867）至

光绪十年（1884），他们大多为河南（信阳地区）、湖北、苏北籍，是溧水客民的主流，另有一些太平军及湘军在战后就地遣散留居在溧水。这些客民来到溧水，通常是在丘陵山区搭草棚子居住——溧水原住民拥有村庄和土地，具有一定的排外性。也有些客民在田主家中暂住，还有一些人借住于已经破败的寺庙。经济条件较好的客民会买下田地自耕，大多数人则是做佃农，也有人靠做剃头匠、皮匠、磨豆腐、弹棉花等手艺谋生，或在戏班子中唱戏、打杂，或在荒无人烟的山边烧林垦荒，自给自足。

从光绪年间开始，因为客民的迁入，溧水的人口开始迅速增长。尤其是光绪元年（1875）到清末民国时期，随着官方招垦的结束，河南信阳人开始"投亲靠友"，大量移民，"一担箩筐下江南"逃荒经历开始。因为时间跨度长，这一阶段信阳人口移民溧水的特别多，据民国二十年（1931）《溧水县概况一览》记载："全县地广人稀，近因客籍移居，户口渐多。据十七年（1928）春间调查，全县约有34970户，174395人。"相比于同治十三年的3.7万人，到民国十七年的174395人，在50年左右的时间里，溧水人口增加了137000人之多。

以河南（主要为信阳地区）、湖北的移民为主，加上湖南人以及部分苏北人、皖北人组成了今日的溧水"客民"。大量客民的迁入，对战后溧水地区社会经济的恢复与发展起到积极的推动作用。不仅为溧水增加了劳动力，解决了抛荒土地的耕种问题，也因大量垦荒，增加了境内可耕种的土地面积。同时，客民的到来也从一定程度上促进了本地的生产方式、生活习俗、语言风俗、文化艺术等方面的多元化。

150年来，客民的到来对溧水本地社会、经济、文化产生了广泛而深远的影响。对客民历史、文化展开深入的挖掘与探讨，有助于对溧水文脉的研究，有助于促进溧水今天经济、文化的发展。在新的形势下，继承、弘扬和发展这些优秀文化和传统美德，赋予新时代内容，容纳新时代精神，以达到承前启后，与时俱进，古为今用的具有中国特色的价值观、道德观和行为准则，是当今每一个溧水人义不容辞的职责。

然而，随着溧水城市化进程的发展，曾经遍布溧水全境的客民村落日益减少，而且深知这段移民历史的老人、老艺人也越来越少。客民历史与文化的挖掘、整理尤显迫切。好在溧水文旅局、文联等相关领导认识到了这一问题的严重性与紧迫性，多次召开会议，组建"客民文化"研究小组，并资助相关经费，使这本约二十万字的《溧水客民文化调查》得以完稿并顺利出版。

本书的采访和编纂历经近 3 年时间，前五章由江文宏编写，后六章由潘惠明编写。在采编过程中，得到了吴大林、傅章伟、杨四洲、韦仁健、卞新宏、吴永亮等同志的悉心指导；得到了陈维银、曹家禄、程德伟、吴祥喜、简恩勇、简恩家等同志的热情支持和协助，确保了这项工作得以顺利推进。在图书即将出版问世之际，我们谨向他们表示衷心的感谢！

在采编过程中，我们虽然做了大量的工作，但由于工作能力和水平所限，舛误疏漏之处在所难免，敬请大家不吝赐教。

编者
2023 年 1 月

目 录
Contents

第一章　客民来历

迁徙背景

清末太平天国运动后，溧水人口减损惨重、经济衰退，为稳定政局，发展社会经济，溧水县令查祥考于同治五年（1866）特设招垦局，从河南、湖北、湖南、苏北等地召集农民来溧水定居垦荒，恢复农业生产。150 年来，这批客民以及他们的后裔经过艰苦努力，逐渐融入了溧水本地的社会生活。客民给溧水的农耕、语言、民俗、文化等多个方面都带来了重大影响。

早在 1980 年代吴大林先生就已经开始关注溧水的客民问题。他曾撰写《谈谈溧水的客民》（见《溧水古今》第六辑，1988 年）、《记著名花鼓戏演员陈兰英》（见《溧水古今》第九辑，1991 年）、《人口迁移因招垦，寻根探源说客民》（见《秦淮源头话溧水》，1999 年）、《再谈溧水的客民》（《一担箩筐下江南》，2020 年）等多篇专文，在其主编的《溧水家谱见闻录》中收录了 17 部客民家谱。吴老师的这些研究成果，为我们现在的调研活动奠定了很好的基础。

太平天国金田起义发生在咸丰元年（1851），咸丰三年（1853）2 月 9 日，太平军放弃武昌，以 50 万人之众，船只万余艘，水陆并进，夹江东下，在连占九江、安庆、芜湖后，于 3 月 7 日抵达金陵（今江苏南京）板桥镇。9 日，水师驶抵南京江面，控制长江水道。12 日，太平军主力赶到，包围了南京。1853 年 3 月 19 日攻克江宁（今南京），两江总督陆建瀛阵亡。1853 年 3 月 29 日，洪秀全率领起义军进入金陵城，暂住藩台衙署，不久修缮两江总督府，改作天王府，并宣布定都金陵，改名天京，正式建立了与清王朝相对峙的太平天国农民政权。

随后钦差大臣向荣率领五万清兵从武昌追至南京，驻扎孝陵卫，建立江南大营。1856 年 6 月，江南大营溃败。咸丰八年（1858）二月，钦差大臣和春、提督张国梁重建江南大营，咸丰十年（1860）五月江南大营再次溃败。同治二年（1863）曾国荃任浙江巡抚，定计直取天京，同治三年（1864）七月攻下天京，血洗全城，太平天国运动失败。因清朝推行剃发易服，而太平天国则不剃发、不结辫，披头散发，故太平军被称作"长毛"，清廷蔑称其为"毛贼""发贼""发逆"等等。又因天国领袖洪秀全为广东花县人，广东简称粤，故清廷当局亦蔑称其为"粤贼""粤匪""粤逆""粤寇"等，太平军则蔑称清廷为"清妖""胡妖"等。1929 年，南京国民政府提出《禁止诬蔑太平天国案》，函请内政部、教育部参考酌办，不久正式规定："嗣后如有记述太平史实者，禁止沿用'粤贼'诸称，而代以太平军或相应之名称。"从此将"太平天国""太平军"等称谓写入正史。

溧水作为南京的南面门户，因而成为太平天国运动时期的重要战场。据《光绪溧水县志》卷十二《咸丰以来忠义传表》记载：

咸丰癸丑（三年，1853），省垣失陷，溧境戒严，向忠武（向荣，1792-1856，晚清名将）驰军追剿，婴城合围，由是贼踪未得猝至。迫旷日环攻，逆情渐戾，上游群贼抵隙鸱张，溧城为贼所袭，时丙辰（六年，1856）五月十一日也。张忠武（张国梁，1823—1860，晚清名将）帮办军务，调军进攻，丁巳（七年，1857）五月克复县城。戊午（咸丰八年，1858）九月又陷，十月克之。庚申（咸丰十年，1860）三月，援贼麇至，窜陷溧城。无何，围师踞守，同治癸亥（二年，1863）二月始得收复。当此之时，溧民土著者道殣相望，荼毒之惨，较他邑为尤甚焉。甲子（同治三年，1864）六月，曾威毅伯（曾国荃，1824—1890）克复金陵，削平大憝，传首藁街，军务撤凯，江左肃清。夫以弹丸一邑之地，城陷迭经三次，我民之死于水火锋刃者，何可胜纪。上自搢绅，下逮氓隶，或阖门殉节，慷慨捐躯；或陷阵摧坚，锐身赴难。以至巾帼童稚、臧获婢妾之辈类，皆肝脑涂地，至死不屈。呜呼，烈矣！

可见，溧水县在太平天国战争时期，曾经历三次失陷、三次收复：第一次为 1856 年 6 月 13 日至 1857 年 6 月 11 日；第二次为 1858 年 10 月 24 日至 1858 年 11 月 12 日；第三次为 1860 年 4 月 18 日至 1863 年 11 月 22 日。

在清军、湘军与太平军交战过程中，咸丰六年（1856）五月十一日，江南大营溃败，向荣引责自缢而死，溧水失陷，溧水训导宋祥、右营外委千总张发春战死，清政府经制总统领张国梁檄令溧水知县周砚铭前往丹阳协助军务。咸丰七年（1857）五月，总兵傅振邦克复溧水，周砚铭回溧水供峙军储。咸丰八年九月十八日（1858年10月24日），虎嵩林兵败，其子虎坤元战死，溧水失陷，周砚铭被杀，虎嵩林被革职。咸丰十年（1560）三月二十一日，四川建昌镇总兵鲁占鳌防堵溧水，张毓林任溧水县令，集练守城，太平军由高淳、广德两路围攻溧水县城，张毓林在营救鲁占鳌时身负重伤而死。二十八日，杨辅清（东王杨秀清的8兄弟之一）率领太平军乘雨登城，进入溧水城内，鲁占鳌巷战时阵亡。三月十五日，张国梁战死于丹阳。同治二年（1963）二月，溧水克复，由江宁府供事曾绍传（江西金溪人）临时代理溧水县令，溧水战乱结束。同治三年（1864）六月曾国荃（1824—1890，湖南湘乡人，曾国藩的弟弟）克复南京，太平天国运动失败。

经过太平天国运动时的八年战争（咸丰六年至同治二年，即1856年—1863年），溧水满目疮痍，人口锐减。查阅《光绪溧水县志》所载内容发现，道光二十七年（1847）有奏报，溧水县男丁为185143人，初步推测，至咸丰三年（1853）太平军攻陷南京前，溧水县人口总数约有30万之多。同治二年（1863）清军克复溧水县，至同治十三年（1874）时知县丁维调查溧水烟户，全县人口仅有37188人。可见，经历太平天国战争，溧水全县人口损失惨重，由咸丰初年的30万人骤减至3.7万人。光绪四年（1878）时溧水县清查烟户为18183户，男丁38047人，妇女11933人，总计42780人。光绪五年（1879）清查烟户为18288户，男丁31628人，妇女12575人，总计44230人。光绪六年（1880）清查烟户为18394户，男丁37030人，妇女13937人，总计50967人。光绪七年（1881）清查烟户为18589户，男丁47677人，妇女21135人，总计68812人。

清政府为恢复战后重建，于同治五年（1866）五月开始实施招垦政策。据《清实录·同治朝实录》卷一百七十七记载：

（同治五年五月）庚辰。谕内阁御史汪朝棨奏《被兵新复地方亟宜招徕垦荒》一摺。东南数省，半遭兵燹，农民类多失业。各地方官于收复后勒限催科，而于劝民垦荒事宜往往虚应。故事，殊非重农足食之道，亟宜认真劝谕，加意招徕。惟各直省情形不同，办理自难一致。着各该督抚因地制宜，妥议章程，广为招垦。按荒熟之成数，定属员之举劾，务使实力奉行，以拯民困而尽地利。

据《清史稿》志九十五"食货一"记载：

当是时，值东南兵火之余，农久失业。光禄少卿郑锡瀛言国家岁入金约四千数百万，饷糈支耗半之，宜广屯田养兵以节费。寻御史汪朝榮称各省新复土疆，宜急垦辟。徐景轼亦以修农利、安流徙为言。由是曾国藩于皖，杨昌濬于浙，皆分别土、客，部署开荒。而马新贻于苏，刘典于陕，亦汲汲督劝。曾璧光、黎培敬前后于黔兴屯田之政。

按，马新贻（1821—1870），山东菏泽人。道光二十七年（1847）进士，历任安徽建平知县、合肥知县、安徽按察使、安徽布政使（同治二年，1863）、浙江巡抚（同治三年，1864）、两江总督兼通商大臣（同治七年，1868）等职。同治九年（1870）七月遇刺身亡。其两江总督前任为曾国藩、李鸿章，其后任为魁玉、曾国藩等人。

同治五年（1866）起，各省奉令设立招垦局，招垦被兵荒地，江南溧水、句容、溧阳三县也是如此。

不过，同治年间溧水知县几乎年年都在换任：同治二年（1863）为曾绍传；同治三年（1864）为程祖寅；同治四年（1865）为陈炳、查祥考；同治六年（1867）为匡懋纶；同治七年（1868）为程祖寅；同治八年（1869）为匡懋纶；同治九年（1870）为吴崇寿；同治十年（1871）为龙寅绥；同治十一年（1872）为丁维。

关于溧水设立劝农招垦局事宜，见有记载的有程祖寅、查祥考两任县令主其事，有徐大纶、赵玉文、徐苔臣、徐振采、张桓等本地乡绅负责溧水县招垦局事务。

据《光绪溧水县志》卷五记载：

查祥考，字吉人，安徽泾县人，同治四年署溧水令。为人谦慎，莅事和平，有儒者气象。每到官辄请于上台，设保婴牛痘局，多所全活。承凋瘵之后，里多榛莽，待哺方殷，时宁属粮赋蠲免三年，劝农招垦，祥考一意拊循，不劳而理。邑中书院经乱被毁，弦诵无闻，乃即官舍课士，捐廉优奖，士风渐振。六年六月以母忧去官，人多惜之。

民国十二年（1923）钱桂馨、徐勉主编的《溧水征访册》记载：

赵玉文，字子郁，国学生，居溧之山阳乡。同治初年，粤寇方平，溧水流亡未复，田地荒芜，邑绅大纶（徐大纶，崇贤乡人，与弟徐大文皆为道光年间举人，徐大文妻为陈氏，三人在《光绪溧水县志》中有传）奉督宪札委，督办溧水县开垦事宜，玉文帮同办理，不惜辛勤。

徐荩臣，字恕斋，行五，幼不好弄。及入塾，嗜读不倦。稍长，工书法，能出入于褚河南、朱襄阳之间而自成一体。为文不假思索，汩汩千言，人咸以白眉期之。及长，弃举子业，服贾养亲，浩乎其有余乐焉。同治初年，粤匪始平，各州县设局招垦，邑侯程亮斋（程祖寅，贵州人，由举人，同治三年任，同治六年复任）夙重荩臣名，委以局务，勤慎将事。他如修文庙、修县志、请免虚粮诸大端，莫不勇为。

张桓，字惠周，太学生，世居溧水之洪蓝埠，少读书明大义，孝友备至，胸无宿物。红羊以后招集流亡，桓充赞贤乡董，如散放种粮、办理开垦诸务，热忱卓著。

徐振采，字小云，乙未举人，大纶之犹子也，恩贡生。……，至若襄办开垦以复流亡，请免虚粮以苏民困，又其余事也。（按，徐大纶为其伯父）

客民来源

因溧水地区并未就客民历史作过系统研究，故而这些客民后裔的祖籍地、迁徙时间及经过、人口数量、文化教育程度及生存状况、方言及民俗的保留与交融等方面的问题都有待于我们开展调研与分析。

溧水客民来源，大致分为以下几种情况：

其一，响应朝廷招垦政策而来。这部分客民大致来自于同治六年（1867）至光绪十年（1884），大多为河南（豫南）、湖北、苏北籍，是溧水客民的主流。目前走访时，看到的比较早的客民资料，是东屏街道赖家棚子赖正矩、赖正顺家族，他们是于同治十一年（1876）来到溧水的。一部分客民是从广德、溧阳、句容等周边地区辗转迁徙而来。

其二，太平军士兵。同治二年十月十二日（1863年11月22日），太平军溧水首领杨英清（东王杨秀清的8兄弟之一）缴械投降。清军并没有将他们除掉，而是实施遣散政策。部分士兵留在了溧水。

其三，湘军士兵。曾国荃的湘军于同治二年（1863）打下溧水后，于同治三年占领天京。曾国藩谙熟为臣之道，他急忙以曾国荃病情严重为由，请求将他的弟弟开缺回籍，他的部队就地解散，其中有一部分湘军士兵无力返乡，就留在了溧水。如前所述在山阳乡西庄的中圩村本地人与湘军士兵较量的事，说明湘军确实有不少人留在溧水了。

其四，从县外逃荒，或投靠而来。这部分客民，大多来自光绪十年之后。他们基本上沿三条线路过来：一是以安庆、芜湖为结点（大多数是湖北籍、豫南籍），一是以当涂为结点（大多数为豫南籍），一是以镇江为结点（大多数为苏北籍，也有部分豫北、淮北籍）。在溧水境内，溧水县城、东屏街道方边村，曾是客民重要的中转站。在东屏庙叉子（友好村）、溧水小东门曾设有河南会馆。下江南的客民人不仅可以在河南会馆落脚，还可以寻求生活与司法上的帮助。管思成、蔡为端等人专为河南客民打官司（见白马镇曹家禄《花山冲村志》，江苏人民出版社，2019年7月，第一版）。

他们来到溧水，通常是在原来村庄周边的山脚、荒丘搭棚子居住，也有人在田主家中暂住，还有一些人借住于已经破败的寺庙。经济条件较好的客民会买下田地自耕，大多数人是做佃农、长工、短工。也有人靠做剃头匠、磨豆腐、弹棉花等手艺谋生，或有人在戏班子中唱戏、打杂。有的人在荒无人烟的角落伐木垦荒，自给自足；还有人借助地方势力靠打家劫舍过日子，成为地方一害。客民常喜欢在棚子边栽竹子、植树木，家中常常备有斧头、镰刀、锯子、篾刀等工具，靠砍柴、伐木、捕鱼以及编织竹器等方式谋生。

客民分布

在清政府招垦政策的指引下，大量移民于同治末年、光绪初年"一担箩筐下江南"。溧水县境内大多数客民来自河南、湖南、湖北、苏北等地，其中来自河南的汝宁、光州两府（即今信阳地区）的较多，他们大多在溧水上原、白鹿、丰庆诸乡（即今东庐、东屏、白马、共和一带）落户。

据《江苏省农业调查录·溧水县纪略》（民国十二年刊本，1923）记载：

清时洪杨取道溧水入宁，人民流离迁徙。汝、洛、湘、鄂之人纷来，客居于上原、白鹿、丰庆诸乡，各自为俗。遇与土著龃龉，即求助于同乡会中。又，客民初来，以无所凭藉，各从林垦入手。今土著见其利而效之，客民遂为造林之先导矣。

《溧水县纪略》中还说：

长寿、崇贤诸乡，概不以田地房屋租与客民，盖所以维持己之生活也。

可见乌山、柘塘一带，本地人是不愿接纳客民进入的。此外，在《溧水古今》第21期中有一篇叫作《中圩的故事》的文章，里面说到了曾国荃的湘军打下溧水后，部队解散，有一部分湘军士兵没有能力返乡，就跑到山阳乡西庄（今石湫街道同心村）的中圩（战争后已成为废墟），想在那片圩区落脚。附近村民张有德与村民一道，想方设法赶走了这些湘军士兵。他们最后只得跑去溧水东面的山区谋生。

目前的调查显示，溧水西北境内经济较富裕地区（如乌山、柘塘）以及明觉、渔歌、孔镇、和凤等沿湖一带圩区，确实很少有客民人居住，在明觉左山王母塘、渔歌北部靠无想山、孔镇东部靠云鹤山等地有少量客民居住，在县城南部近无想山一带有少量客民居住。而笔者在调研时发现，溧水县境内的客民，主要分布在境东北至境东南的溧水、句容、溧阳三县交界地区的山峦和丘陵地带，如：无想山（洪蓝三里亭、西旺、无想寺、涧东谭村等）；秋湖山（晶桥陶村尚家，东庐秋湖等）；观山（晶桥于巷新山里、白马李巷张家棚、李巷刘家棚等）；东庐山（东庐郑巷、高塘、鲁家，东屏王家山、魏家棚子、青龙桥，共和革新、方庄等）；浮山南麓荆山一带（共和浮山，东屏杨祥、张村）；梁山岗（城郊王家棚子、任家棚子，东屏许家棚子、李家棚子、刘家棚子、高家棚子等）；麻山、丽山（东屏北部麻山、上桥、上王、丰安寺、余定、白鹿等）；回峰山（白马尤赘黄家棚子、吴家棚子等）；花山（白马花山冲、张家棚子、神龙桥等）；溧水茶场（白马王家棚子、谢家棚子，共和方庄冯家棚子等）；卧龙山北部（群力凉蓬、郭家棚子、林家棚子等）；莲花山西部（群力堡星傅家棚子、袁家棚子等）；小茅山（石湫上方道士庄、前塘拐、长冲、九塘谢家。洪蓝燕子口、小村上、砖瓦窑、彭村等）。

溧水西部石湫街道西横山一带的客民，如戚姓、钟姓、雷姓、魏姓、韩姓、江姓、傅姓、陶姓、罗姓、杨姓、周姓等，则基本上是光绪二十年（1894）前后从河南信阳一带移民过来的，他们分布在西横山南麓、东麓的野岭荒坡上。主要有横山社区老虎头、陶家、朱村外围、张家店、李家店、端家庄，石湫社区戚家、韩家、小罗村、詹家，蟹塘社区西边山、丰塘庄、草塘岗等村庄。

研究意义

从积极的意义上来说，客民的到来，为溧水增加了劳动力，解决了抛荒土地的耕种问题，也因大量垦荒，增加了境内可耕种的土地面积。同时，也从一定程度上促进了本地的生产方式、生活习俗、语言风俗、文化艺术等方面的多元化。从光绪年间开始，溧水的人口开始迅速增长。据民国二十年（1931）《溧水县概况一览》记载："全县地广人稀，近因客籍移居，户口渐多。据十七年（1928）春间调查，全县约有 34970 户，174395 人。"相比于同治十三年的 37188 人，到民国十七年有 174395 人，在 50 年左右的时间里，溧水人口增加了 137207 人，这其中除了跑反后重返家园的村民，以及本地人口的繁衍外，大多数都是客民流入之后导致的快速增长。又据民国三十六年（1947）统计显示，溧水当时的人口为 195011 人，其中，男 107695 人（壮丁为 42000 人），女 87316。"因为湖南、河南、安徽移住的人很多，常能引起纠纷"（参见《溧水古今》1982 年第一辑《溧水调查》一文）。

溧水客民调研活动启动之初，吴大林、傅章伟、杨四洲、韦仁健、卞新宏等先生多次提出指导性意见，并尽最大努力给调研课题组提供资料和信息。溧水区政协与河南省信阳市政协也建立了很好的交流机制。杨四洲校长说："客民下江南，至今已有 150 年历史，这一移动，改变了溧水等地区的经济、文化等方面的发展方向，其区别于本地的语言和风俗在很长时间里都牢固地保持着，他们的根脉意识很强，访祖寻宗意识是融入血脉里的。新中国成立前后，他们与祖籍地的联系是很普遍的，'文革'中曾一度沉寂，1980 年代后各种联络又开始出现。随着时间的推移，不少村庄因拆迁而消失，一些客民村落中的老人也渐渐离世，客民移居历史若再不进行整理，或许会走向湮灭。"客民一担箩筐下江南，留给后人的影响是很深远的。随着调研活动的进一步深入和细化，我们可能会掌握更多未知的东西，真心希望这样的调研活动能得到大家的理解、支持和参与。

第二章　客民村落

花山冲

花山冲村，在南京市溧水区白马镇白马社区，处在南京市与常州市交界之地。原属溧水县白马公社花山大队，古时隶属溧水县白鹿乡。据《溧水县地名录》（1982 年版）记载："本村处于花山脚下的大冲里，故名。"今在花山冲村边有锁塘水库（1956 年建），有宁杭高速（2003 年建成通车）穿村而过。

据管荣保介绍，花山，原来无名，这一带村民称为荒山。后来有部队在山中训练，常把被子晾在山坡的树枝上，远远看上去就像开满了野花，于是老百姓便称其为花山。

据曹家禄《花山冲村志》（江苏人民出版社）记载：

花山冲于民国元年（1912）设村，民国十八年（1929）设花山村邻，民国二十三年（1934）设花山冲甲。

1950 年花山冲村设组，1959 年设花山冲生产队。

据曹家禄老师统计，2021 年，花山冲主要姓氏及户籍情况如下：

管姓 17 户 57 人、曹姓 14 户 42 人、黄姓 9 户 29 人、饶姓 9 户 29 人、张姓 12 户 30 人、王姓 7 户 14 人、陈姓 7 户 23 人、鄢姓 5 户 20 人。

花山冲曹姓

曹姓祖籍为河南省信阳市光山县晏河乡曹家墩。

该支曹姓字辈为："国泰家安，世序长延。光裕达选，木本存原。"

据曹家禄老师介绍，清末光绪二十一年（1895）至二十六年（1900）之间，曹姓族人逐渐从河南迁徙至溧水定居。该支曹氏共有三房：一房为曹龙后裔，一房为曹凤后裔（曹龙、曹凤为亲兄弟），一房为曹金美（曹龙、曹凤的堂弟）后裔。

曹龙（1841—1914），生有 4 子：国荣、国华、国富、国贵。长子国荣、次子国华当时在河南光山已经成家，未随父亲曹龙下江南。曹龙携第三子曹国富（1871—1940）、第四子曹国贵（1878—1956），从光山县晏河乡曹家墩下江南，迁至溧水县白鹿乡顺兴村（原共和公社东上大队顺兴庙，今属白马镇）。但其家中男丁后来因各类疾病而去世，到 1997 年时只剩外嫁出村的 5 位女性健在了，其中百岁老人曹泰凤（1919 年生）目前仍健在。

曹凤（1844—1924），生有 7 子：国福、国禄、国祯、国祥、国宏、国佐、国明。当时长子国福在河南已经成家，未随父亲曹凤下江南，次子国禄当时已病逝。曹凤携国祯、国祥、国宏、国佐、国明 5 个儿子，从光山县晏河乡曹家墩迁至溧水县白鹿乡上聂自然村（原共和公社东上大队）。后来，曹凤三子曹国祯结婚后迁至溧阳县瓦屋山，可惜他所生的二个儿子刚成年即病逝。曹凤五子曹国宏结婚后迁至白鹿乡神龙桥（花山冲村北五里左右），与村中曹姓河南老乡为邻。

光绪三十三年（1907），曹凤携四子国祥、七子国明，从白鹿乡上聂村搬迁至白鹿乡花山冲，靠开垦荒山谋生。

民国初年，曹凤长子国福与继配史氏从河南光山县晏河乡搬迁至父亲曹凤所居的花山冲，可惜他们一直未生育子女。

民国三十二年（1943），安徽宣城宁国县曹玉和的长子曹满金、次子曹满玉（1925—1982）迁居来到白鹿乡花山冲，认曹凤四子曹国祥为本家。《花山冲村志》中有曹满玉参加新四军，在战斗中负伤致残的故事。花山冲村中曹玉和、曹玉满的子孙都在 1961 年之前迁回了宣城市宁国县。

民国三十七年（1948），曹凤五子国宏携次子曹泰发、三子曹泰富从白鹿乡神龙桥搬家至花山冲，曹国宏长子曹泰意搬迁至花山冲邻村上渡村。曹国宏一家全部离开白鹿乡的神龙桥。这样，曹凤一支的后裔，相继都来到了花山冲和上渡村。新中国成立后，这两个村庄均属第一区白马乡上渡行政村所辖。

如今花山冲曹姓，实际上都是光山县晏河乡曹家墩迁来的曹凤的后裔，村中共有曹姓 14 户 42 人。

此外，曹家坝村为曹金美后裔所建客民村庄，原属溧水县共和乡南丁大队。据《溧水县地名录》（1982 年版）记载："曹家坝，村前靠一小坝，以姓氏取名，曾名朝阳，现复原名。"曹家坝村中曹姓都是曹金美后裔。始迁祖曹金美是白马镇花山冲曹龙、曹凤两人的堂弟。曹金美（1847—?），生有 6 子 1 女：国兴，国俭，国恭，国军，国建，国让。他们与曹龙、曹凤一道，从光山县晏河乡曹家墩迁至白鹿乡曹家坝。曹龙一家原在顺兴村，曹凤一家原在上聂村。顺兴村、上聂村与曹家坝村原为邻村，民国初年均属溧水县白鹿乡。新中国成立后，曹家坝属溧水县第一区浮山乡，1958 年属溧水县共和公社，今属溧水区白马镇。后来村中有一家人由曹家坝搬迁至东屏杨祥村（今属东屏街道金湖社区）。

花山冲管姓

管姓祖籍河南省信阳市光山县泼陂河乡管家畈自然村。

光绪三十三年（1907），管思仪的妻子带着管德忠、管德神、管德奎、管德榜 4 个儿子下江南，来到溧水县白鹿乡南葛村（原白马公社白马大队）。第二年管思仪处理完家中的田产来溧水找妻儿，可路上出了意外，一直下落不明。

宣统元年（1909），管思扬从光山县泼陂河乡管家畈迁居溧水县白鹿乡花山冲（白马公社花山大队）。

民国元年（1912）管思扬的堂弟管思成（1878—1939，管荣保的曾祖）从河南信阳市光山县泼陂河乡迁居白鹿乡花山冲，建房居住。

管思成的弟弟管思慕于民国十三年冬（1924）从江西九江带妻子沈氏和儿子管德柱（1918—1997）来花山冲投靠管思成，可是管思慕在途中意外落水而亡。管思成还介绍其侄子管德智、管德应、管德禄先后来到花山冲落户。

民国十九年（1930），河南省籍客民蔡为端在溧水县城小东门开设河南律师会馆，为河南老乡代办法律事务，管思成、曹泰甫（1911—1962）为会馆会员。管思成于民国二十五年（1936）帮人打赢一场官司，人家送他白马牛角里（今白马镇曹家桥村）80 亩地。

管思仪第二子管德神（1890—1973）于民国二十三年（1934）由北宋村（原白马公社白马大队，南葛村邻村）迁居到花山冲。

目前，村中有《管氏族谱》一套，民国三十四年（1945）首修于河南光山，其字派为："治庭继善，思德基荣。仁庆祥盛，业建新光。文学克振，先泽绵长。"

1963 年 9 月，白马公社派管爱英（1944—2018）到花山冲创办耕读小学，1964 年她在花山大队杨塘头创办第二所耕读小学，1965 年 5 月 12 日，镇江地委宣传部、镇江专署文教处联合转发了管爱英的事迹，号召向管爱英老师学习。《新华日报》1965 年 11 月 19 日第二版，专题报道了村中管爱英创办耕读小学的先进事迹。他们一代教师为花山冲的教育做出了无私奉献。

花山冲黄姓

黄姓祖籍河南信阳市商城县椿溪村汪圣社。黄锦逢、黄锦钿、黄锦辉等人约于民国初年（1913）迁居花山冲。村中有《黄氏宗谱》一套，1994 年起修，2005 年编定，他们家的字派为："风锦文作祥，德大寿荣昌。天廷保万国，登进振家邦。"现已传至第 6 代 "德" 字辈。

花山冲张姓

张姓祖籍安徽马鞍山市和县。张金荣（1900—1967）的父亲约光绪三十二年（1906）迁居白鹿乡西杨庄村（原白马公社陈笪大队），后又迁至溧阳县上兴镇分界山村居住。民国三十七年（1948）张金荣在花山冲置田 40 余亩，落户花山冲。村中张姓都是张金荣的后裔。

花山冲饶姓

饶姓祖籍河南信阳市商城县。约民国四年（1915）饶永仙独自来到溧水白鹿乡打工，民国五年（1916），妻子黄氏及儿子饶九春、饶九山（1912—2000）找到白鹿乡上渡村，一家团聚。后来饶九春被国民党抓了壮丁，在吉林省四平市失踪。民国三十二年（1943），饶九山从上渡村迁居花山冲。今在村中，饶姓均为饶九山后裔。

花山冲王姓

王姓祖籍河南信阳市罗山县。清末时王志成从罗山迁居溧水晶桥一带山区。王志成有 2 子：王德元（1884—1945）、王德植（1890—1961）。王德元迁至云鹤乡杭村芝山，王德植迁居白马杨树山一带。民国十九年（1930）王德植由杨树山迁入花山冲。村中有《王氏宗谱》一套，王福江于 2016 年编定，有新的字派。

花山冲陈姓

陈姓祖籍河南信阳罗山县定远乡老佛洞一带。约于民国元年（1912）迁居溧阳县上兴镇。1965 年溧阳上兴与溧水白马合修团结水库（溧阳西境），上兴公社陈克熏（1930—2005）全家 9 人落户白马公社花山冲。而陈克熏的哥哥陈克惠（1923—2007）于民国三十七年（1948）迁居浙江长兴县，1981 年又从浙江省长兴县迁居白马花山冲。今花山村中有《安化庄豫罗老佛洞忠戒公支系族谱》一套。该谱于光绪三十四年（1908）首修，确定该支字派为："克复学遵先圣语，明星口启后生贤。本支百世登朝右，耀祖荣宗万代传。"现已传至第 6 代。民国十八年（1929）年再修，2008 年重修。

花山冲鄢姓

鄢姓祖籍河南信阳市商城县鄢岗镇。民国四年（1915）前后，鄢希奎携妻子周氏及 2 子 1 女（子鄢瑞月、鄢瑞明），到溧阳县上兴镇西周村定居。民国六年（1917）鄢希奎病逝，周氏带着 2 子 1 女乞讨至溧水县白马乡南葛村，女儿给村中黄家做了童养媳，周氏改嫁给客民黄景山。后来，长子鄢瑞月参加新四军地方组织，定居在第一区马笪里（原白马公社洞屋大队），曾任第一区洞壁乡乡长。次子鄢瑞明则由南葛村迁居花山冲。今在村中有《鄢氏宗谱》一套，2013 年重修，有新的字派。目前，他们已与商城县鄢岗镇老家取得了联系。

花山冲胡姓

胡姓祖籍河南信阳市罗山县。胡尔安于民国初年迁入花山冲。胡尔安的儿子子于 1948 年转迁至东屏乡前巷村（原属王家山大队，今属东屏街道金湖社区）。1975 年，胡木善由溧阳县迁至花山冲。

此外，还有杨、向、潘、周、施、汪、郭、孙、沈、蔡、邱、颜等姓，迁入花山冲村后不久又迁出。

傅家棚子

傅家棚子，位于南京市溧水区东屏街道北部，在麻山村的西面，在丽山的西北面，与群力搭界。古时属溧水县归政乡，今属溧水区东屏街道丽山社区。据《溧水县地名录》（1982 年版）记载："傅家棚子，属溧水县东屏公社麻山大队，以姓氏得名。"这一带，为江宁、溧水、句容三县交界之地，在麻山西部，由西北向东南，有郭家棚子、林家棚子、傅家棚子、胡家棚子。

傅家棚子房屋分散多处，前后绵延二华里。全村现有 37 户，约 128 人，住有 11 个姓氏，其中：傅姓 8 户 27 人，胡姓 3 户 10 人，王姓 2 户 7 人，陈姓 3 户 8 人，杨姓 5 户 13 人，张姓 6 户 22 人，刘姓 1 户 4 人，罗姓 3 户 12 人，汪姓 4 户 19 人，丁姓 1 户 1 人，李姓 1 户 5 人。

据调研，在村里住户中，傅姓、胡姓为早期居住人家，且因傅姓居多，故村名为傅家棚子。胡姓与村南的胡家棚子为同一家族（祖籍为河南信阳市光山县北向店乡胡楼村）。李姓来自于江宁区湖熟街道，1966 年圩区水灾动迁而来到村中。王姓来自苏北涟水县胡集镇田黄村。丁姓仅一户，是生产队时期由东屏公社麻山大队南北丁村（邻村）搬迁过来的。村中张姓、刘姓、汪姓、杨姓是新中国成立初期土改时调整过来的。村中杨姓、罗姓、汪姓、吴姓与傅家是亲戚关系。除李、王、丁三姓外，其他各姓人家都是从河南逃荒过来的客民。

傅家棚子傅姓

光绪二十年（1894），傅太有的奶奶带着 5 个年幼的儿子，一担箩筐，由光山县沿途要饭，先落脚在句容县的张家冲，后来移居于此地，起村名为傅家棚子。

傅氏祖辈来溧水后因路途遥远、交通不便，与光山老家失去了联系。傅学明的爷爷傅太有于 1966 年写下笔记，留给后人：

"溧水我族，自河南省光邑迁居本省本县，迄今为止（1966 年农历二月初日），屈指计之，已有七十三载矣。在此漫长岁月中，和［因］路途遥远，侨居地（溧水）与故里（光山）双地又久未通音讯，以致情况互不了解，彼此隔离，联系早断。今我族为了散居在溧水、句容两县以及其他各处傅氏后裔，班次派别（不致）混乱起见，特恭请阅历深、年事高、热心族中事业的我族族长傅太有，重起班辈派别，经合族商议取得一致：自'学'字派下代起，以新起的'礼'字派开始，共起派行二十字。今后，我族后代取名，均以'学'字派下代'礼'字派开始。今将'学'字派下代'礼'字派行共二十字谨录于后，希我族全体一律遵照执行，不得有违：礼义传家长，光裕克昌祥；承先思泽厚，万载久荣康。"

据此推测，傅姓下江南的时间为 1894 年（光绪二十年）。傅姓中，太、志、学三个老字辈，与光山老家是一致的，从礼字辈起，是新排定的字辈。傅太有的奶奶带着 5 个儿子来到溧水县归政乡，是为五房。大房、三房在东屏傅家棚子；二房、四房在今群力傅家棚子；五房迁往黑龙江省。

按，群力的傅家棚子，旧属溧水县群力公社堡星大队，在莲花山的西侧，今属溧水区东屏街道，2018 年傅家棚子已拆迁。

傅家棚子胡姓

胡姓祖籍为光山县北向店乡胡楼村。早先由胡永栋、胡永堂兄弟俩在傅家棚子附近购买了一块田地，定居在傅家棚子最南端，1950 年后所居住的棚子并入傅家棚子。

胡永栋生 2 子：胡守仁、胡守智。胡永堂生 2 子：胡守礼、胡守信。

傅家棚子王姓

王姓祖籍为江苏省淮安市涟水县东胡集镇田黄村，始迁祖为王从俊。王从俊，字立本，号希瑶，秀才出身。他于光绪二十一年（1895）年从涟水县来溧水东屏开设学堂，以授徒为生，后落户在傅家棚子。生 2 子：王惠明、王怀明。

王惠明，毕业于黄浦军校第十七期，在国民党部队任团长，解放战争期间在淮海战役中起义，新中国成立后在位于上海虹口区的上海纺织工业职工大学任教授。

傅家棚子陈姓

陈姓祖籍为河南光山县。陈林财的父亲从光山县逃荒下江南，先在安徽当涂落脚。陈林财的父亲去世后，他的母亲带他辗转来到傅家棚子定居。陈林财生 2 子：陈世理、陈世和。

傅家棚子杨姓

杨姓祖籍为河南光山县，杨明兴于新中国成立前辗转来到傅家棚子定居。杨明兴生 2 子杨光和、杨光春。

傅家棚子张姓

张姓祖籍为河南光山县，张明银于新中国成立前辗转来到傅家棚子定居。张明银生 2 子：张良根、张良虎。

傅家棚子刘姓

刘姓祖籍为河南光山县。刘义华于 1970 年代由东屏杨祥方家棚子（今东屏街道金湖社区）迁来村中定居。

傅家棚子罗姓

罗姓祖籍为河南光山县，于新中国成立前辗转来到傅家棚子定居。第一代罗氏生三子：罗青山、罗松山、罗保山。

傅家棚子汪姓

汪姓祖籍为河南光山县，于新中国成立前辗转来到傅家棚子定居。第一代汪氏生五子：汪福成、汪福兴、汪福友、汪福银、汪福贵，是为五房。

傅家棚子李姓

李姓来自于江宁区湖熟街道。1966 年湖熟圩区遭水灾，因动迁，李大发带家人转来傅家棚子定居。

前棚子

前棚子村在溧水区东屏街道北部，位于丰安寺东面、上桥村南面。因地处上桥村前，又因早先住房简陋而得名。古代时，此村在溧水县丰庆乡辖域。据《溧水县地名录》（1982 年版）记载："前棚子，属溧水县东屏公社上桥大队。"今属南京市溧水区东屏街道丽山社区。

前棚子村是典型的客民村落。目前全村共有 4 姓 49 户 140 人。其中，赖姓 24 户 60 人，祖籍为光山县白雀园镇。胡姓 11 户 40 人，祖籍为光山县北向店乡。吴姓 7 户 20 人，祖籍为罗山县彭新镇。苏姓 7 户 20 人，祖籍为光山县斛山乡。

前棚子赖姓

赖姓祖籍为河南信阳市光山县白雀园镇罗山村。

该支赖姓主要生活在赖家棚子。在河南光山，赖志皋有 4 子：国泰、兴泰、瑞泰、安泰（第 11 世）。从光山县迁居溧水县丰庆乡的两支赖姓：一支是赖正矩，他是赖安泰的独子；另一支是赖正顺，他是赖国泰的第三子。赖正矩一家先期落脚柳家边村（旧属东屏公社方边大队）。后来赖正顺接到赖正矩从溧水寄去的家书，便卖了在光山县的房产和田地，来到溧水定居。之后，经济富裕的赖正顺买下了石塘冲的田地，赖姓一族遂迁居石塘冲，村子被外人称为赖家棚子，而原名则被人淡忘。

赖正矩的父亲赖安泰在光山于同治十年（1871）病逝。同治十一年（1872）其遗孀孙氏带着独子赖正矩，跟随下江南的难民来到溧水。之前从柳家边转至苗圃，再迁至丽山，几经辗转后，于1958年迁居至前棚子。赖正矩来溧水后生3子：庆龙、庆麟、庆银。是为三房。

前棚子胡姓

前棚子村早先由胡姓家族定居在此，后来赖姓、吴姓、苏姓陆续迁居过来，四姓家庭人丁均旺，1958年生产队时期已经形成较大的棚子村。

胡姓祖籍为河南光州光山县城关乡八保，今信阳市光山县北向店乡胡楼村。家族辈派为："云朝习品，君永守宗。"据不完全统计，今在溧水区东屏街道，胡氏家族除了在前棚子村有11户40人外，在胡家棚子（丽山社区）有13户46人，在傅家棚子（旧属麻山村，今丽山社区）有3户10人。

该村胡氏在老家光山时，全家有70亩田，因战乱和灾害，粮食产量低，家族人口多，生活也不好过。听说江南地区田多人少，家里决定由胡习州、胡习传兄弟俩迁居南方，其他人仍留在老家生活。于是，兄弟俩挑担箩筐，带着一点家当，跟随南下逃难队伍过江到了江南。他们先是落户在安徽宣城广德县邱村乡门口塘村（今广德市邱村镇门口塘社区），靠租田耕种和打短工在那儿生活了几年。每年交了粮租，留下种子，口粮所剩无几。后来，他们听说溧水田肥人少，于是转迁到溧水县丰庆乡丽山的西北麓（今东屏街道丽山社区），寻找荒山空地，搭建茅草棚子。可是他们经常被当地人驱赶，说是这些荒山空地是他们的，搅得兄弟俩不得安生。于是他们寻求河南老乡帮忙，当有人来驱赶他们时，他们就发出求救信号，河南老乡们便举着扁担锄头赶来帮着打架，就这样，胡姓一家才落脚下来。他们先是烧荒开垦，种山芋、南瓜、玉米等可以填肚子的粮食，出门做短工时就煮几只山芋带着当中午饭。兄弟俩仅有一套能出门的粗布衣裤，谁出门做工就穿粗布衣裤，在家门口干活就在腰间裹一块粗布遮羞。

胡习州、胡习传兄弟俩省吃俭用，存了一小笔钱，便购买了一块荒山。兄弟俩离世时，将千辛万苦买下的约十几亩地交到了胡品超、胡品偕、胡品提3个子辈手里。到了第3代君字辈，有兄弟7人：君成、君律、君启、君典、君访、君芳、君金。胡家三代经过50多年的打拼和积累，田地越来越多，方圆几里路都有田产。大约至1935年起，君字辈兄弟7人挣下了800亩田产。至第4代永字辈有兄弟9人：胡永仁、胡永义、胡永礼、胡永智、胡永贤、胡永学、胡永元、胡永尧。他们没能继承前辈们吃苦耐劳、勤俭节约的精神，觉得压抑太久了，应该好好地享受家庭财富。于是，他们分家、卖田地，用来吃喝玩乐。

当初，胡习州、胡习传兄弟俩自河南下江南时曾携带一套《胡氏宗谱》，可到了 1980 年代，其后裔子孙因赌博成性，竟将宗谱偷偷售卖。后来胡氏族人盖了祠堂，设了祖先灵位，还画了宗轴，藏于木箱内保管。他们从家乡带来的玩龙船风俗，已经传承了几代人，每年农闲的冬季至春季，都组织玩龙船活动，走村串户，在当地是非常有名气的。他们自己动手制作龙船及相关道具，表演的歌词有的是预先编写好的，也有随演出情景脱口而编出的，所用的锣、鼓、镲等都是家族出资购买的。如今，一到冬至时节，他们会聚集在一起吃冬至酒祭祖。

前棚子吴姓

吴姓祖籍为河南省罗山县彭新镇马店村肖家洼。前棚子吴姓是罗山吴姓第 18 世吴玉成后裔。据《吴氏家谱》（罗山溧水支，2006 年编）记载，他们是从白马吴家棚子，举家迁往丰庆乡（今东屏街道）上桥村的，其后人陆续安家在赖家棚子（即新建村，今属丽山）、前棚子（今属丽山）、小杨村（旧属梁山大队，今属徐溪）、蔡家棚子（即胜利村，今属白鹿）一带。

太平天国时期，罗山县彭新乡一带山区的妇女擅长织布，村民吴玉成原先以贩卖白布谋生。光绪十五年（1889），吴玉成带着长子吴自忠到溧水一带（河南移民较多）推销，因村中不少人没有现钱支付，就赊账购买白布。光绪十六年（1890），吴玉成再次带着儿子吴自忠来到溧水一带征收欠款，落脚在尤赘村附近。这儿原先住着一家来自河南罗山的老乡吴德和、吴德友、吴德富、吴德根四兄弟。两家于是互认本家，以村中"德"字辈等同于"自"字辈，村庄便起名叫吴家棚子。不久后，吴自忠（1865—1890）不幸患上疟疾病逝，吴玉成便把儿子埋葬在这里。据吴律松讲述，吴玉成在长子吴自忠病逝在白马吴家棚子后，独自一人回到了罗山。他发现儿媳熊氏（1863—1894）怀有身孕，便隐瞒了儿子去世的消息。后来儿媳熊氏生下吴发盛之后，得到丈夫吴自忠去世的消息，伤心欲绝，没几年也病逝了。光绪二十一年（1895），吴玉成和妻子段氏让二儿子吴自重一家留守在罗山老家，他们带着三子吴自舒、四子吴自谦、五子吴自亮一起来到白马乡尤赘村，在儿子墓边建棚定居。不久，吴玉成带着家人转迁至丰庆乡上桥村（今属东屏街道丽山社区），而吴德和、吴德友、吴德富、吴德根四兄弟及家人仍然居住白马的吴家棚子。

吴自忠的两个儿子吴发茂（1888—1959）、吴发盛（1890—1943）在吴玉成下江南后，便去了舅舅家，吴发茂当时已经8岁，在村中给富人看牛为生，吴发盛则由舅舅抚养。光绪三十年（1904），已经18岁的吴发茂随着别人下江南，来到溧水县丰庆乡（东屏）找到了他的爷爷和叔叔，便在附近的前棚子村安家，后来娶了张富荣（1895—1987）为妻。吴发盛在舅舅家成年后，舅舅家为他娶了胡氏（1890—1959）为妻。他得知哥哥吴发茂在江南过得挺好，准备过来和哥哥同住，但胡氏不同意，说到了江南后她举目无亲，受到欺负没有娘家人为她做主。吴发盛对天发誓，说一定不会让她受委屈。于是夫妻两人约在民国初年（1912）左右随下江南的人群，经湖北武汉沿江南下。吴律松说，他小时候常听他的奶奶讲起吴发盛、胡氏在武汉时的一段小插曲：他们在一个小镇上闻到了臭豆腐的香味，实在忍不住，就商量着用身上仅有的几个零钱买两块臭豆腐尝尝。吴发盛拿着钱买了两块，回来的路上，先吃了一块，觉得味道太好了，很快把另一块也吃了。胡氏见自己又馋又饿等了半天，居然等了一场空，不禁大哭起来，她说："你说好了到江南不让我受一点委屈，我信了你的话，跟着你过来。没想到你还没到江南，就这样欺负我。"说完扭头就要回河南。吴发盛边自责、边发誓，总算把她带到了溧水。那时，哥哥吴发茂家的日子已经不错了，便分了点田给他们家，他们便在邻近的小杨村落下了脚。

吴发茂全家迁居东屏街道前棚子，今属丽山社区。生4子1女：子其兴、其华、其志、其荣，女其凤。据前棚子村吴祥林（1951年生）提供的《吴氏宗谱》查知，吴祥林父亲吴其荣（1933年生）、母亲乐玉兰（1933年生）。吴其荣的三哥吴其志曾于1973年找回河南罗山老家，使溧水、罗山两地的吴姓建立了联系。2006年修谱时，吴其荣根据老辈人的回忆，口述了吴玉成带领家人迁居溧水的经过，并由吴祥顺、吴祥兴、吴祥林等人整理成文，写进谱中。

前棚子苏姓

苏姓祖籍为河南信阳市光山县蔡桥乡苏岗村，今光山县斛山乡蔡桥社区。

约在1931年由苏忠权父母两人讨饭来至江南一带，先落脚在句容县下蜀乡宝兴村的斗庄棚子，在那里租田做工，其大哥苏忠昆（1934年生）及二个姐姐出生在那里。到了1947年，因亲戚关系，父亲带着全家迁居到溧水县丰庆乡（东屏）前棚子，由村中好心人胡守安借给他家二亩田，免租耕种，父亲打长工、做短工，维持一家生存。1948年腊月，苏忠权出生，后又有一个妹妹出生。

陈维银在苏忠权家看到了苏良栋（苏忠昆之子）于1996年11月20日抄写的资料，现转录于下，以作参考：

光山县蔡桥苏岗谱派二十代："毓子永传家，忠良辅国华；荣光克世继，德裕庆恩嘉。"

光山县泼陂河谱派十六代："正祖绍德，锡汝恩光；学成定雅，荣旭朝堂。"

湖北新洲县旧街苏氏谱派三十代："如肇先基业，锦乡旭前光；英明纯后立，礼义庆仁长；玉树临朝吉，珠润保安康。"

老辈人之所以看重字辈，其实也是不忘根脉所系，牢记祖先对后代子孙的殷切期望。字辈的意蕴为"修身齐家、安民治国、吉祥安康、兴旺发达"。她是中国传承千年的重要取名形式，也是中国古代一种特别的礼制，一直延续至今。由于各种原因，如今年轻人对字辈、家谱的认识变得陌生。其实，在较大的姓氏族群里，字辈名称可以让他们的后人明确世系代际，维持宗族关系，更好地传承家族的优良传统，从而优化和谐的、积极的社会风气。

谢家棚子

谢家棚子坐落于东屏湖东南，在张家棚子东约一里路，从西面水泥路进入谢家棚子村，分左右两条水泥路可到达村里各村民家门口。据《溧水县地名录》（1982年版）记载："谢家棚子，属溧水县东屏公社杨祥大队。"该村今属溧水区东屏街道金湖社区。

时年86岁的谢守训家中有手抄一本《谢氏宗谱》（一卷）。谱中显示，谢氏祖籍是湖北省郧西县老槐树公社槐树大队金成生产队（今属湖北省十堰市郧西县槐树林特场槐树村）。郧西县东临河南南阳，北临陕西商洛，为三省交界山区，地势偏僻。同治九年（1870），谢守训的曾祖父谢南祥因病去世，留下5个子女：长子谢邦启、次子谢邦财、三子谢邦英、四子谢邦绪、五子谢邦国，当时5人均未成年，家庭穷困，难觅活路。他的曾祖母解氏决定带着5个儿子去南方讨饭。

郧西县境内有汉江，沿江而下，从丹江口水库，顺着江水可以到达长江。

一家人几经换乘，经江西九江市，到达安徽宣城市宁国县水东镇附近。水东镇在宣城东南，现属宣城市宣州区，那里是山区，人口不多，解氏带着家人用茅草、树枝及藤蔓，搭建了能容下一家人的茅草棚子，计划落脚下来，帮工、开荒，趁过年时讨饭，结束居无定所的流浪生活，以维持生存。茅草棚子搭好后，时常遭到当地人的打砸和驱赶，解氏气愤地去宁国县衙告状，碰巧当时宁国县令是湖北郧阳府老乡（经陈维银查证，同治十一年，1872年，宁国县令叫吴沄，是湖北郧阳府竹溪县人）。县令吴沄判决，从此以后当地人不得打砸驱赶他们这一家人。这样，他们一家在宁国县水东镇一带生活到同治十三年（1874）。可是这年夏天，水东镇一带下了一场特大暴雨，山洪冲走了他们的棚子，解氏为抢夺家里的一点生活用品，也随着茅草棚子被冲走了，兄弟几个在暴涨的河流中找到母亲解氏，她当时正爬在草棚的树枝上，紧紧地抓着藤蔓，侥幸没有落水淹死。这场暴雨后，他们的家也没有了，解氏决定带着儿子们迁徙他处。听说溧水地区人少田多，他们经过郎溪县，到达溧水县东面的浮山南桥头一带，再次落下脚来。他们发现周围大多数人都是外来逃难、落脚于此的河南人、湖南人，更让他们高兴的是还有湖北逃难来的老乡。兄弟5人在门前种庄稼、种菜、饲养家禽家畜，还去附近人家租种水田。由于这里移民们多，又高度团结，当地人不敢欺负这些外来移民，他们的生活总算安定下来。

兄弟五个后来分别娶妻成家，其中四子谢邦绪一人回老家探亲祭祖，留在了湖北郧西老家。老家谢盛龙生2子，长子谢南辉、次子谢南祥。谢南祥的哥哥谢南辉的3个儿子谢邦一、谢邦雄、谢邦三，依堂兄弟谢邦绪所给地址，从湖北郧西老家过来投奔解氏老夫人及她的4个儿子家。这样，在谢家的兄弟共有7户，他们把村庄取名叫谢家棚子。解氏老夫人去世后，家人为表示对她的尊敬，将她安葬在棚子的村中央（墓茔仍在），她也成了该村谢氏后人心中目的英雄。

村中后来加入了马姓、黄姓、雷姓、杨姓，这些外姓，也是因为与谢家有姻亲关系而迁居谢家棚子的。人民公社时大家都属同一个生产队。而谢氏家族也有从谢家棚子外迁到公塘头（杨祥）、杨村（杨祥）、浮山三队、山边村等村庄的。

现在谢家棚子全村约43户186人。其中，谢姓36户150人，雷姓1户6人，黄姓1户5人，马姓3户13人，均为湖北老乡。此外，还有杨姓2户12

人,他们是河南人。

谢家棚子谢姓以谢盛龙为始祖,谢南辉、谢南祥为始迁祖。谢从江(谢南祥的孙子、谢邦英长子)早年回湖北郧西老槐树村的谢氏老家抄来谢氏字派为:世代继祖盛南邦,从守先模佐晋良。恒佩芳树唐陇英,富文杨锋享海季。锦菊春开胜凤堂,斌重燕国寿志成。

朱家棚子

朱家棚子,清末民国时属溧水县仙坛乡,新中国成立后属溧水县云鹤乡魏家村,今属溧水区晶桥镇仙坛村。在晶桥邰村与晶桥杭村之间芝沙线上。

朱宁福家中有来自河南潢川的旧谱,为1992年铅字打印件。其祖籍为河南省信阳市潢川县江家集镇朱老营。这支朱姓老字辈为:"文信忠行,泰乾蒙晋,益恒汝履,丰谦振孚,宁官萃师,生玉第显。"后又续编新字辈:"祖国光明照,世道鸿启祥。荣昌传万家,善厚同元良。"(按,朱姓字辈中"孚"均写成"复")

谱中显示,当时朱家下江南四兄弟(第15世)为:

老大朱振坤(1887—1951),配罗氏(信阳市潢川人),生5子1女,孚仁、孚道、孚喜、孚信、孚德。定居仙坛乡朱家棚子(即云鹤乡,今属晶桥镇仙坛村)。

老二朱振山(1893—1959),配魏氏,溧水人,生4子1女,孚义、孚礼、孚芝、孚兴,后分居至姚家庄(今属和凤镇吴村桥)。其第四子朱孚山回朱家棚子。过继给老三朱振乐做儿子。

老三朱振乐(1897—1959),配陈氏,溧水人,生1女,继子孚山(朱振山第四子)。定居仙坛乡朱家棚子(原属云鹤乡,今属晶桥镇仙坛村)。

老四朱振平(1901—1991),配周氏,溧水人,后分居至魏家村(今属晶桥镇仙坛村)。

据朱宁冬(第17世)回忆,其爷爷有弟兄4人。老大朱振坤住在朱家棚子,5个儿子中有3户在本村。后来,1户(朱孚喜)搬到了魏家村中,还有1户迁去浙江。朱振坤的孙子朱宁和曾去过河南老家,得到了一些家族信息。

老二朱振山在姚家庄（今属和凤镇吴村桥），有5子1女（朱复义、朱复礼、朱复芝、朱复山、朱复兴），其第四子朱复山回到朱家棚子承嗣老三朱振乐。老三朱振乐只有1个女儿，以老二朱振山第四子朱复山过继。朱复山生有2子：朱宁春、朱宁冬（本文受访者）兄弟。朱宁福（第17世，本文受访者），为老二朱振山第五子朱复兴的儿子。

朱宁福曾听其父亲朱复兴描述，其祖籍是信阳市潢川县（古光州）。当年遭灾后，先辈们逃荒，来到云鹤山西麓落脚。早先这里荒无人烟，他们搭起草棚，开荒种地，慢慢人口多了起来，于是有了朱家棚子这个村。后来，族人逐渐分支到邻近的姚家庄、魏家、祝家等村庄。孔镇姚家庄起初也是一片荒山野岭，村中有不少客民居住，如谢姓、夏姓，还有姚姓、汪姓、吉姓（后来部分村民拆并至吴村桥新庄）等，姚家庄村中朱姓居多。

据该姓旧谱所载，该支朱姓以朱熹为远祖。明代时，朱熹后裔朱恕一家居住在浙江绍兴山阴县朱家庄。朱恕生一子朱文懿（文字辈），即为本支朱姓一世祖，曾为明末、清初两朝宰相。以东武公（信字辈）为二世祖，素庵公（忠字辈）为三世祖。世传三代为相。至第7世丹溪公（蒙字辈），出任河南光州府知府，始迁居河南光州（今潢川县），后裔遂为潢川人。光绪二十四年（1898）年，丹溪公后裔朱丰修（第13世）等4人去浙江绍兴认祖，获得了旧谱及前24辈的字派。之后，朱老营（潢川县）与杜甫店朱家（潢川县江家集镇）商议联合修谱。1992年，朱振福、朱孚尼、朱火宁三代人来溧水对孔镇、云鹤的朱姓后裔进行了调查，获得了一些信息，编入谱中（铅字打印件）。由此，溧水这支朱姓与潢川老家建立了家族联系。

据查询，此支朱姓一世祖朱文懿，或为明代朱赓（1535—1609），他是浙江山阴县人，隆庆二年（1568）进士。万历二十九年（1601）为礼部尚书、东阁大学士。卒后赠太保，谥文懿。

方家村

方家村，在石湫新河（三干河）北部，村中建有倒桥（即方家桥）。村域旧时属溧水县思鹤乡蟹塘里，河南客民迁移至此建村居住，因方姓居多，故称方家村。新中国成立后该村属溧水县石湫公社太平大队，今属溧水区石湫街道蟹塘社区。村中都是客民家庭，主要有方、扶、张等姓氏。

方家村方姓第一支

方姓祖籍为河南省汝宁府罗山县彭新店倒座湾村，今河南省信阳市罗山县彭新镇倒座村张洼。后主要分布在蟹塘社区方家村（已拆迁）、塘窦村社区新建村（已拆迁）、九塘村龚家、九塘村西园、石湫社区独山村王家塘等村。

据方德荣介绍，他曾两次回到河南罗山老家，得到方正平、方思亮（方诚富的后裔）等人的帮助。后来，他在镇江方继政（方仁仪后裔）、溧水方继德（方兴坤次子，方德荣的叔叔）、宣城方德生（方怀道的后裔）等人的协助下，编成了德裕堂《方氏宗谱》初稿。据宗谱记载，此支方姓以方可仪为第一世，方克伦为第二世，方仕文、方仕英为第三世。方仕文生 3 子：长子方廷宗、次子方廷安、三子方廷宰，是为第四世。方廷宗长子方怀连到溧水县，次子方怀道到安徽省广德县；方廷安后裔留在河南省罗山县；方廷宰后裔到安徽省广德县。

方怀连为溧水石湫方姓的始迁祖，生 5 子：长子方行仪、次子方仁仪、三子方智仪、四子方乾仪、五子方坤仪，是为方家村老五房。方行仪带儿子方诚德来石湫方家村，后来，方诚德之子方兴坤，因姻亲关系迁往石湫亭山大队的龚家村。方仁仪迁往镇江市丹徒县高资镇。方智仪迁往镇江市丹徒县高资镇。方乾仪生 4 子：老大家有 5 个儿子；老二无后嗣；老三家举家迁往上海；老四家有 3 个儿子：方兴荣、方兴华、方兴富；老五家有 2 个儿子：方兴金、方兴银。方坤仪迁往石湫乡亭山村西园自然村（今属石湫街道九塘村）。该支方氏的字辈为："克仕廷怀仪，诚正思平治，祖基汝兆开。"

新建村的方姓，始迁于 1977 年春天。石湫新河整治工程导致太平大队方家生产队圩田面积减少，石湫公社决定把太平大队方家生产队部分农户搬迁至汤庄林业队附近，在一处荒山空地上平整土地，然后建成村庄，取名新建村。村民搬迁过去后，对周围坡地格田成方，又把旱地改造成水田，当时属石湫公社汤庄大队新建生产队。刚拆迁时，有方、扶、张三姓，共 15 户，66 人，村中人口最盛时有 70 多人。2018 年 4 月，新建村共有人口 38 人，其中：方姓 22 人，张姓 4 人，扶姓 6 人。

方家村扶姓

扶姓祖籍为河南省汝宁府光山县。扶庭满说，他的父亲扶元士年轻时曾经回过光山寻找他们在老家的亲人。据江文宏查找，其祖籍地可能在河南省信阳市新县陡山河乡扶前湾。

扶姓迁居溧水县思鹤乡（今为石湫街道）方家村的第一世叫扶太新。他有3个儿子：长子扶元敖（迁居白马镇李巷）、次子扶元士（石湫街道方家）、三子扶元相（迁居石湫街道新建村）。

扶元敖举家迁往溧水县白鹿乡（今溧水区白马镇）李巷。

扶元士生6子4女，但有4个儿子早逝，长子也于40岁左右病逝，扶庭满（本文信息提供者）为第6子。扶庭满生1子2女：子扶庆芳，女扶巧英、扶巧娣。

扶元相生3子：扶庭有（1942年10月生）、扶庭尧、扶庭华。1977年春天，因石湫公社三干河疏浚工程后方家村农田减少，政府将部分农户搬迁至汤庄大队新建村（今属塘窦村社区）。扶庭有生2子：长子扶庆浩（1969年7月生，生1女：扶琴琴），次子扶庆伦（生1子：扶晨）。扶庭尧生1子：扶庆林（1966年6月生，生1子：扶鑫）。扶庭华迁居常州金坛。

据扶庆伦说，他们家族在溧水区白马镇李巷一支，是大房扶元敖的儿子，叫扶庭江。他有3个儿子：扶庆宝、扶庆中、扶庆华。他还说，有一次在溧水城区见到过一个叫扶庆龙名字，可能也是一家的。

方家村张姓

张姓祖籍河南信阳市罗山县徐家塆。

据张显友回忆，他爷爷和奶奶彭氏为迁居方家村第一世。他们生有1子1女：子张德厚，女张德英（嫁至江宁县铜山乡，今健在）。张德厚，妻子甘功英（1928年2月生），生5子：长子张显友（本文信息提供者）、次子张显财、三子张显富、四子张显宝、五子张显贵。长子张显友于1968年去浙江宁波参军，离开了方家村。1977年春天，张德厚及四个儿子全部搬迁到汤庄大队新建村。张显友当时在服役，是团部参谋，1978年转业至溧水县明觉公社明觉司法所。后来，张德厚的次子张显财、四子张显宝两家人又搬回到太平大队方家村居住。2018年4月新建村拆迁时，新建村张姓人家共有4户：甘功英1户（张德厚的妻子，张显友、张显财、张显富、张显宝、张显贵5人的母亲）。张显富1户，张显贵1户，张云霞1户（张显富的女儿）。

据张显友回忆，他的父亲张德厚生前曾回过罗山县徐家塆探亲，但罗山县叫徐家塆的地方有好几个，其祖籍具体是哪里已经无法确定了。

华村圩

华村圩，今属溧水区石湫街道向阳村。向阳村村名来自1955年明觉乡向阳初级社时期，取所属村庄"迎湖向阳"之意。1958年人民公社时属明觉公社向阳大队，1984年明觉改设为乡，向阳大队改为向阳行政村，驻地在华村。1989年明觉改设为镇，1999年12月22日明觉镇、石湫镇合并为新的石湫镇。2018年，石湫镇改设为石湫街道，向阳村属石湫街道。

据《溧水县地名录》（1982年版）记载："相传该村是河南灾民流亡到此，在华村附近圈了一个小圩，叫华村圩，后发展成村，仍用圩名。"村民说，村子因靠近华村，在青圩撇洪沟下游的一处小码头处，他们这些河南难民来此处买下地产，圈圩成田，取名华村圩。村中主要为孙、殷、韩、王四姓家庭。

华村圩孙姓

孙姓村民来自河南省信阳市罗山县莽张镇孙乡村。

据孙庆荣老师回忆，他家的字辈为："国恩家自庆，道保远有林。"其高祖为国字辈，有五个儿子：孙恩洪（华村圩）、孙恩汝（华村圩）、孙恩泽（罗山县城）、孙恩启（华村圩）、孙恩典（罗山县龙山乡龙山村）。孙恩洪、孙恩汝、孙恩启兄弟三人先过来。孙恩洪生有4子：长子孙家琪，移居在溧水城里。次子孙家模、四子孙家凤移居在华村圩，三子则留在河南罗山老家。孙家凤（1903—1982）来溧水时已经10岁左右，为民国初年。他生有两个儿子：孙自根（孙庆荣的父亲）、孙自府。孙恩洪、孙恩汝、孙恩启兄弟三人下江南时，原来想在芜湖安家，但没有合适的落脚处，一路来到明觉东泉前堡村后面的一块坡地落脚，但不久被村里诸姓村民赶出村子。后来，他们通过保长出面，与同来的殷姓、韩姓合伙，花了90块大洋，买下了华村前面河边港口的一片低湿圩田，在此安居了下来。这片地，以前常常被湖水淹没，收成很差，但他们通过勤劳的双手，还是取得了大丰收。家里还养了几头猪，过年的时候，他们把自己收的庄稼和宰杀的猪肉，用箩筐挑着回到了老家。民国二年（即1913）左右春节过后，他们把自己的家人带了过来，过上了稳定的生活。后来，他们与河南老家孙恩典的后裔孙志尧、孙志远（自字辈）

等人有过联系。今孙氏家庭中有自字辈2人，庆字辈30人，道字辈17人，保字辈3人，计52人。

华村圩殷姓

殷姓村民来自河南省信阳市罗山县彭新镇杨店村上殷家湾。

据句容市茅山村殷世旺介绍，该支殷姓来自河南省罗山县彭新镇杨店村上殷家湾。第一世为殷祥生，传至第十七世为光字辈，兄弟五人在母亲黄氏（第16世殷文贵之妻）的带领下离开罗山下江南，长子殷光前再迁溧水华村圩、次子殷光有迁居金坛市蒋铺、三子殷光源再迁溧水县华村圩、四子殷光福迁居金坛西旸，五子殷光浩迁居句容市茅山。属"敦本堂"殷氏，字辈为："文光绍世久，仁义启家昌。"殷世旺说，其祖父殷光浩下江南时不足两岁，其父亲生于1913年，父亲出生时爷爷26岁，推算其祖父生于1888年左右，估计殷氏一族下江南的时间约为光绪十六年（1890）左右。

华村圩的殷姓（老大殷光前、老三殷光源）从句容县再迁，与其他河南老乡一起来到溧水县山阳乡华村圩。据殷久龙介绍，来到向阳村华村圩定居的是殷文贵（见上一段）的长子殷光前、三子殷光源两兄弟。而三星村黄塔的殷姓与洪蓝街道西旺村的殷姓则是殷文贵某位兄弟中的一支。殷光前去世后葬在明觉王母塘北面的仙官山。他有四子：长子殷绍兴（子殷世元）、次子殷绍春（子殷世发、殷世财、殷世友、殷世贵）、三子殷绍荣（子殷世谦）、四子殷绍义（子殷世成）。殷光源去世后葬华村圩村西。他生有两子：以四弟殷光福次子殷绍安（子殷世海）为嗣子，后又生一子殷绍恩（子殷世山）。调研对象殷久龙为殷世贵之子，殷久道为殷世山之子。

华村圩韩姓

石湫街道南部的韩姓，主要分布在向阳村的华村圩、华村、龙坎村和东泉村的杨公村。而石湫社区韩家村的韩姓来自河南信阳市罗山县龙山街道，另有专稿介绍。华村圩韩姓村民来自河南省信阳市罗山县。具体地址不详。

据韩德军介绍，他们家第一代带着两个儿子韩开先、韩进先与村中孙姓、殷姓一道逃荒过来。长子韩开先，生1子1女，子未成年溺亡；女韩自英，嫁王母塘陶长富（即陶从政、陶从贵的母亲，见王母塘陶姓）。次子韩进先，生4子，自字辈：长韩自荣，生1子，未成年，溺亡；次韩自华（1910—1985），享年76岁，生1子韩道祥；三子韩自富，生1子2女（子韩道金，女韩道英、韩道凤）；四子韩自贵，生1子2女（子韩木金，女韩美、韩英）。

在第 4 代中，韩道祥生 2 子 3 女：长子韩德军（本文信息提供者），次子韩德成；女韩福香、韩久香、韩兰香。韩道金生 1 子 1 女：韩德喜、韩荷花。韩木金生 1 子 1 女：子韩能霞，女韩能萍，现居向阳村华村。

人民公社化时期，华村圩进行拆并，韩姓去了邻村华村，后来又搬回华村圩，仅四房韩自贵一家留在了那里。起初，他们与石湫社区韩家、向阳村龙坎、东泉村杨公村的韩姓都有交流，后来就不联系了。

龙坎村韩姓村民，原籍是南京市鼓楼区韩家巷。据韩传国介绍，他的曾祖父原有兄弟 4 人，清末咸丰三年（1853）太平天国攻进南京城时一家人逃散。曾祖父一人逃难至当涂某圩区，后又遇上太平军，再逃至当涂县博望镇北面西横山下的江西湾一带（靠近石湫横山老虎头）。曾祖父到 50 岁时才结婚，曾祖母是老虎头村的，生有 1 子。后听说石臼湖边龙坎窑生意很好，就举家迁往向阳龙坎村，以烧窑为生。同治三年（1864）南京承平后，韩家巷的本家曾来到村中找过他的曾祖，希望他们能回到老家，但其曾祖父觉得在村中生活得很好，没有再回南京。后来他的儿子（韩传国的爷爷）因娇生惯养而染上赌博恶习，败光了家中产业。韩传国的父亲叫韩家林，是独子。韩家林生有 6 子：韩传文、韩传章、韩传华、韩传国、韩传家。向阳龙坎窑庄村已于 2020 年春拆迁，村中共有韩姓家庭 10 户，家庭人口 30 多人。

杨公村韩姓村民来自江苏扬州。具体地址不详。据韩国富介绍，他的曾祖父母从苏北扬州一带逃难到此，生 1 子韩有财。韩有财生 3 子，长韩万兴，次韩万发，三韩万福。

华村圩王姓

华村圩王姓村民来自河南省信阳市罗山县。具体地址不详。据王小龙介绍，他的老家原在洪蓝街道西旺村上竹山一带。他的奶奶孙家英原是华村圩孙姓，约生于 1908 年左右，据回忆，她是六七岁左右随父亲来华村圩投奔孙家亲友（同来的有孙家凤，当时 10 岁左右），后嫁至竹山。王小龙的爷爷（行四）兄弟 6 人。抗日战争时期那一带常有土匪，弟兄逃散：老大、老三去了江宁横溪；老二去了东庐山的简家（在东庐山西北，现属永阳街道）；老五、老六去了句容。王小龙的爷爷染上了赌钱、抽大烟的恶习，家中无法生活，奶奶与爷爷离婚，独自带着两个儿子回到娘家华村圩生活。爷爷留在了上竹山村上，去世后葬在东庐山简家村祖坟。孙家英带回的两个儿子叫王立志、王立国。华村圩村中现有王姓家庭 5 户，家庭成员 20 多人。

韩家村

韩家村今属溧水区石湫街道石湫社区，广义上包含韩家村、山高头、孙王村、下河口村四个自然村。村中韩姓、江姓为客民人口，都来自河南省罗山县。2017 年 5 月，韩家及相关村庄整体拆迁。

光绪二十五年（1899），韩文晶（1865—1949）与妻子江氏（1868—1924）带着 3 子 1 女，从河南省罗山县城郊乡韩家湾（今罗山县龙山街道龙山社区常岗村独楼组）来到江南：韩相彬（1891—1894）、韩相清（1895—1937，在 11 月 29 日日寇轰炸溧水县城时遇难）、韩相财（1899—1977），女儿韩相莲，当时第三子韩相财尚在襁褓中。他们来此投靠之前逃荒到石湫戚家一带的岳父。村庄起初叫东棚子，民国三十三年（1944）时，溧水县第四区（也称石湫区）石湫镇下辖 6 个保。其中，陆家、韩家、戚家、小罗村 4 个村属第三保，因村中韩姓人口居多，韩家正式成为村庄名字。

韩家作为生产队，最盛时包括韩家、下河口、山高头、孙王 4 个小村子。村域东至山高头村，南至下河口村原幸福水库北沿，西与秦墙头村相望，西北至孙王村，北至独山水库流域下的冲田，与戚家、詹家、小罗村、陆家四村冲田交界。1981 年陆家大队析出端秦大队，下河口从韩家队划归端秦大队。1998 年，端秦村整体合并给陆家村，1999 年端秦村划归石湫镇横山村，而下河口村与韩家村一道隶属石湫行政村。此后，韩家（含山高头、孙王）、下河口同属石湫镇石湫村辖下的两个村民小组。

2017 年 5 月，韩家村（含山高头、孙王）拆迁时，村中韩、江、孙、王 4 姓共 55 户、203 人。

韩家村韩姓

韩姓祖先原生活在江西饶州府余干县。明朝初期，立一公由余干县迁居湖北黄冈，为黄冈韩氏始祖。至第三世良英公时迁居至河南罗山县城郊乡。清代末年，在罗山县，韩永书有 4 个儿子：韩文迎、韩文钊、韩文晶、韩文龙。因韩姓与邻居胡姓多次发生矛盾纠纷，官司不断，家境一贫如洗。韩永书第三子韩文晶遂于光绪二十五年（1899）和妻子江氏携 3 子 1 女，来到西横山脚下投靠岳父母，不久在横山东麓 1 千米处建立新的村庄。后来夫妇又生了 3 子 1 女。村中韩姓遂有六房。韩家村中韩姓字辈为："承永文相庆，有德耀荣朝。忠厚诚治道，传家继世长。"该字辈与老家罗山县城龙山社区韩姓相同。2019 年，韩有诰、韩有树和韩德龙三人前往罗山县老家寻亲，受到了韩玉财、韩玉文等人的热情接待。他们复印了韩氏旧谱带回村中，并进行了重新整理。

韩家村韩姓始迁祖韩文晶的妻子江氏（明字辈），是横山江氏小罗村支江德弟的姑妈。此支江姓，于光绪二十年（1894）与戚、魏等姓来到横山东面戚家建村定居。后来韩、江两家始终保持姻亲关系。韩文晶夫妇共育有 6 子 2 女。长子韩相彬有 7 子 1 女：韩庆福、韩庆禄、韩庆寿、韩庆喜、韩庆长、韩庆发、韩庆祺。次子韩相清有 4 子 1 女：韩庆忠、韩庆厚、韩庆有、韩庆家。三子韩相财有 3 子 1 女：韩庆荣、韩庆华、韩庆富。四子韩相伦有 3 子 1 女：韩庆仁、韩庆义、韩庆礼。五子韩相盛有 1 子 3 女：韩庆祥。六子韩相广有 3 女。

韩姓与戚姓也是姻亲，如，韩相清妻子戚德平，韩庆祥妻子戚春梅（戚德玉长女）、韩庆礼妻子戚桂芳（戚德玉二女儿）。

2017 年 5 月，韩家村拆迁时，韩姓有 36 户 149 人。

韩家村江姓

韩家村及山高头的江姓，为明二公后裔，与邻村戚家、小罗村的江姓都是来自河南罗山县子路镇长堰村。横山江姓字派为："□自明德。天开文运，正道扬明。金玉万世，恩德继承。心从良善，耀华传宗。仁和治家，礼义廉宏。"

明二公与胞弟明三公于光绪二十年（1894）带着二子江德应、六子江德仁从河南信阳市罗山县逃荒来到横山，先落脚在石柱庵东面一带，后与韩文晶家族一道迁至韩家村秦家塘边。江德应家一直住在秦家塘边，妻子为桑园蒲武氏，生 1 子：江天宝（原为江德仁长子）。江天宝妻子为汤庄熊家陈令英，生 1 子：江开美（为本文信息提供者）。江德仁妻子为桑园蒲村蒋氏，全家再转迁至韩家村东原江道士所居荒地，陆家村民称其为山高头。生 3 子 1 女：长子江天宝（江德应嗣子），次子江天纯，三子明觉赵村赵修月，女儿江福娣。江天纯一家在此生活，妻子为陆家村陆邦英，生 7 子 1 女。2017 年 5 月拆迁时，韩家村江姓有 6 户 26 人。

孙王村，指韩家村民小组的孙家、王家两姓小村，在韩家与戚家之间，是独立小村。2017 年 5 月拆迁时有 8 户 28 人（孙家 7 户 26 人。王家 1 户 2 人）。

下河口，在韩家村南，乾隆时形成村庄，古代属思鹤乡。严姓、傅姓最早居住，陈姓为后来迁移。2017 年 5 月拆迁时，下河口村上有韩姓客民 5 户 22 人。另有陈姓、傅姓、严姓，共 20 户 71 人。

老虎头

老虎头村属溧水区石湫街道横山村。村庄位于溧水区西部西横山中部龙冠子山南麓，为二省（江苏、安徽）、三区（溧水、江宁、博望）交界要地，东邻朱村，西靠老鸦山，南临博望区山宁村江西湾自然村，北滨桃花坝水库。横山村经四径山瞭望塔至横山北部江宁区横溪、禄口等社区的山路从该村穿过。村域除环村坡地外，主要集中在村东、村西两处冲田。

老虎头阮姓

老虎头村为典型的客民村落。村子起源于光绪三十四年（1908），阮氏一族买地定居。其祖籍为河南省信阳市新县新集镇彭河村蓝河自然村。

据村中阮成林所藏的竹林堂《阮氏宗谱》（1997 年编）中阮氏第 22 世孙阮成文所撰《蓝河村记》记载，阮氏这一支，以阮贵卿为该支一世祖，以第三世阮国璋为支系祖。乾隆年间，第十三世阮启文偕夫人许氏由湖北黄安觅儿镇竹林湾，迁居到信阳市光山县（1933 年改称经扶县、1947 年改称新县）新集镇。老虎头这支阮氏，则以原第十六世阮明远为本支一世祖，阮方午为二世祖，阮征载为三世祖。其第十六世至第三十一世字派（溧水横山支派第 1—16 世）为：远方征泰，永观成祥，景崇先志，福善荣昌。其字派与老家信阳市新县蓝河村一致。

村中阮氏族人口耳相传着"七碗米分家"的故事。阮征载年轻时家境贫寒，他拖家带口沿大别山迁徙到湖北黄安落脚。两年后度日艰难，他们又回到河南光山老家。后听说有本家到江苏句容一带生活不错，遂用箩筐挑着三个儿子（泰宜、泰宏、泰定）从光山逃荒下江南，落脚在句容天王寺的老唐村。之后，日子过得不错，置办了一百多亩田地，还参股购房产、建祠堂。

可是后来他染吸鸦片，家庭一贫如洗。大约在光绪二十三年（1897），一贫如洗的阮征载给三个儿子分家，阮泰宏分得七碗米，投靠到溧阳的同官镇（岳父家，同样来自河南光山县）。光绪末年（1908）左右，阮泰宏带着长子阮永福、二子阮永禄（过继给老三阮泰定），以及阮泰宜的养子阮观昌和同村本家阮观有等人来到横山的老虎山，花了400块大洋买断了70亩田产及周边荒山，建房定居。因村子在老虎山北头最高处，他们给村子起名叫老虎头。阮泰宏三子阮永寿则留在了溧阳。

阮泰宏七碗米分家，其孙辈有10人，在老虎头都按年龄大小排序：阮永福生2子：观晞，观旸。阮永禄生5子：观旭，观昕，观昶，观昭，观曜。阮永寿生3子：观晌，观晧，观映。至2021年7月，老虎头村有阮姓家庭19户，家庭人口69人。

老虎头成姓

成姓第一世叫成子旺，生于1885年，约于宣统二年（1910）从河南省光山县晏河乡成洼村（今属光山县净居寺管理区，不能确定）来到石湫横山老虎头，与阮姓比邻而居。第二世有成光亮，第三世有成国银、成国财、成国祥等。

老虎头傅姓

傅姓祖籍为河南省信阳市光山县白雀园镇沿河村。傅姓第一世傅光寿约于民国二年（1913）带着儿子傅美银（1905年生）、侄子傅美成及另一堂侄逃荒来到横山村老虎头定居。老虎头傅姓与陶家村傅姓为本家。桑园蒲枣树岗自然村傅姓来自光山县砖桥镇霍大塆。

老虎头熊姓

横山村老虎头现有熊姓2户，家庭成员6人。他们来自河南省罗山县龙山街道熊老塆村。与石湫街道塘窦村小村上自然村的熊姓为一道过来的本家。

戚家村

戚家村属溧水区石湫街道石湫社区。原村庄位于溧水区西部西横山东麓500米内，西靠环山河堤，西北有独山水库，西南有雨山水库。东临韩家村，南望秦墙头，北近詹家村，石湫集镇至横山村支线村路穿村而过。村域除环村旱地外，主要集中在北坡梯田。

太平天国运动之前，这里没人居住，村中原有一条古道，系桑园蒲、秦墙头一带百姓经詹家村前往谢村（铜山）、秣陵、南京的乡道。明末清初著名诗人林古度曾两度隐居乳山庵，常沿此道前往秦墙村、桑园蒲会友作诗。他曾于顺治年间编纂《溧水县志》《高淳县志》二部。在戚家村中原有一座古坟，坟前有一块无字石碑，有文史研究者怀疑此坟即为林古度墓址，碑石今在石湫社区。

戚家村为典型的客民村落，村中有戚、江、魏、周、柏等姓氏，为清光绪二十年（1894）前后，从河南等地逐步移居而至。据《江苏省江宁县、溧水县·溧水城》地图（民国五年 1916 八月测图、十八年 1927 制版、二十三年 1934 印制）显示，戚家于民国初年已形成村落。民国 33 年（1944）时，横山县石湫镇抗日民主政府下辖 6 个保，其中，陆家、韩家、戚家、小罗村等 4 村属第三保。1958 年人民公社时，该村属溧水县石湫公社陆家大队，编有戚家生产队。期间，因小村并大村，部分村民响应政府号召，搬迁至端秦村或詹家村。1960 年代，部分村民又搬回戚家。

村中戚姓第一世为戚自发。夫妻二人用一担箩筐挑着两个儿子（长子戚凤春、次子戚凤雨），从罗山县城北面的戚塆，逃荒至西横山东麓定居，为戚家村最早居民。戚自发一家定居之后不久，便回到河南，约来了附近的亲戚江、韩、魏等姓同来村中居住，戚家逐渐形成村落。戚姓的老字派为"自、凤、德、万、本"5 字。后来他们又请亲戚韩相广（韩家村人，人称韩老六）为其续编了"功、宽、正、泰、昌"5 个新字派。据戚万贵介绍，戚自发后来又生了 4 个儿子：三子戚凤华、四子戚凤开、五子戚凤明、六子戚凤山。村中遂有六房。大房戚凤春，生 3 子 3 女：长子戚德铜、次子戚德玉、三子戚德宝。长女嫁至徐州，二女戚德盟，嫁给端秦钟家钟志胜，即钟庭干的母亲，三女嫁给明觉向阳村华村圩（今属石湫街道）孙家财，即孙自明的母亲。二房戚凤雨，生 4 子，仅第四子戚德宝成家。戚德宝生 1 子戚万福，举家迁往本区洪蓝街道天生桥村。三房戚凤华，生 1 子，早逝。四房戚凤开，生 3 子：戚德福、戚德禄、戚德寿。五房戚凤明，生 1 子 1 女，儿子新中国成立前参军，下落不明。后来女儿戚桂英与女婿周秉珍从蟹塘西边山迁至戚家村中。六房戚凤山，生 3 子：长子戚德义、次子戚德良、三子戚德春。戚德良留在戚家村。戚德义、戚德春携家人迁往端秦村。今端秦村有戚姓 4 户，家庭人口 12 人。

村中还有戚自荣后裔一支。他是戚自发的堂兄弟，生 2 子：戚凤仁、戚凤道。戚凤仁生 3 子：戚德生、戚德红、戚德友。戚凤英后裔一支。他是后期来到戚家投靠本家的，生 1 子：戚德发。戚德发生 4 子。

戚家村于 2017 年 5 月拆迁，村庄历史 120 年左右。拆迁时村中共有 21 户 90 人。其中戚姓 13 户，人口共 67 人。

戚家村魏姓

村中魏姓祖籍是河南省罗山县。原有弟兄 4 人：魏世福、魏世禄、魏世寿、魏世喜。老大、老三留在戚家村，老二、老四迁往南京。村北詹家村也有他们的远房本家。至 2017 年拆迁时，老三魏世寿的妻子王秀娣与 3 个儿子魏成宝、魏成新、魏成明的户口仍在村中。

戚家村江姓

村中江姓，祖籍河南省罗山县子路镇长堰村。早期村中江姓有四支，字辈为："□自明德，天开文运、正道扬明。"后来，江天顺、江德典、江天礼、江德兴几户一直住在戚家村中。其他江姓中，江明二、江明三兄弟一支迁入韩家村；江德弟一支先迁至端秦村再迁往小罗村；江明海、江明亮兄弟一支迁往江宁横溪和溧水小西门。戚家村中江姓至拆迁时仅江开寿一家仍住村中。

戚家村周姓

有周德荣、周有军父子 2 户。周德荣的父亲周秉珍是石湫街道蟹塘社区西边山周秉瑶的二弟，母亲戚桂英是戚家五房戚凤明的女儿。因西边山原住处治理三干河道，一部分村民迁移邻村草塘岗，周秉珍、戚桂英夫妻迁来戚家。蟹塘社区周姓主要分布在西边山、丰塘庄、草塘岗三村，他们的祖籍是河南省罗山县周老垮，西边山村周有龙家藏有世德堂《周氏宗谱》一卷，编于 1952 年。

戚家村柏姓

柏姓祖籍江苏省宿迁市泗洪县。柏举原在国民党部队参军，1948 年被解放军俘虏，后来参加解放军，因家庭成分是地主，退伍后为躲避成分影响迁到石湫戚家。柏举生 1 子：柏全芳。2017 年 5 月拆迁时，柏全芳一家 5 人户口均在村中。

戚家村陈姓

陈姓 1 户，为陈炳贵、陈大英夫妇。陈炳贵与石湫街道下河口村陈炳生是兄弟。他随母亲而从下河口村迁至戚家村居住。

小村上

　　小村上，今属溧水区石湫街道塘窦村社区。村庄位于望湖山南面。村庄区域古代时属溧水县山阳乡，在杨甸村与郗家、客家之间的荒坡上。清朝末年起，有移民零星散居。小村上原属明觉乡光明村。1958 年人民公社后划归石湫公社官塘大队，散居村民开始向村中聚拢。今村中主要姓氏为姜、熊、严、王、李、陈、詹等。初步调查显示，村中姜、熊二姓来自河南省汝宁府罗山县，村中严、王、李三姓可能来自湖北省鄂州一带，而陈、詹二姓则祖籍不明。

　　小村上熊姓

　　熊志贵、熊一飞二人属叔侄关系。他们与石湫街道塘窦村社区熊家村虽然相邻，但两支熊姓没有家族关系。小村上熊姓第一代熊有政，带着长子熊银财（1887—1956）、次子（未成家）、三子（后流落外地，下落不明）逃荒过来。第一站在西横山南麓石柱庵附近住下，熊银财生有二子：长子熊志富（熊一飞的父亲，1915 年生），次子熊志贵（1936 年生）。据熊志贵回忆，他的爷爷熊有政从河南罗山县的熊老塆带着他的父亲熊银财过来时，他父亲已18 岁。据此推算，他们从河南过来的时间为光绪三十年（1904）左右。村中仅熊志贵一人会说河南家乡话了。熊姓在西横山南面住下后，与周边河南客民（阮、江、戚等姓）交往较多。第一代熊有政去世后，熊银财在横山东面戚家与詹家之间买了一块荒地，把他安葬在那儿。第二代熊银财会打拳，身手也挺好，娶的是石湫社东村塘下自然村的夏氏，而夏氏是望湖山郗姓人家的义女。因为这层关系，他们搬迁到了郗家村东面的荒山建房居住，因村子规模很小，又散居，所以大家都叫其为小村上。熊志富有 4 子 1 女，熊一飞为长子。熊志贵有 1 子，2 女。村中熊姓家庭成员约 20 人。经与河南省罗山县政协主席江力先生沟通，罗山县叫熊老塆的地方有朱堂乡、庙仙乡和龙山街道。熊志贵老人说他们老家那儿原有虎啸山，据查，罗山县龙山街道的熊老塆靠近老虎山，那里可能是他们的祖籍地。

小村上姜姓

据姜忠财回忆，他的爷爷（第一代）弟兄共5人，从河南逃荒过来，他的爷爷是老三，为"立"字辈。除他的爷爷外其他的人都未结婚，只是抱养了人家的女儿，抚养长大后嫁到外村。他的爷爷生有3个儿子：国清、国富、国源。长子姜国清，娶同村熊氏，生2子：姜忠财（即本文信息提供者）、姜忠福；次子姜国富，生3子：姜忠贵、姜忠义、姜忠保；三子姜国源，生1子：姜忠文。姜姓前后共有5代人，村中第5代现有2人。据姜忠财说，第一代弟兄5人中有一个人是剃头匠，今在家中有一只装剃头工具的长篮子，很多年过去了，家人都不舍得扔掉。姜忠财说，他们一家与洪蓝街道姜家村（原渔歌乡马家庙姜家）的姜姓，是从河南同一个地方过来的。其原籍具体在河南哪个地方，目前尚不清楚。但姜家村村民说他们来自高淳，不是河南人。

小村上严姓

据严培钢说，他的爷爷从湖北逃荒过来，具体情况不是很清楚了，但邻村塘窦村社区臧村头原有老五房：今村中有二房严培根之子严基荣、严基生2户，家庭成员8人；有五房严培林之子严基金、严基富、严基军3户，家庭成员17人。臧村头的老五房都是从小村上搬迁过去的。原溧水县乌山乡庙头村一带严姓与他们也是同一支的。另在溧水开发区沙河社区磨盘桥村有严姓家庭，村中有《严氏宗谱》七卷，表明与小村上、庙头村也是同支宗亲，字辈也相同。磨盘桥村，原属城郊公社清河大队，村名来自村前用磨盘搭砌的小桥，该村现有村民40多户，以杜、严、汪等姓为主，他们均来自湖北省，也有俞、徐、刘等姓少数几家，其中俞姓也是来自湖北省。

约于2015年，湖北省鄂州市严泽宏先生曾来过小村上村中，留下联系方式给严培钢。据严泽宏先生介绍，湖北省鄂州市，原为鄂县，公元221年孙权自公安县迁至鄂县，改鄂县为武昌县。民国二年（1913）改武昌县为寿昌县，次年改为鄂城县。1983年湖北省成立鄂州市。清代末年，严姓逃荒来溧水时，属湖北省武昌县，祖籍为武昌县洪道乡洪三里草陂畈严家湾村，今为鄂州市鄂城区沙窝乡渔坝村严家湾。在这一带，严姓分布有好几个村落。在下江南的严姓中，除溧水有几支分散严姓外，在常州市钟楼区（原武进县）邹区镇鹤溪村有一支严姓，出自鄂城区燕矶镇嵩山村严家畈。溧水区石湫、乌山、柘塘一带严姓，与鹤西村的字辈也相同，其字辈是："福泽培基厚、纯修广毓英、士林嘉惠久、泰运庆升恒。"

小村上詹姓

据詹小花介绍，他的祖籍在湖北，具体地点不详。他爷爷有兄弟 5 人：詹大金、詹大银、詹大富、詹大贵、詹大财。他爷爷是老三，叫詹大富。詹大富，妻子严秀英（洪蓝街道王子寿村人），生 1 子：詹万宏。詹万宏，生 2 子 1 女：长子詹叫花、次子詹小花（本文信息提供者），女儿詹虎兰。当时，与他爷爷同来的一支詹姓曾落脚在安徽马鞍山一带。

此外，编者在调研时发现另有两处詹姓人口。石湫街道社东社区陈壋村有一支詹姓。据詹宏庆介绍，他们家中有简单谱系，是从河南、还是湖北来的，就不知道了。他们最早落脚在石湫西面的孟岗村，后来移居陈壋。他们知道的第一代叫詹大发。詹大发生 1 子：詹荣华。詹荣华生 4 子：詹广荣、詹广华、詹广生、詹广富。詹广荣生 2 子：詹乾坤、詹乾福（未成家）。詹乾坤生 3 子 1 女：长子詹晋财、次子詹晋源、三子詹晋兵，女詹晋芳。詹晋财生 1 子 1 女：子詹宏伟、女詹小花。詹晋源生 1 子：詹宏亮。詹晋兵生 1 子：詹宏庆（本文信息提供者）。在石湫街道横山村老虎头自然村，有村民名叫詹家兰，她是阮观曜的妻子，是马鞍山市博望区人。

石湫街道石湫社区有詹家村，可村中并无詹姓。

小村上李姓

据李四清介绍，村中李姓为一家，只知道自己家是客民，具体是河南、还是湖北，并不清楚。家中的老字辈，只记得"德、贵、巧"三个，第一代，是李四清的爷爷。他有 3 个儿子：长子李德宏、次子李德福、三子李德财。李德宏生 2 子 3 女：长子李忠信、次子李忠华。李德福生 1 子：李来宝。李德财生 2 子 1 女：长子李秋生、次子李四清（本文信息提供者），女儿李青梅。村中目前有李姓 10 户，家庭人口 30 人左右。

小村上陈姓

据陈明银介绍，小村上陈姓只有他们一家。父亲陈旺富（1923 年生），母亲华金凤，生 4 子 2 女：长兄陈明高，住小村村中。二兄陈明金，住桑园蒲。四弟陈明福，住塘窦村。陈明银为老三。有两个姐姐，大姐陈带娣，嫁臧村头；二姐陈小英，嫁武壋。他们不知道自己是从哪里过来的，有可能来自湖北。

小村上王姓

据王姓村民自述，他们可能是湖北人，能听懂湖北话，但已经没有人会说湖北老家的话。李四清组长说，王姓第一代过来时是堂兄弟关系。村中王姓老一辈中有一个叫王龙财的，村民王有根、王有保兄弟俩是他的孙子。目前，村中王姓有6户，约20人。

简家村

简家自然村，原名前小方边村，隶属于永阳街道东山社区。村子因简氏村民居住而得名，后简姓迁徙别处甚多。全村有村民近50户，现简氏村民仅占20%左右，王姓为村中大姓，占40%左右。另有张、陶、徐、纪等姓氏。

东山社区简家村先前叫前小方边村，后因简氏的到来而更名。简氏家族是客民人，祖籍河南省信阳市光山县晏河乡简门村，堂号为"豫斓堂"，奉简鸾为始祖。

太平天国战争结束后，先有一批简氏族人在溧水的浮山脚下及东屏地区落脚，拓荒开垦，繁衍生息。江南溧水生活条件好、宜人宜居宜发展的好消息很快传至光山县简门村老家。使得村人们心生向往。

简意一家在简门村也算小康之家，颇有名望。最初，生活安逸的他并没有随第一批亲友移民江南，他有个门客解大劲，早期来到江南，发了富了，成为江南的解家大户。听说解大劲到江南发达了，简意心想自己的门客都富了，我还能落后于他？简意不甘心，决意带全家老幼来江南一搏。到江南后，起初落脚在共和浮山脚下的庙叉子村（今东屏街道友好村）及附近的程家棚子，全家奋力拼搏，男耕女织，没多少年就发展起来。人多力量大，又不断地向外分流，一部转迁到东庐山西面的小方边村（现在的简家村）。

经过十几年艰苦奋斗，迁居小方边的人又向晶桥镇的里佳山、东屏镇的西湖村及南京市分流。特别是前小方边村，简氏人员越来越多，他姓人员越来越少，村名"小方边"已被溧水区民政部门更改为"简家村"。

这是简氏人员到江南来发展壮大的历史见证。小方边的更名，简家村的出现，标志着简氏家族的兴旺。简家人"门外有竹节节升，红日光辉照门庭，人丁兴旺才八斗，财富万千有能人"得到了充分的印证，简家村的简氏现发展成三街道（镇）五村九个自然村，人口达 300 多人，是简氏迁徙到江南的第一大户。

村中有玩龙船习俗，简氏每年冬至时节都会与溧水其他村简氏宗亲聚集，举办"祖会"，祭祀先祖，商议族事。

赵家村

赵家自然村隶属于永阳街道东山社区。位于溧白路东侧，北距鲁家 200 米左右，东距简家 150 米左右。

东山社区的赵家村，没有赵姓人家居住，基本上都是姓李的人家，他们个个讲着一口客民话，是地地道道的客民人。据村民介绍，赵家村原有姓赵的村民，太平天国运动时期，赵家人杀光了，后来他们李家从河南光山县一担箩筐下江南。

1866 年左右，河南光山县南门十五里李家大庙的一户李氏兄弟四人有了移民江南的打算。据《李氏宗谱》记载，李氏兄弟到江南的第一站不是溧水，而是"安徽省邱县的陵国，落脚在金保圩"。据查，安徽省没有"邱县""陵国"两地名，只有"霍邱县"与"宁国县"，这可能是李氏老一辈们文化不多，记忆差错造成了家谱的记载错误。安徽省东至县与宣城市倒是有金保圩，从地理上看，宣城的金保圩倒符合他们落脚的最初地。因为宁国邻近宣城，1949 年又隶属于宣城。宣城北部有个水阳镇，与南京市高淳区一江之隔。这水阳镇位于金保圩内，金保圩是一个很大的圩，向来被认为是宣城的粮仓。

初到江南的李氏四兄弟团结友爱，勤劳肯干，很快就有了些积蓄，他们在金保圩买了 18 亩地，准备长期定居。不料，有一年发大水，金保圩破了圩，把他们的田地冲毁荡尽，失去了生活来源。或许是听说句容的亲友生活得不错，他们又迁徙到了句容县的"灶村"。又或许是当地村里的原住民不准客民人进村入住，他们住在了一个叫"摇头"（家谱上记载，估计是"窑头"）的地方。两年后，又迁徙到了溧水县的东屏丰安寺村居住。后来，李氏兄弟中的老四去世，老弟兄三人离开丰安寺村，在东庐山西北面的小赵家买了几亩田，几间旧房子定居下来。当时，老弟兄三家只有7人左右，而今已繁衍发展到近40户百余人。

赵家村中至今还有两座老坟，其中一座是当年第一代迁居江南的字辈老祖宗坟，他应该是三兄弟中的一位。李氏字辈排序为："春正天兴顺，家德恩泽长，祖宗洪光大，永保万世昌。"如今，村中多为第五代"顺"字辈李氏族人。

第三章 客民英才

花鼓戏著名演员陈兰英

陈兰英,生于1930年,祖籍为河南信阳。她的父亲陈金山早年随下江南的客民一道,移居到了浙江省安吉县,后辗转来到溧水县仙坛乡水晶山窑(今属溧水区晶桥镇)定居。她幼年时跟着父亲做些小本生意。那时,在水晶山窑村,有个唱花鼓戏的师傅,叫陈金山,这名字恰与陈兰英的生父巧合。正是因为陈兰英常喜欢在祠堂里看陈金山带着徒弟学唱花鼓戏,这改变了她的人生。

同治五年(1866),清政府出台招垦政策,之后,湖南、湖北、河南一带大批移民来到了太湖西域(江南、皖南、浙江),花鼓戏也随之传入这一地区。农闲时常有人自娱自乐地进行花鼓戏表演。这一演唱形式在岁时节序中,便有了与河南籍移民带入的"小花灯"相结合的演出,范围逐步扩大,影响力也不断增加。自此,花鼓调、小花灯两种形式的演出,只要有需要,便会时而分散、时而结合地出现在客民居住地。不久,移民们又将河南民间"打五件"的曲艺形式纳入到自身的表演中,花鼓调也开始演进为剧目片段的演唱形式。

打五件,是河南罗山、光山一带独特的演出方式,他们把大锣、小锣、鼓、镲、匀板五件东西绑在板凳上,演出时扛着板凳到处跑。每到灾年,一些灾民们逃荒要饭时便用这种方式沿村行乞。据传,最初有洪、南、梅三门,以梅洪义的梅门最有名。首批到达溧水的客民之中有一位名叫梅凤贻,是梅门传人,他在溧水开创了花鼓戏的苏南流派,形成了一种流利、柔和、悠扬的韵味，被称为"梅门"，是江南花鼓戏的七大艺术流派之一（"蓝门"的创始人光山蓝凤山、"杜门"的创始人杜老幺、"涂门"的创始人涂老五、"耿门"的创始人大老耿、"孙门"的创始人孙大嘴、"张门"的创始人张宗棠、"梅门"的创始人梅凤贻）。溧水的陈金山、江宁的杨光荣（艺名杨小六），都是他的弟子。1942年，13岁的陈兰英被花鼓戏吸引，遂在祠堂里拜陈金山为师。那时，与她一道学戏的有13人，最后只有3人满师。陈兰英满师后，跟着师傅在别人的戏班子搭伙唱戏，由于她长得俊俏，平时也非常用功，很快就出了名。之后，她组建了小兰英班。当时，晶桥的小兰英班，与东屏的杨小六班（杨光荣）、浮山的方九班（方元庆），都是梅派传承，在溧水、句容、溧阳一带很有影响。

打五件，原为一人表演，后来人数增加，常常为五人一道组成演出班子，故也称五人头。陈兰英起初便是在五人头班子里，在江宁、溧水、郎溪一带，最为出名。所唱曲目为"三辞"（《大辞店》《中辞店》《小辞店》）、《蓝衫记》等。只要陈兰英肯唱，观众哄起来，还要请她作一些简单的表演。唱到精彩处时，表演者和同班艺人、观众，一起互动，气氛非常热烈。这时每场演出的报酬，至少一两担米。而在每天演完后拆账分配时，陈兰英自然会多劳多得。

那时，本地人有玩灯赛会风俗，其中有些形式却是由河南籍的移民带入的，以莲湘、旱船、推小车、彩灯、花担、巾舞的表演最为普遍。早期的花鼓戏艺人不仅是打莲湘、玩旱船的行家，也是灯会中对歌唱曲的能手。他们时而唱戏，时而玩灯。对歌唱曲的内容，常以花鼓戏《珍珠塔》选段"二回楼"和《梁山伯与祝英台》选段"山伯访友"为题。灯会演出时，玩灯艺人在对歌环节中如遇到困难，一时对答不上来，观众就会拿着钉耙横拦在路中间，阻止灯队前进，俗称灯队"抛锚"了。每当遇到这种情况，总是由花鼓调艺人帮忙唱答解对。老辈的人记忆中，陈兰英聪明灵活，遇到她出面表演时，她先是一边扶起横在路中的钉耙，一边唱道："小小竹竿十二节，上包铜来下包铁。我把竹竿接在手，这位先生你歇歇。"陈兰英四句唱完，再换人对歌，听完对歌唱曲，大家算是开心和解。

1952年，安徽省郎溪县建立郎溪县大众楚剧团，陈兰英、杨光荣等人先后从溧水县前往郎溪，加入大众楚剧团。那时，该剧团有演职员30人，团长杜庆荣（小生）是江宁县人，他1950年时还在方九班中演出（此后宣城县花鼓戏剧团也是杜庆荣任团长组建的）；副团长杨金生（小生）是高淳人。当时剧团的主要演员有：杨光荣（一作杨金荣，正旦）是江宁人；陈金山（箱主老板）、陈兰英（花旦）是溧水人；柯正贵（生）是浙江孝丰人；潘金花（花旦）是浙江昌化人。

1954年，为参加华东地区地方戏会演，安徽省文化局抽调演员，排练由刘泳濂创作的《打瓜园》节目，由徐寿凯、时白林等人进行专门辅导，集训两个多月。由陈兰英饰演文姐，胡兰庭饰演费大娘，黄相忠饰演龚继来。花鼓戏《打瓜园》剧情梗概：费大娘（43岁）想去京城看女儿，便找女儿小时候的同伴文姐（12岁）陪她一道前往。路上，她们经过一片瓜地，文姐口渴了想吃西瓜，费大娘让她猜谜语，猜中了再买。可想买瓜时又找不到卖主，于是两人便到地里摘瓜吃。这瓜田是龚继来（14岁）家的，因田里的瓜前一天被人偷了，他便躲在边上想捉住偷瓜人。然后三人开始斗嘴，龚继来看她们不像偷瓜的人，便开玩笑让文姐举冬瓜，结果冬瓜又被文姐摔碎了。于是龚继来要打文姐，他拿起一根丝瓜来打文姐，大家觉得一下子就化解了误会。龚继来最后还送她们一只西瓜，让她们在路上解渴。是年9月在上海演出时，《打瓜园》的演出获得了赵丹、周信芳等人的好评，评选揭晓后，陈兰英获演员三等奖，胡兰庭获演出奖。安徽省同时参加演出的有徽剧、黄梅戏、庐剧等，其中，黄梅戏《天仙配》及演员严凤英均获一等奖。1955年春，安徽省正式将宣城的楚剧定名为皖南花鼓戏。花鼓戏《打瓜园》剧本也由胡兰庭（费大娘饰演者）口述，刘永濂（1928年生，安徽巢县人，国家一级编剧）整理，1958年2月上海文化出版社出版。

1958年9月19日，芜湖专区皖南花鼓戏实验剧团成立，是一家全民所有制单位。那天，适逢毛泽东视察安徽芜湖，观看了该团《八十大寿》的演出，并接见了部分演职人员，后来剧团就将这天定为建团纪念日。1959年10月改称芜湖专区皖南花鼓戏剧团。1965年2月，该团下放至宣城县，改为宣城县花鼓戏一团。1972年与宣城县花鼓戏二团合并为宣城县花鼓戏剧团。1979年9月两团分开，原芜湖地区剧团恢复。1980年又因行政区划变动，始用宣城地区皖南花鼓戏剧团这一名称。当时，全团50人左右，先后担任团长的有陈胜夫、滕云、刘当和等，编剧刘永濂，导演吴键、谢辉伟，作曲陈凤祥，主要演员陈宗美、耿心月、迟秀云、祁大武、杨光荣、陈兰英等，武功教师为高金宝、云筱霞。

华东地区地方戏会演之后陈兰英的情况：1956 年 4 月，陈兰英加入中国戏剧家协会。1958 年，调至芜湖专区花鼓戏实验剧团。1959 年起任芜湖艺校教师兼演员。从 1960 年代起，陈兰英以演青衣、老旦为主，在宣城地区享有较高的知名度。她所在的剧团没变，但名称一直在变：原为芜湖专区花鼓戏实验剧团，改为芜湖专区皖南花鼓戏剧团，改为宣城县花鼓戏一团，改为宣城县花鼓戏剧团，改为宣城地区皖南花鼓戏剧团。1987 年，她 57 岁，从宣城地区皖南花鼓剧团退休。这期间，陈兰英参演的花鼓戏最有名的是《姚大金报喜》，其剧情梗概为：好吃懒做的姚大金把妻子给他买年货的钱赌输了，妻子便让他上山打柴，卖点钱重新购置年货。他却编织了一个谎言，告诉岳母说自己的妻子怀孕了，从岳母那儿骗取了年货钱。可岳母带着小女儿突然到姚大金家中来看望怀孕的大女儿，于是大家都得知了姚大金假报喜的真相。姚妻由原来的谦和善良、好言相劝，变成满腔怒火、疾言厉色，在众人的愤怒之下，姚大金无地自容、羞愧难当。在这出戏中，祁大武饰演姚大金（1983 年后由李相才饰），方玉莲饰演姚妻，陈兰英饰演岳母，吴金莲饰演小姨子。

皖南花鼓戏最鲜明的艺术特色是它的喜剧风格和浓郁的乡土气息。在已经发掘的一百多个传统戏中，大多是喜剧剧目，表现劳动人民优秀品质和情操，并且爱憎分明，是非清楚，好人好事受到赞扬，不良生活行为受到批评讽刺，因此受到皖南人民的喜爱。2008 年 6 月 14 日，花鼓戏被列为第二批国家级非物质文化遗产名录。作为梅门传人，陈兰英等人为皖南花鼓戏的发展作出了重大贡献。

吴大林曾于 1991 年专程去安徽宣城拜访了陈兰英，并在《溧水古今》第九期（1991 年）上发表了《著名花鼓戏演员陈兰英》一文。文中说，"陈兰英少年失学，不识字，不谙乐谱，全凭耳听口授强记敏思。新中国成立后，在剧团里勤学苦练，具有一定文化水平。她和丈夫潘洪福早年离异后，独立抚育其二子三女，今皆已自立。"

（作者：吴大林、江文宏）

北京大学纳米技术专家曹安源

　　曹安源，1974 年 7 月出生，南京市溧水区东屏街道杨祥村人。北京大学材料科学与工程学院教授，国家杰出青年科学基金获得者，国家万人计划领军人才。

　　曹安源先后在溧水县东屏镇小学、溧水县第二小学、溧水县二中（初中）和溧水县中学（高中，1991 届高三 6 班）读书。1991 年考取清华大学机械工程系。1996 年免试攻读清华大学博士研究生，2001 年获博士学位，其博士课题《定向生长碳纳米管薄膜的研究》获得全国百篇优秀博士论文，并获国家自然科学奖二等奖（第 4 名）。2002 年 1 月，他前往美国纽约州伦斯勒理工学院（仁斯利尔理工大学，Rensselaer Polytechnic Institute，简称 RPI，美国第一所理工科大学，全美顶尖理工大学）从事博士后研究。曹安源博士在那里制备了世界上最小的碳纳米管刷，有关可压缩超弹性碳纳米管泡沫的论文，发表于世界顶级杂志 Science。2005 年 8 月，曹安源任夏威夷大学机械工程系助理教授，2008 年获得了 NSF CAREER Award（美国杰出青年教授奖），这是颁给全美高校助理教授中杰出者的特殊荣誉。在夏威夷大学工作期间，他还与哈佛大学、麻省理工学院等院校建立了合作关系，并进行了短期访问，合作开发了用于一维纳米材料大面积自组装的有机物吹泡法，发表于纳米材料领域的顶级期刊 Nature Nanotechnology。这些研究成果被英国 BBC 科技新闻、德国 Der Spiegel、美国 Popular Science 等国际新闻媒体广泛报道。

　　曹安源牢记父母给自己起名的初衷，即居安思危、饮水思源，尽管他当时在美国发展得非常顺利，但他时刻惦记着自己的祖国和家乡，一直期盼着能回到国内工作，为祖国的科技发展和人才培养做出贡献。2009 年 1 月，他放弃了夏威夷优越的生活条件，携家人回到北京定居，加入了北京大学工学院材料科学与工程系，开展碳纳米材料及应用等方面的研究，并从事北京大学本科生、研究生的教学工作，培养了 30 多名博士后、博士和硕士研究生。2013 至 2020 年期间，他还担任北京大学材料科学与工程系主任，与该系老师一道开展人才引进、学生培养等学科建设和服务工作。

　　纳米技术是 20 世纪末发展起来的新兴材料技术，它利用纳米材料的结构特点开发新型功能材料和器件，在许多领域具有应用前景，并且比传统材料性能更加优异。近年来，基于纳米技术的高性能吸附材料、功能复合材料、电极材料以及柔性电子器件等研发非常迅速，对未来的生活和社会可持续发展都有重要意义。以此为目标，曹安源教授坚持从事纳米技术领域国际前沿方向的研究，在北京大学和工学院领导的支持下，建立了自己的实验室和科研团队，与国内外多家单位合作，围绕碳纳米材料的可控合成、有序组装和潜在应用，开展了系统深入的研究工作。其代表性成果包括：与清华大学合作，开发了新型碳纳米管/硅异质结太阳能电池，建立了多种优化方法将电池效率稳步提高到了 17% 的水平；开发了三维多孔碳纳米管海绵材料及其系列复合结构，并应用于水面油污吸附、功能复合材料和柔性高性能储能电极等能源和环境领域；与哈尔滨工业大学、郑州大学等单位合作，制备了高强度、高导电碳纳米管螺旋纤维及柔性传感和致动器件。同时，他还承担了国家自然科学基金、国家科技部重点研发计划、国际政府间科技创新合作、北京市纳米科技产业园专项等多个科研项目。

迄今，曹安源教授在 Science，Nature Materials，Nature Nanotechnology 等国际高水平专业期刊发表 SCI 论文 200 余篇，多次在国内外学术会议、交流论坛、高校和研究所作邀请报告，担任国家自然科学基金和北京市等省市项目及人才计划的评审专家，以及中国颗粒学会理事、复合材料专家委员会委员。回国后，先后获得了教育部新世纪优秀人才（2011）、国家杰出青年科学基金（2013）、茅以升北京青年科技奖（2013）、北京大学优秀博士学位论文指导教师（2013，2015）、北京大学教学优秀奖（2017，2018）、国家万人计划领军人才（2020）等荣誉。

据溧水《曹氏宗谱》（曹家禄老师提供）记载，曹安源的高祖曹金美生于 1847 年，于光绪二十四年（1898）前后，从河南省光山县晏河乡曹家墩，迁居至溧水县浮山南麓一带（清末属白鹿乡）建村居住，民国时称呼该村为曹家坝（时属浮西乡，新中国成立后属共和乡，今属白马镇），后又迁居至村庄北面的东屏乡杨祥村（今属东屏街道金湖社区）。曹金美生 6 子 1 女：长子国兴（1870 年生），次子国俭（1872 年生），三子国恭（1875 年生），四子国军（1878 年生），五子国建（1882 生），六子国让（1885 生），女嫁东庐陈家。曹安源的曾祖父叫曹国让（1885—1950），祖父叫曹泰坤（1924—1992），父亲叫曹家荣（1951 年生）。

转基因动物研究专家成国祥

成国祥，1962年10月生，南京市溧水区石湫街道横山村老虎头自然村人，曾在朱村小学、横山小学、桑园蒲初中、石湫中学、溧水县中学（今江苏省溧水高级中学）等校就读，1981年9月考取江苏农学院（今扬州大学）。1985年8月大学毕业后留校任牧医系教师。1997年7月任扬州大学畜牧兽医学院教研室室主任。1998年上海第二医科大学医学博士毕业，陈竺院士、国家最高科学技术奖获得者王振义院士曾担任过他的导师。1998年11月任江苏省转基因制药工程研究中心主任。1999年1月任上海中路生物工程总经理、上海转基因研究中心主任。2001年1月至今，任上海转基因研究中心中心主任，上海杰隆生物工程股份有限公司、上海杰隆生物制品股份有限公司董事长。中共党员，上海市浦东新区人大代表。

成国祥教授享受国务院特殊津贴，兼任同济大学教授、博士生导师，上海交通大学博士生导师，中科院上海生命科学院客座教授，中欧国际工商学院EMBA。担任中国实验动物学会常务理事、中国转基因动物学会副理事长、中国实验动物学会青年科技专业委员会副秘书长、中国生物工程学会创始会员、国家自然基金委评审专家、上海市职称评审委员会生物医药类高级职称终审委员。

成国祥教授是新世纪百千万人才工程国家级人选，曾荣获江苏省优秀科技工作者（1995年），卫生部科技进步三等奖（1997年），江苏省"333跨世纪学术、技术带头人"（1998年），江苏省第五届青年科技奖（1997年），中国农学会第六届青年科技奖（1997年），上海市优秀学科带头人（1999年），上海科技创业领军人物（2002年），上海市科技进步二等奖（2003年）。其研究方向主要有转基因乳腺制药、转基因动物医学模型、克隆动物与治疗性、克隆肿瘤导向治疗人源抗体等。其主要科技成就有：国际上首例体细胞克隆波尔山羊和朊蛋白基因剔除体细胞克隆羊，高表达人乳铁蛋白和人溶菌酶转基因山羊乳腺生物反应器，是国内仅有的两家成功研制高表达乳腺生物反应器的机构之一，使我国动物乳腺生物反应器研发和体细胞克隆的研究处于国际先进水平。

上海杰隆生物工程股份有限公司成立于 1999 年 1 月，为上海市高新技术企业、上海市高新技术成果转化项目百佳企业、国家"博士后科研工作站"设站企业、浦东新区首批企业技术开发机构。2001 年经上海市科委批准，依托公司成立了上海转基因研究中心，成为集产、学、研于一体的典范企业。

上海杰隆生物制品股份有限公司成立于 2005 年 7 月，2010 年 2 月完成股份制改制。公司利用酶工程技术、纳滤膜技术、高压均质等现代生物技术，致力于动物副产品特别是动物血制品自主知识产权成果的产业化，以做高端动物源性蛋白与活性肽行业的领航者为目标，逐步发展为生物农业领域的高科技企业。

2020 年 6 月，成国祥出席在天津举办的第四届世界智能大会生物医药与智能科技战略融合高峰论坛。在高峰对话环节，成国祥等嘉宾围绕"生物医药发展与智能科技应用探索"展开了交流和探讨。

成国祥教授祖籍是河南省信阳市光山县，具体村庄失考。据信阳市光山县李勇先生介绍，在光山县晏河乡扬帆桥村净居寺、泼陂河镇孙围孜成冲等地有成姓居住。成国祥的祖父成子旺生于 1885 年，约于清代末年从光山县逃荒下江南，来到石湫境内横山南麓的老虎头村。他的父亲叫成光亮，他有 2 个哥哥（成国银、成国财）、3 个姐姐。

志愿军烈士方谟起、方谟有

在溧水区中山烈士陵园展厅里，有一段关于方谟有烈士的介绍文字：

方谟有（1929—1953），溧水石湫方家村人。1950 年 11 月参加中国人民志愿军赴朝作战，同年 11 月加入中国共产党，为志愿军 67 军 200 师 599 团 1 营机炮连战士，曾荣立三等功 1 次，于 1953 年 6 月 12 日在朝鲜上甘岭夏季战役中光荣牺牲。

在展柜中，还有方谟有同志的立功证书原件和军功章：

喜 报

方模（谟）有同志在朝鲜金城南阻击战中创立功绩，业经批准，记三等功一次。这不仅是个人的光荣、全军的光荣，也是人民的光荣、祖国的光荣。特向

方正委先生 报喜

中国人民志愿军司令部、政治部 贺

1952 年 7 月 15 日

（按，方正委，即方正为，是方谟有的大哥，曾任石湫公社太平大队、蟹塘大队书记，方秀英的父亲）

通过溧水区退役军人事务局工作人员了解到，还有一位烈士叫方谟起，登记的名字叫方谋起，1921 年生，1951 年 3 月参加中国人民志愿军，1953 年 7 月在朝鲜金城川因战牺牲。是志愿军 67 军 200 师 600 团轻炮连战士，曾荣立三等功 1 次。

据友恭堂《方氏宗谱》（1934 年版）记载，方谟有、方谟起的祖籍为河南省信阳市光山县独东约方家老垮。据罗山县江力、方伟介绍，独东约属宣统三年（1911）罗山县所划设的第五辖区，今为罗山县庙仙乡方集村。在《方氏宗谱》中其第五至第十三世为：方承启—方崇立—方显卿—方国柱—方浚—方克长—方道颜—方连辉—方培树（下分六房，下江南，来到溧水）。

方培树的 6 个儿子：长子方从善、次子方清善、三子方有善、四子方德善、五子方全善、六子方九善。两名烈士的爷爷方清善、方有善是亲兄弟。

方谟起（1921—1953）世系：方培树—方有善—方洪耀—方谟起

方谟有（1929—1953）世系：方培树—方清善—方洪贵—方谟有

方谟有参军时 22 岁，未结婚。他的大哥方正为（1925 年生，也作方正委）已经结婚，并于 1949 年 10 月生下一个女儿，方谟有高兴地给自己的侄女起了个名字，叫方秀英。方谟有是老三，当时他的二哥方谟荣（1927 年生）生浮肿病，身体很差，未能成家，方谟有想到自己有可能会牺牲在战场，就想让方秀英做他的女儿，但方谟有的母亲不同意，她认为一是这样做不吉利，二是方秀英是女孩子，不能顶门户。方谟有牺牲后，政府对他们家也有烈属抚恤。因方秀英是家中独生女，所以未能顶给叔叔做后嗣。方秀英，于

1968年嫁给陆兴根（无锡下放知青），1989年全家迁往无锡居住。

方谟起参军时31岁，已经结婚，妻子叫李桂芳（1930年生，现已去世），1948年10月，生下一个女儿，叫方旺娣。方谟起有个妹妹叫方兰英（1927年生，现已去世），当时24岁，已经出嫁。

方谟起、方谟有两兄弟，同在中国人民志愿军第67军200师。

方谟有于1950年11月在石湫报名参加中国人民志愿军，被分配在第20兵团67军200师599团1营机炮连。

方谟起于1951年3月在晶桥报名参加中国人民志愿军，被分配在第20兵团67军200师600团轻炮连。

1951年11月，方谟有因表现突出，在火线加入中国共产党。

1952年，第67军守卫金城地区。

7月1日，美军向志愿军第67军阵地投下大量细菌弹，许多士兵不幸感染细菌后牺牲。第67军军长李湘也不幸感染，于4天后牺牲。后由邱蔚继任第67军军长。

1952年7月13日，志愿军20兵团5个军1000余门大炮，在28分钟里，把1900吨炮弹打在了南朝鲜军4个师的阵地上。用1个小时，全线突破南朝鲜阵地。南朝鲜首都师第一团号称白虎团，被全歼，首都师副师长林益醇被活捉。志愿军用了不到一天时间，向联合国现代化防御阵地突进10公里。7月16日，志愿军攻下了整个金城地区，并直指汉城。

在这次战斗中，方谟有荣立三等功，志愿军司令部给他颁发了立功奖章，立功喜报寄到了溧水县石湫乡方家村方谟有的大哥方正为的家中（今证书、奖章都摆放在中山烈士陵园的展柜中）。

1953年5月，中国人民志愿军发动夏季反击战役（即金城战役）。

5月13日至26日，第67军分别向金城东南杨口以北的科湖里南山韩8师阵地和直木洞南山首都师阵地发起第一次进攻，共作战6次，歼敌1795人，推进阵地1.5平方公里，己方伤亡875人。

5月27日至6月23日，发动第二次进攻。第67军攻占韩8师据守的金城西南栗洞南山阵地和690.1高地东北山腿，歼敌1750人。6月12日，第67军向"十字架山"发起进攻。此山又名座首洞南山，位于金城以东北汉江西岸，守备部队是韩8师所属第21团。十字架山的阵地工事异常坚固，每个支撑点都有2~3条坑道，地面有2~3道环状堑壕和与坑道相连接的发射点、掩蔽部、地堡等，在山腰山顶之间构成了 3~4 层明暗火力点，形成了环形防御，被韩军称之为"模范阵地""京畿堡垒"。战前，为保证攻击战斗达成突然性，军长邱蔚大胆冒险，下令在敌前沿构筑秘密屯兵洞 700 多个，炮兵和坦克发射阵地 100 多个，在进攻发起前夜，将主攻部队 200 师的 9 个步兵连秘密开进潜伏区和屯兵洞内，等炮火突袭后发起猛攻。经过 46 小时激战，第 67 军基本歼灭韩军第 21 团，攻占其全部阵地，并击退韩军第 10 团，将阵地向前推进 4 公里，扩大面积 10 平方公里，毙伤俘敌 5500 余人。继第 60 军后，再创阵地战以来一次突破敌团级主阵地、歼敌一个团大部的战例。战后，中朝联合司令部通报表扬"六十七军反击座首洞南山阵地打得好"。

在第二次进攻战中，家村的方谟有于 1953 年 6 月 12 日牺牲在上甘岭（朝鲜金城西南）。

6 月 24 日至 7 月 27 日，发动第三次进攻。志愿军为坚决打击南朝鲜当局阻挠停战谈判的行为，以第 20 兵团和第 9 兵团第 24 军共 6 个军进行了金城战役。中朝军队共毙伤俘"联合国军"和南朝鲜军 7.8 万余人，扩大阵地 178 平方公里，给南朝鲜军以沉重打击。

在第三次进攻战中，晶桥尚家村的方谟起牺牲在金城川（朝鲜金城东南）。

革命老战士雷绍福

雷绍福，1927 年 7 月 19 日生于溧水县山阳乡端家庄村雷家（今属溧水区石湫街道横山社区）。

雷绍福于 1945 年 5 月参加新四军，后随部队渡江北上，至苏北泰兴一带整编。1946 年加入中国共产党，历任战士、通讯班长、华中军区第三军分区谢克西的警卫员、副连长、连长，参加过苏中战役、莱芜战役、济南战役、淮海战役、渡江战役。1955 年被授予中尉军衔。1956 年被推荐到汉口高级步兵学校（武汉）学习，1958 年因学校停办而复员回溧水。1958 年 9 月，被安置在溧水县陶瓷厂工作。1959 年 8 月转回溧水县石湫公社粮管所工作。1962 年下放至横山公社（1962—1966，从石湫公社分出）新民（端秦）大队，任大队书记。后横山公社端秦、陆家两大队合并，任横山公社陆家大队书记。

1966年3月横山公社撤并后，任石湫公社陆家大队副书记、大队革委会主任。1972年至1981年任陆家大队书记、大队革委会主任。1981年4月，石湫公社从陆家大队分出下河口、端家庄、秦墙头、张家店、李家店5村，设端秦大队，雷绍福任端秦大队书记。1984年3月，石湫公社改设为乡，端秦大队改设为行政村，雷绍福卸任端秦行政村书记职务。

雷绍福曾获"解放奖章""八一奖章"以及"淮海战役纪念章""渡江胜利纪念章"等荣誉。2015年9月，已经89岁高龄的雷绍福作为参加过抗日战争的老战士，获中共中央、国务院、中央军委颁发的"中国人民抗日战争胜利70周年"纪念章。2019年8月29日，已经93岁高龄的雷绍福获中共中央、国务院、中央军委颁发的"庆祝中华人民共和国成立70周年"纪念章。2021年2月17日雷绍福逝世，享年95岁。

一、雷绍福参加新四军，投身抗战

雷绍福出生的端家庄在桑园蒲北面1千米处，位于西横山南麓。

1945年4月，新四军第一师主力由苏中分两批南下，到达溧水等地区。1945年5月，一直在石湫乡西边山村帮人放牛的雷绍福受溧水地区抗日形势的感召，报名参加新四军，投身抗战。那一年他19岁，他所在部队为苏浙军区第一纵队。1945年8月7日，第一纵队在苏南第一军分区的配合下，取得了东坝反攻战役的胜利。此战历时3天，摧毁日、伪军据点50余处，歼灭日、伪军1800余人。8月19日，王必成指挥部队对盘踞在金坛、溧阳拒绝投降的日、伪军分别实施包围，激战一昼夜，收复了金坛和溧阳县城。紧接着又先后攻克溧水、长兴等地。1945年10月江南地区的新四军奉命北撤，雷绍福随部队离开溧水、开赴苏中地区。

二、雷绍福所在部队改编为苏中军区，隶属华中军区、华中野战军

雷绍福随部队北上后，改编后属华中军区第三军分区，参加了苏中战役（即七战七捷战役，1946年7月13日至8月27日），由战士升任通讯班长。

雷绍福参加了首战"宣家堡泰兴攻坚战"。在海安运动战中，雷绍福负责阻击敌人、掩护撤退。

据作者统计，在苏中战役中，从石湫参军的胡友相、陈道生、刘发玉、朱士华、陈维金、陆邦发、周明清、王元亮、周立祥等9人牺牲。

三、雷绍福加入中国共产党

1946年10月，雷绍福加入中国共产党，入党介绍人是周伯藩、周泽。

1946 年夏，雷绍福所在部队（周泽任团长）驻扎在泰兴的胡庄附近。团部收集到国民党军派 3 个团围剿偷袭的情报，紧急派出数名通讯员秘密前往不同驻地传达转移命令。雷绍福和一个战友前往离团部较远的一个营，谁知敌人的特务早就到达了营部的外围并布下暗桩。当他发现敌情时为时已晚，3个特务在不问口令的情况下掏枪射击，他连续几个翻滚，躲过了敌人的子弹，可他的战友却倒在了血泊中。在打掉两个特务后，他冲过了暗桩，及时把命令送到营部，挽救了全营战士的生命。为此，周伯藩、周泽亲自介绍雷绍福火线入党。

1946 年冬，在如皋、海安两县交界处，国民党还乡团势力非常强大，几乎每条路上都有明卡暗哨。有一次，雷绍福在送达命令返回团部的途中，有五六个还乡团成员突然从玉米地里向他们冲过来，他和战友拔枪还击，在打倒两个敌人后他和战友拼命突围，跑出几十米后，一颗步枪子弹从后面击中了战友的头部，脑浆洒了一地。他拼命奔跑，可前面是一条大河，河水很深，河里结了一层薄冰，他来不及考虑，纵身一跃跳进河里，快速游到对岸。敌人追到河边，向他射击，可他已安全突围。

四、雷绍福参加莱芜战役，之后担任谢克西的警卫员

1947 年 2 月，雷绍福随大部队北上参加了莱芜战役。那时天寒地冻，他们穿着空心棉衣裤，深夜蹚过齐腰深的冰河，夜行晓宿，完成了对莱芜城国民党军的合围，最终取得了莱芜战役的胜利。

新四军挺进中原后，战场形势发生根本性变化。雷绍福在担任通讯班长一年多时间里，班上不少通讯员都牺牲了，而他不仅每次能出色地完成任务，还能巧妙地躲过敌人的盘查，甚至在多次与敌人交火时都没有受伤。为此，周伯藩、周泽于 1947 年 9 月把他推荐给时任苏中第三地委组织部部长兼城工部部长的谢克西任警卫员。谢克西很信任他，把他留在身边三年，舍不得让他离开，直到新中国成立，谢克西才把他放到连队，直接任副连长。

谢克西（1917—1989），江苏泰兴人。1938 年参加新四军。1939 年 3 月加入中国共产党，历任中共泰兴县工委组织部部长、县委组织部部长、县委书记，黄桥中心县委组织部部长，靖江县委书记，苏中第三地委组织部部长兼城工部部长，苏中区党委民运部副部长，华中第一地委副书记，苏北泰州地委书记，盐城地委书记兼军分区政委。1952 年后，历任中共江苏省委委员，江苏省总工会主席、党组书记，江苏省科委党组书记兼中国科学院江苏分院党组书记。后奉调外交部,出任锡兰、尼日尔等国大使。

五、雷绍福参加济南战役

1948 年 9 月 16 日至 24 日,济南战役打响,这是华东野战军对国民党重兵守备的济南进行的大规模攻坚战。

雷绍福时任谢克西的警卫员,他所在的部队负责阻击国民党由徐州等地增援济南的第 2 兵团邱清泉、第 7 兵团黄伯韬等部队。由徐州北援济南之敌,虽经蒋介石严令督促,但因解放军攻城迅速,至济南被攻克时,国民党军第 2 兵团前锋才进至城武、曹县地区,主力的第 7、第 13 兵团尚未集结完毕。

六、雷绍福参加淮海战役,时属第三野战军 (华东野战军)

淮海战役 (国民党称徐蚌会战) 自 1948 年 11 月 6 日起至 1949 年 1 月 10 日结束,共歼灭或改编国民党军 55 万余人。

雷绍福参加的是围歼黄伯韬兵团的碾庄战斗。他们用棉被浸水,包在桌子上,向敌人冲锋。11 月 22 日,黄伯韬全军覆灭,自杀身亡。随后,雷绍福所在部队参加了围歼黄维 12 兵团的战斗。解放军于 1949 年 1 月 6 日向杜聿明的部队发起总攻,双堆集围歼战斗过后,杜聿明被俘,邱清泉阵亡,李弥逃跑,李延年、刘汝明最终放弃阵地,撤退到长江以南。

1949 年 1 月 10 日,淮海战役胜利结束。华东军区颁发"淮海战役纪念章"给参加淮海战役的华野各纵队,华东军区地方部队的指战员等有功人员。此纪念章俗称"小淮海",以有别于中原军区颁发的"淮海战役胜利纪念章"(俗称"大淮海")。雷绍福获"淮海战役纪念章"一枚。

七、雷绍福参加渡江战役

1949 年 4 月 20 日,南京政府拒绝在《国内和平协定》(最后修正案) 上签字。随后,毛泽东主席和朱德总司令下达了向全国进军的命令。4 月 20 日夜,人民解放军中集团首先发起了进攻,至 4 月 21 日拂晓,将敌人长江防线拦腰斩断。随后,东、西两个集团于 4 月 21 日夜间同时发起进攻,至 4 月 23 日解放了国民党首都南京。4 月 29 日,第 3 野战军在郎溪、广德地区全歼南逃之敌 5 个军。5 月 7 日,第 3 野战军第 9、第 10 两兵团,于 5 月 12 日对上海发起进攻,并于 5 月 27 日解放上海,第 3 野战军第 7 兵团解放了浙东、浙南。1949 年 6 月 2 日,第三野战军某部解放崇明岛。至此,渡江战役胜利结束。

雷绍福参加的是王必成所部第 7 兵团渡江第一梯队。他们渡过安徽无为的太阳洲，在太白庙登岸，并迅速东下，追歼从南京出逃的国民党军。接着参加了围歼国民党第四军的广德之战。

渡江战役胜利后，华东军区给参加官兵颁发了"渡江胜利纪念章"。纪念章上的落款时间为 1949 年 4 月 21 日。雷绍福因参战获得一枚纪念章。

八、雷绍福获"解放奖章""八一奖章"，被授中尉军衔

南京解放前后，雷绍福由谢克西的警卫员转任副连长、连长等职。

1950 年，雷绍福随大部队到上海嘉定、嘉善海防前线驻防，由一个农村放牛娃成长为解放军的连级干部。

1955 年 2 月 12 日，第一届全国人民代表大会第七次会议通过了《关于规定勋章奖章授予中国人民解放军在中国人民革命战争时期有功人员的决议》《中华人民共和国授予中国人民解放军在中国人民革命战争时期有功人员的勋章奖章条例》。雷绍福获"解放奖章""八一奖章"，是人民革命战争时期有功人员。

1955 年 9 月 27 日，雷绍福因担任正连职干部，被授予中尉军衔，当时 29 岁。

九、雷绍福被选派去步兵学校学习

1956 年，雷绍福被推荐到汉口高级步兵学校学习，当时 30 岁。可学校于 1958 年停办，雷绍福决定复员回溧水原籍。

汉口高级步兵学校，始于 1927 年 11 月的中国工农红军学校，1937 年 1 月改称中国人民抗日军事政治大学，1946 年 2 月改称中国人民解放军东北军事政治大学，1949 年 8 月改称中国人民解放军华中军事政治大学，1950 年 1 月改称中国人民解放军中南军政大学，1951 年 3 月改称中国人民解放军第四高级步兵学校，1952 年 11 月组建成中国人民解放军第一高级步兵学校，1955 年 5 月改称中国人民解放军汉口高级步兵学校。

十、雷绍福复员后，主要在石湫公社陆家大队、端秦大队任书记、革委会主任等职

雷绍福于 1958 年后，先在溧水陶瓷厂工作，第二年转至石湫粮管所工作。1962 年至 1984 年，都在石湫公社下辖的陆家大队、端秦大队基层工作。

任职期间，他努力建设端秦小学、韩家小学、陆家戴帽初中等学校，在兴建校舍、添置桌凳等方面想了很多办法。那时办学条件非常艰苦，课桌大

多是长木板搭成。1976 年创办戴帽初中时，他带领干部、老师用黄泥巴、杂木棍套用模具做成混合课桌给初中学生临时使用。雷书记在组建林业队时，不仅动员生产队员栽桑养蚕，还栽种茶叶、油茶、薄荷等经济作物，发展生猪养殖等副业。他把陆家大队部移至往游墩北面坡地，与学校、赤脚医生站、林业队、养猪场组建在一起，又在雨山水库边建起林业队种茶基地，派专人学习制茶技术。他还在大队创办了米面加工厂、锻造加工厂，修建了第一条通往外界的乡村公路。

雷绍福妻子宋芳莲，1939 年 4 月出生于溧水县赞贤乡（即洪蓝）宋家村，她的父亲宋玉柏，祖籍河南商丘，民国时曾担任溧水县第四区区长。

据其长子雷东明回忆，他们的曾祖父兄弟 3 人（德字辈），于光绪二十年（1894）从河南信阳市罗山县大雷湾下江南垦荒。德一公定居在溧水县横山南麓端家庄村北，德二公到了安徽广德梅溪村，三房到了溧水县洪蓝张村堡。德一公生 4 子：用生、用财、用富、用贵，是为老四房。雷绍福是雷用生五个儿子中的老三。雷家从河南罗山来到溧水 130 年，至今已有六代人。

江苏省特级教师陶家友

陶家友，生于 1981 年 4 月，中学高级教师，溧水区石湫中学副校长，南京市杰出青年协会会员，市中数会理事，高级教师评委，江苏省卓越教师培养对象。江苏省教科研先进个人、省学科优秀青年教师、南京市学科带头人、市优秀青年教师、市师德先进个人等荣誉。曾获得南京市五一劳动奖章、南京市青年五四奖章、溧水区十佳青春榜样、溧水区中青年拔尖人才、溧水区师德标兵。

现为溧水区初中数学名师工作室主持人，曾获得国家教育部赛课部级优质课、全国教师网络团队竞赛获得一等奖、市青年教师基本功大赛一等奖、市优质课比赛一等奖、市"一师一优课"一等奖、市微课一等奖。主持或核心参与多项省市规划课题的研究并结题，撰写的多篇论文被人大复印转载索引。江苏省第十六批特级教师。

苦干实干，站稳讲台

陶家友出生于溧水县明觉公社王母塘村（今属溧水区石湫街道）。明觉中学初中毕业后，以优异成绩考取南京晓庄学院五年制大专班。2000 年大学毕业后，回到母校明觉中学，成为一名初中数学教师。

在明觉中学工作七年，他从一名普通教师逐渐成长为备课组长、教研组长、年级组长，成为一名有较大影响力的初中数学名师。2001 年起，20 岁时成为明学中学最年轻的初三毕业班数学教师，此后连续六年任教初三，并担任班主任。

2008 年被评为中学一级教师，2014 年被评为中学高级教师。2008 年，被择优选调至溧水县第二初级中学（现为江苏省溧水高级中学附属初级中学），除了正常开展两个班的教学工作，还担任过班主任、学生处副主任、教科室主任、安管处主任等职务。2014 年，到溧水区孔镇中学下乡支教，担任安管处主任。2015 年至 2020 年转到溧水区东屏中学任副校长，连续四年任毕业班数学教学工作。2020 年至今调任溧水区石湫中学副校长，同时开展初中数学循环教学工作。

组建团队，志存高远

2017 年 2 月，溧水区教育局发出了成立名师工作室的通知，作为南京市学科带头人的陶家友申报名师工作室成功，同时他还兼任了全区新教师"1+X 制"导师和东屏中学青年教师导师，在三种不同层面对相关教师进行教学引领。

溧水区初中数学名师工作室一共有 15 名成员组成，来自全区 11 所初中，都是学校教学管理的中坚力量。

名师工作室成立以来，陶家友参加南京市中考数学命题工作，面向全市初中数学教师开设了《关注基本图形，凸显核心素养》讲座，市学科带头人《线段和的最小值问题》展示课。此外，他还先后赶赴合肥、巢湖等地送教送培。撰写的多篇论文在《中国数学教育》《中学数学教学参考》《中学数学》《中学数学月刊》等杂志上发表。他还以工作室的名义，成功申报了南京市十三五规划课题，参加了南京市特级教师后备研修班的培训。

陶家友的曾祖父名叫陶云发，清末时从河南商丘逃荒至溧水县共和乡浮山村（今属白马镇），后来又经洪蓝镇天生桥村燕子口，辗转来到明觉乡王母塘村（今属石湫街道明觉社区）定居。他的爷爷叫陶长富（1920—2000），奶奶叫韩自英（1928—1986，华村圩人，祖籍河南罗山）。父亲陶从贵生于1956年4月，是家中的老四，原为石湫街道明觉社区王母塘村民组长。母亲李兰英，生于1957年7月，石湫街道光明社区杨甸村人。他有个妹妹叫陶家莲。

江苏省人民医院心内科专家王连生

王连生，1969年6月生，南京市溧水区晶桥镇新桥村新山里自然村人。江苏省人民医院（南京医科大学第一附属医院）心血管内科主任医师（技术二级），南京医科大学教授、博士生（含博士后）导师。

1976年9月在溧水县晶桥公社于巷大队向阳小学（今撤并给晶桥镇中心小学）上学，1981年9月在晶桥初级中学上学，1985年9月至溧水县中学（今江苏省溧水高级中学）上高中。1988年考取南京医学院（今南京医科大学）。1993年大学毕业后在江苏省人民医院（南京医科大学第一附属医院）心内科工作至今，现为该院心内科副主任，兼任心内科冠心病区主任。工作后继续深造，取得医学博士学位，曾在美国得克萨斯大学医学分部（University of Texas Medical Branch，UTMB）、美国杜克大学（Duke University，Duke）等著名高校做访问学者和进行培训交流，多次受邀出国参加会议和讲学。

现为中华医学会心血管病分会冠心病与动脉粥样硬化学组委员、中国医师协会中西医结合医师分会心血管病学专业委员会委员、中华医学会全科医学分会青年委员会副主任委员、江苏省医学会临床流行病学分会副主任委员、江苏省心血管分会委员、江苏省康复医学会常务理事兼心脏康复专委会主任委员、江苏省研究型医院科普专委会主任委员，是江苏省医学重点人才、江苏省高校青蓝工程科技创新团队带头人、江苏省"333工程"第二层次培养对象、南京市举荐人才。先后获得国家自然科学基金项目5项，主持国家科技重点研发计划子课题2项，发表文章130多篇（其中包括影响因子为29.7

的 Circulation 在内的 SCI 收录论文 70 多篇）。他还获得省级以上科技奖励 5 项、国家发明专利 2 项、实用新型专利 4 项。

王连生博士在江苏省人民医院从事冠心病、高血压、高脂血症和心力衰竭的临床诊疗工作近 30 年，能熟练掌握各种心血管常见病与疑难危重病人的诊疗，尤其擅长冠心病的介入诊疗。他是国家卫生部心血管疾病介入诊疗培训基地首批冠心病介入的导师，国家自然科学基金项目的评审专家。

王连生祖籍为湖南省湘潭市湘乡市老屋冲村。光绪二十一年（1895）年，其曾祖父王敬诚听到返乡探亲的湘军士兵说起江南溧水一带田地荒芜，发展前途较好，便与妻子庞氏挑着担子（箩筐里一头装着粮食、衣被，一头装着孩子），背井离乡，来到溧水县城谋生。后来觉得在城中生活日子艰难，便在民国建立不久迁居至仙坛乡枫香岭北面的破山里村一带安家，以樵牧为生。因为生活勤俭，日子逐渐富裕。之后，花了十三块大洋，买下了破山里一家抽鸦片子弟手里的山地和相应的山沟水塘、水田，过起了中农生活。王敬诚夫妇从老家带来两个儿子：王少富、王少秋。王少秋结婚不久便病逝。王少富成年后娶了同为湖南移民的妻子陈茂英，生 2 子 2 女：长子未成年即病逝、次子王业金，女儿王艺华、王春英。王业金（1947 年—2020 年）娶朱荷英（1947 年生，溧水县白马乡周家山人），生 3 子：长子王连生（1969 年生）、次子王连根（1971 年生）、三子王连荣（1973 年生，现为溧水区柘塘街道办事处副主任）。王连生三兄弟为湖南省湘潭市来溧水的客民王姓第四世后裔。

著名编辑校对专家吴永亮

吴永亮，1962 年 1 月生，南京市溧水区晶桥镇杭村社区吴家村人。小学在云鹤公社吴家小学、杭村小学就读，初、高中在溧水县云鹤中学就读。1980 年 9 月经地方高考，被中国人民解放军济南军区陆军步兵指挥学校（济南陆军学院前身）机炮专业录取。在部队服役 18 年，其中在济南军区军医学校从事政治教学 8 年，被评为学校十佳教员，荣立三等功 1 次。1997 年前后，在军内外开展"香港回归"主题宣讲活动近百场，受到《解放军报》、山东卫视等多家媒体报道。1998 年 9 月，经过考核，他以省直机关笔试前十名、面试第一名的成绩转业到山东省政府工作，因机构改革，后到中共山东省委宣传部（山东省新闻出版局）就职，任山东省委宣传部出版管理处二级调研员。2020 年 3 月，经本人申请、组织批准提前退休。

吴永亮结合自身多年从事报刊、图书出版管理工作经验，在《青年记者》（由《大众日报》主管主办）开辟"读报札记""话说部首""编校杂谈"专栏，在《中学生读写》（明天出版社主管主办）开辟"字说字画""扑朔迷你""形似神非"专栏，在《祝你幸福》（省妇联主管主办）开辟"字里情怀"专栏等。从 2016 年 1 月开始，在《青年记者》开辟"我读《现汉》"专栏刊登其对《现代汉语词典》（第六版）建议，同时刊发《现代汉语词典》第六版（2012 年）主修人江蓝生女士（1943 年生，学部委员，语言学家）对作者意见的答复。《现代汉语词典》第七版出版时（2016 年 9 月）采纳了吴永亮先生近 20 条建议。

吴永亮长期关注汉字的字词使用标准、标点符号用法、数字用法标准、计量单位标准以及文本编校等方面规范使用的宣传和推介工作。2009 年，吴永亮被推荐为全国出版工作者协会校对专业委员会专家库成员。

2018 年 10 月 22 日、2020 年 11 月 6 日，受济南市教育教学研究院之邀，两次给全市 800 多名高中语文老师分别作了《敬畏汉字》《敬畏语文》的报告，引起较好反响。

2019 年 4 月 4 日，吴永亮主讲的《出版工作者应遵循的汉字规范》（上、中、下）在国家新闻出版总署继续教育网站正式上线，成为全国图书、期刊编辑继续教育课程。

退休以后，他一如既往宣传汉字规范使用情况。2020 年 5 月 8 日起，吴永亮做客"语文世界公开课"，给听众带来"敬畏汉字"系列讲座共六讲。2021 年 6 月 24 日起，每周四下午七点在《齐鲁晚报·齐鲁壹点》壹点号直播课堂主持《趣味汉字课——循着地名去认字》文化直播栏目，推广汉字识读技巧、提升学生书写能力、弘扬传统文化、助力学校德育教育，从而让听众感受传统文化、品读汉字魅力。这档节目，平均每期点击量为百万，最高突破两百万。

吴永亮出生在溧水县云鹤公社的一个小山区，他的祖籍是河南信阳市光山县，今为信阳市新县苏河镇墨河村返堂洼（老塆）。其家族字派为："天思玉大凤，月明来太本，其中有生成，用之克永世，文必宗家学，仕应正国惟。

德泽光先绪，声鸿耀鼎钟，伯仲和平乐，荣华福寿长。"其湖北黄安始祖吴天详，原为江西鄱阳人，姚林氏，生6子。本支吴姓为吴思聪后裔。康熙年间，吴天详后裔吴太士去世后，其遗孀带着吴本选等4个儿子从湖北省黄安县桃花乡板仓塆村经湖北省大悟县，逃难至光山县罗陈乡青山村后王畈，后转至返堂洼、左洼、殷堂洼一带（今新县境内）居住。同治年间，吴永亮的高祖吴成瑞去世，其高祖母黄氏带着6个儿子（吴广用、吴贵用、吴清用、吴新用、吴安用、吴乐用）从河南光山县随着下江南的队伍，来到了溧水。几经辗转，在溧水县仙坛乡定居下来，后来村庄逐渐成形，名为吴家村。

吴永亮的高祖吴成瑞，高祖母黄氏。曾祖吴乐用，曾祖母苏氏（连云港海州人）。祖父吴之中（1904—1952），祖母刘宗清（1906—1991，溧阳人）。父亲吴克正（1933—1988），母亲汪立珍（1937—2016）。吴永亮妻子韩英，夫妇生1女吴佳霖（硕士），女婿叫李阳（博士后）。吴永亮于2019年6月前往河南新县苏河镇与老家的亲人叙旧，与其族人梳理了家族世系，并撰写了《我的老塆，你在哪里?》一文，深情追忆祖先们艰辛的迁徙历史。

优秀民营企业家吴祥喜

吴祥喜，1953年1月生于南京市溧水县东屏乡梁山村（今属南京市溧水区东屏街道徐溪社区）。现为宏泰公司董事长，南京宏泰阳光门窗有限公司法定代表人。

吴祥喜曾在溧水县东屏公社丰安小学、东屏公社方便中学读书，1970年9月至1973年7月，在溧水县委党校学习。1974年8月，在溧水县东屏公社建筑安装工程公司工作，后出任公司任经理，1983年9月至1985年7月，在南京东南大学学习工民建专业。1990年3月至1994年8月，在溧水县东屏镇工业公司任总经理兼党支部书记。1994年8月至1998年6月，任南京市溧水宏泰房地产开发有限责任公司经理。1998年6月至2000年3月，任溧水县永阳镇在城新区副经理。2000年3月至2016年4月，任溧水宏泰房地产开发有限责任公司法定代表人。2002年12月至今任南京宏泰阳光门窗有限公司法定代表人。

溧水宏泰房地产开发有限责任公司成立于 1994 年，2001 年由溧水县永阳镇属企业改制为民营企业，是溧水县内最大的一家本土民营房地产开发企业，注册资本为 8918.18 万元。2008 年取得国家房地产开发壹级资质。企业下辖南京宏力房地产开发公司、河南宏景房地产开发公司、河南扶沟分公司、宏泰公司灵璧分公司、沈阳辽中分公司、宏泰阳光门窗公司、宏泰大酒店以及玥昕销售公司、妙嘉装饰公司、妙联建材公司等多家企业。公司实力雄厚，信誉优良，成果卓著。目前拥有工程技术和经济管理职称人员 41 人，其中：工程师 26 名，助理工程师 9 名，会计师 4 名，助理会计师 1 名，统计师 1 名。施工点除南京本市外，还延伸至安徽、河南、辽宁等省的多个大中型城市，其所承建的工程合格率 100%，合同履约率 100%，累计为广大业主打造了 300 多万平方米的优质住宅。目前该公司年施工能力在 20 万平方米以上，年竣工能力在 15 万平方米以上。近五年来，该公司的总公司及各分公司纳税总额共达 2.3 亿元。

据《吴氏宗谱》介绍，吴祥喜祖籍为河南省信阳市罗山县彭新镇马店村肖家洼，为罗山吴氏第 22 世裔孙。光绪十五年（1889），吴氏第 18 世吴玉成（吴文炳之子）带着长子吴自忠到溧水一带（河南移民较多的地方）推销罗山地产白布，第二年他们来溧水收赊账款时，吴自忠不幸患染疟疾，病逝于溧水县白鹿乡（今白马镇）吴家棚子。光绪二十一年（1895），吴玉成带着三子吴自舒、四子吴自谦、五子吴自亮一起来到溧水县白鹿乡，在长子吴自忠墓旁临时定居，不久举家移居丰庆乡上桥村（今东屏街道丽山社区）。后来，吴自忠的两个儿子吴发茂（1888—1959）、吴发盛（1890—1943）先后来到溧水县丰庆乡（东屏）寻找家人，落户定居下来。吴祥喜为吴自忠后裔，其世系为："吴玉成—吴自忠—吴发盛—吴其礼—吴祥喜。"

第四章　客民姓氏

陈姓

溧水境内有多支陈姓家庭。其中，以北宋乾道四年（1168）溧水知县陈嘉善家族最为有名。他是乾道二年（1166）进士，是关内侯陈汤的第47世孙，是状元陈尧咨的后裔。陈嘉善的堂兄陈嘉贵卜居晶桥，其后裔在晶桥镇环步岗一带。陈嘉善去世后葬思鹤乡小茅山西麓的坟头村（石湫街道社东社区），他有四个儿子，分别迁居于当涂、溧水、高淳等地，被称为"铁箍槐陈氏"。

本文所述溧水客民陈姓，涉及东屏街道徐溪社区前芦家庄、金湖社区山口村袁村、白马镇朱家边新塘头村等3个村庄。

【东屏前芦家庄】在溧水区东屏街道爱国水库之北，常溧公路徐溪桥之东，今宁杭高铁溧水站东面，纬四路之北，属东屏街道徐溪社区。据《溧水县地名录》（1982年版）记载，前后芦家庄原为一村，属东屏公社徐溪大队。《万历溧水县志》中即有卢家村，属溧水县丰庆乡，原为卢姓居住村庄。明代万历年间，义民任义的后裔任其发（溧水中山任氏13世）移居卢家庄，万历四十八年（1620）在村庄东南一里地建城堡。直至解放初期土改时，村中城堡分给了任姓村民及部分长工。1966年起，各家拆毁城堡中自家的老房子，选择空地重新建房，结束了城堡在村庄的近350年历史。据陈维银统计，东屏镇设为街道时，前芦村中客民分布情况：袁姓家庭30人（祖籍河南罗山）、陈姓家庭26人（祖籍河南商城）、高姓家庭19人（祖籍河南光山、安徽郎溪）、赵姓家庭18人（祖籍河南光山）、曹姓家庭12人（祖籍河南光山）、刘姓家庭3人（祖籍河南罗山），以上家庭共有村民108人。

【东屏山口袁村】原属溧水县东屏公社山口大队，1958 年建队时名叫新华大队，因县内重名，1981 年改为山口大队，大队驻地袁村。村庄在东屏街道爱国水库东北，今属金湖社区，在宁杭高铁溧水站东、方朱线西。

【白马新塘头村】原属溧水县共和公社新塘大队，因村边有一大塘名新塘，村以塘名。村庄在朱家边西南、白袁公路西侧。今属溧水区白马镇朱家边村，在白马镇周园之西。

陈维银于 2018 年 12 月编成《丽水庄商城度公支系族谱》上、下卷。据陈维银所撰《中华义门陈氏大成谱》所载：陈姓得姓始祖为陈胡公（即陈满），关内侯陈汤为第 36 世。浙江丽水庄陈兴迁为第 84 世，河南商城陈度为第 98 世。从河南下江南来溧水的陈姓，以陈兴迁为第一世始祖，以第 15 世陈度为河南商城支系始迁祖，属大唐御赐"义门陈氏"（唐僖宗中和四年 884 年，御笔亲赐陈旺家族"义门陈氏"牌匾）河南商城度公支系。陈兴迁第 20 世裔孙陈盛，生 2 子：长世魁（1 子绍虞）、次文魁（1 子绍永）。第 22 世陈绍永生 4 子：学仁、学义、学礼、学智。陈学智生 2 子：士彦、士传。陈士传生 3 子：兴发、兴蒂、兴鱼。陈兴蒂生 5 子：万全、万国、万元、万松、万清。陈万全（1810—1866）生 5 子，启乐、启礼、启约、启义、启泰。

同治十三年（1874），陈万全长子启乐 46 岁，生 2 子；次子启礼 43 岁，生 3 子：立明、立兴、立荣；三子启约 40 岁，未成家；四子启义 34 岁，生 2 子：立森、立文。当时河南信阳一带，一担箩筐下江南已成风气。受乡邻影响，加上接到先前移民江苏宜兴张渚的本家捎来的口信，陈万全的 5 个儿子商量后决定，老大陈启乐和老五陈启泰留在商城伺候母亲，老二陈启礼、老三陈启约、老四陈启义三家，到江南宜兴张渚一带去投奔宗亲。陈启礼在村中的二位李姓舅子，也一道前往江南。

是年秋天，老二陈启礼一家 5 人、老三陈启约、老四陈启义一家 5 人，以及李姓兄弟两家，一行共 20 多人，告别河南商城，开始了下江南的行程。他们一路上吃着自带的锅巴、咸菜，晚上寄宿到土地庙。他们有两辆独轮车，车上一边坐着怀抱幼儿的妇女，一边放着随身的行李。其他人有的挑着箩筐，有的背着包袱，能带的家当都带出来了。他们沿着南下古道，经城关、鄨集、峡口、方集、段集、武庙集，过祖师集，出了河南商城地界。进入安徽地界后，沿着叶集、姚李集、江家店、徐集，到达六安市。再经三十里铺、四十里铺、金桥、官亭、新农集、烧脉岗，到达肥西县城。然后南下，经义城、桥头集、花集、上李村、环城集、半汤、清溪，到达安徽含山县城，再从西埠走到和县。他们在安徽和县的金家庄古渡口渡过长江，来到江南当涂县，再过古丹阳、博望，进入江苏省溧水县境内。从明觉寺，经洪蓝埠，来到溧水县城，再走古官道，经官塘，过白马桥出溧水境，沿溧阳县上兴埠、南渡、茶亭、戴埠，最终到达了目的地宜兴县的张渚，同那里的本家宗亲会合。他们靠着双脚，步行近三个月，走走歇歇，男人停下来帮人打几天短工，女眷则带着幼儿去附近村庄讨米要饭。最终历尽千辛万苦来到江南，落脚在宜兴县善卷洞一带，靠租田耕种来维持生计。

光绪十年（1884）左右，老二陈启礼带着3个儿子陈立明、陈立兴、陈立荣，从宜兴投奔先前转居溧水的二位李姓舅子，他们迁居到东屏的山口村袁村一带，靠在地主家帮长工谋生。这对李姓兄弟的后人居住东屏梁山李家棚子（原东屏公社梁山大队），如今李姓"贵"字辈，见陈姓"维"字辈，仍亲切呼唤老表。

光绪十二年（1886）九月，商城老家陈万全之妻胡氏孺人（1808—1886）去世，陈启礼、陈启约、陈启义三兄弟回河南商城为母亲胡氏守孝。一年后（1887）他们返回江南时，老三陈启约留在了商城。陈启隆的妻子张氏带幼子陈立生（10岁左右，见下文）跟着陈启礼他们来到东屏一带给地主家帮佣，他们的后人至今居住东屏的袁村、句容的斗门一带。陈家宏也随行至溧阳上兴一带到私家酒厂学徒，其后人至今居住溧阳上兴。

光绪十三年（1887）左右，老四陈启义带着其二子陈立厚、三子陈立宽、四子陈立春从宜兴来溧水投奔迁居到东屏的老二陈启礼，在东屏张村一带（方便水库之东）靠着在地主家帮长工谋生。其长子陈立田仍留在宜兴张渚丁家村一带。

民国十年（1921）左右，陈启义的长子陈立田家的两个儿子陈家友、陈家生，又从宜兴来溧水投奔本家亲人，在东屏徐溪村倪家塘一带靠给地主家帮工谋生。

至此，于同治十三年（1874）年从河南商城去宜兴的陈启礼、陈启义两家及李氏兄弟，全部转迁到了溧水的东屏居住。下江南来溧水的陈姓，后来则分迁至白马镇朱家边新塘头村、东屏山口村袁村、东屏徐溪村前芦家庄等村庄。

河南商城始迁祖陈度，居住在商城县鲇鱼山乡黑石山村黑山自然村。同治十三年（1874）秋天起，陈万全一家先后迁来溧水。其世系为：

陈度—陈圣伦—陈王纲—陈併盛—陈巨烈—陈盛—陈文魁—陈绍永—陈学智—陈士传—陈兴蒂—陈万全（第26世）

陈万全生5子：启乐、启礼、启约、启义、启泰。今在溧水境内的陈姓，为二房陈启礼、四房陈启义、远房陈启隆的后裔。其字派为："学士兴万启，立家孝维先。福德恩广大，忠厚保平安。"

老二房陈启礼生3子：长子立明（4子：家模、家富、家财、家龙），次子立兴（5子：家龙、家风、家三、家福、家忠），三子立荣（2子：家志、家金）。陈立明一家移居东屏镇山口村袁村。次子陈立兴一家移居白马镇朱家边新塘头村。三子陈立荣次子陈家金一家移居东屏镇徐溪村前芦家庄。

老四房陈启义生4子：长子立田（2子：家友、家生），次子立厚（1子：家禄），三子立宽（未成家），四子立春（2子：家荣、家华）。陈立田长子陈家友一家移居东屏镇徐溪村前芦家庄（陈维银为陈家友之孙、陈孝清次子）。陈立厚之子陈家禄一家、陈立春之子陈家荣、陈家华二家移居东屏镇山口村袁村。

远房陈启隆生1子名叫陈立生。陈启隆去世后，其妻子张氏于光绪十三年（1887）带着陈立生来到溧水。陈立生生2子：长子陈家喜，在溧水东屏镇山口村袁村；次子陈家富，在句容县天王镇。

傅姓

溧水本地傅姓，主要是傅泰清的后裔。据《乾隆溧水县志》记载，南宋嘉定年间孟州济源人（今河南济源市）傅泰清由进士擢任溧水县尉。后来傅泰清定居晶桥石山下，其后裔由此分迁至和凤、渔歌、石湫等地。本文所调研的下江南的傅姓，以溧水区石湫街道横山南麓三个村庄为主。

横山傅姓，指石湫街道横山南麓的横山村陶家、横山村老虎头、桑园蒲村枣树岗三个自然村的傅姓。初步调研显示，陶家、老虎头两村的傅姓，来自河南省信阳市光山县白雀园镇沿河村，其字辈为："山善成光美，文华继世长，绵延荣万载，喜庆云贵方。"枣树岗的傅姓，来自河南省信阳市光山县砖

桥镇李长店村霍大塆，其字辈为："国寿文华世，家兴民自安。"白雀园镇、
砖桥镇为光山县南部两个相邻的乡镇。

据光山县李勇先生所撰《移民族谱资料分类研究》显示，光山县傅姓为
商朝名相傅说的后裔，他们以傅敬宗为一世祖，敬宗公于明宣德年间（1430
年）由江西临川迁徙至河南光山，傅敬宗生4子：长子定邦、次子定都、三
子定朝、四子定国。由河南光山县迁来溧水横山地区的傅姓为傅定邦的后裔。

陶家村傅姓

陶家村，在西横山南麓的丁公山东面，原横山大队部驻地，现属石湫街
道横山村，经2015年（下陶家，村民已安置在石湫集镇影城新苑）、2017年
（上陶家，村民待安置）两次拆迁，村子已消失。村中主要姓氏为陶、傅、
杨、曾、孙、彭等。

村民约在清代末年由河南移民迁入，后来逐渐形成村落，当时属山阳乡。
1958年后属石湫横山。

陶家村傅姓，现有4户人家，家庭成员18人。其祖籍为光山县白雀园镇
沿河村。村中起初有3户人家：傅美家、傅美□、傅美修。傅美家生有1子2
女：子傅文清，女傅文英（老虎头村阮成诚的父母）。傅美□生有1子：傅文
彬（从句容天王寺过来承祧）。傅美修生有1子2女：子傅文秀。至2017年
陶家村拆迁时，傅文清的3个儿子和傅文彬的1个女儿的户口（共4户）在
陶家村中。

傅文清，妻崔秀兰。生3子1女：长傅华友，次傅华田，三傅华本。

傅文彬，生3女：傅翠兰、傅六英、傅华美。

傅文秀，别名傅海山，他是一位老革命，后转业在溧水县供销合作社，
其养女傅青云，嫁至横山村陈严村。

老虎头傅姓

老虎头村属石湫街道横山村。村庄位于横山中部龙冠子山下，为二省
（江苏、安徽）、三区（溧水、江宁、博望）交界要地，东邻朱村，西靠老凹
山，南临博望区山宁村江西湾，北滨桃花坝水库。横山村经四径山瞭望塔至
横山北麓江宁区横溪、禄口两个社区的山间公路从村中穿过。其村域除环村
坡地外，主要集中在村东、村西两处冲田。老虎头村系典型的客民村落。村
子起源于光绪三十四年（1908）阮氏一族买断田地定居。

老虎头傅姓，来自信阳市光山县白雀园镇沿河村。村中傅姓第1世傅光

寿，约于民国二年（1913）带着儿子傅美银（1905年生）、侄子傅美成及另一个族侄（名字不详）逃荒来到横山村老虎头定居。

傅光寿：子傅美银、侄傅美成、族侄傅美□。

傅美银，妻子姜清兰，生3子1女：长子傅文道（1子2女：子傅华清）；次子傅文林（2子1女：长子傅华仁，次子傅华义）；三子傅文山（2子1女：长子傅华彬，次子傅华春，女傅华梅）。女儿傅顺英，嫁至桑园蒲油榨自然村。

傅美成，为傅光寿侄子，未有后人。

傅美□，生4子：长子傅文银（生1子1女，子傅华财），次子傅文友，三子傅文明（生3女），另一子未成年病逝。

枣树岗傅姓

枣树岗村，在石湫街道桑园蒲之南三里。《乾隆溧水县志》中已有村名，属山阳乡。枣树岗傅姓，祖籍为光山县砖桥镇李长店村霍大垮。

傅来根的曾祖傅寿兴在光山老家弟兄4人。他生有2子2女：长子傅文柏、次子傅文芳，大女儿嫁至霍大垮；小女儿嫁至安徽广德。

民国二十年（1931），傅文柏与妻子郑氏，携弟傅文芳（未成家）、长女傅华英（1920年生）、长子傅华德（1924年生）、次女傅荣华（1925—2020）、次子傅华旺（1926—2020，更名傅德胜）等人一道下江南，从河南省光山县霍大垮，迁徙至溧水县石湫乡任里村（今属石湫街道社东社区）。在任里村，他们生有第三子傅华高（1932—2017）。后来，傅文柏的大女儿傅华英嫁至江宁县陶吴镇杭村刘家，二女儿傅荣华嫁给石湫桑园蒲枣树岗任天坤。民国三十六年（1947），傅文柏携全家从任里村迁至二女儿所居枣树岗村中。

傅华德（妻丁氏），生1子4女：子傅根宝，长女傅丽（嫁江宁区陶吴镇杭村大队刘金荣），次女傅巧珍（嫁石湫坝井前村），三女傅巧香（嫁石湫街道官塘姚家村），四女傅小香（嫁石湫街道陆家村）。

傅华旺（妻陈氏），于1952年参加中国人民志愿军，赴朝鲜参加抗美援朝战争，更名傅德胜，后转业在镇江市，曾任镇江市润州区卫生局局长。傅德胜生3子1女：长子傅强，次子傅荣，三子傅斌，女儿傅灵侠。

傅华高（妻丰氏），生4子2女：长子傅顺友，妻任氏，子傅成成，傅明明。次子傅顺财，妻秦氏，子傅秦。三子傅来根，妻陈氏，子傅玉成，女傅玉婷、傅玉燕。四子傅顺宝无子女。

简姓

永阳街道东山社区简恩勇家中藏有一套豫斓堂《简氏宗谱》（上、下册，2010 年编写）。谱中除有谱序外，还有家训、家规、家族纪律、龙凤榜、各支世系、豫南篇、江南篇、创业篇、颂扬篇、趣闻轶事篇等内容。

据简学柱 2009 年 8 月所撰《前言》记载，简姓源自姬姓，得姓始祖为狐鞠居，为周武王第 16 世孙，其封邑在续居，卒后谥号简子，史称续简伯（简伯）。其光山始祖为简鸾，明代成化年间由江西南昌筷子巷迁至湖北麻城，再由麻城迁往河南光山县晏河乡程山村简门，最后在简湾居住。村中建有简氏祠堂，有公田 26 亩。简鸾的儿子分迁至光山县的泼陂河镇椿树店村简塆、黄大塘村简独塆、槐店乡王南洼村等地开创基业。第四世时分迁至光山县晏河乡程山村简门、简湾、河川村简店、秦洼村西简店、泼陂河镇雀村唐庄、新县叶林等地开创基业。清末时下江南，分迁至江苏（溧水、句容、溧阳）、安徽（广德、郎溪）、浙江长兴等地。

江南简氏字派为："维琼绍先祖，恩泽永春芳，忠孝传家远、诗书继世长。"白马杜巷简氏是后来加入简氏宗族的，其原字派为："太宗本德正。"简氏新编宗谱之后，重新统一了各支字派：江南简氏把"春"字改为"师"字，白马杜巷简氏把"正"字辈的孙辈改为"师"字。统一后的字派为："师赐惠有福，崇礼耀华祥。贵道光庆远，圣贤增茂良。志广君章启，家兴安盛昌。"溧水境内，现在以"恩、泽、永"三个辈的简姓为最多。

简氏下江南，首先到达溧水县丰庆乡。主要在方便（东屏集镇）、庙叉子（友好上村、友好下村）、简家（小方边村）、简家棚子等村庄。

【方边村】简氏下江南，第一个落脚点是方边村，那时村庄并未成型，只有几户陈姓，当地人称为陈家。因村子在溧水县城与句容县天王寺之间，来来往往的过客都会在此歇脚，方边由此成为村名。河南老家移民都知道这里有简氏人家，热情好客，因此方边村也成了客民的一个联络点。后来，简氏人口增多，便逐渐向周围村庄转移，如高塘华、尼姑塘、庙叉子等村。如今，方边村成了东屏街道的驻地，东屏湖、大金山成了著名的旅游景点。

【庙叉子村】在浮山的金鸡墩下，当时村民捐钱建造了一座尼姑庵，规模很大。居姑庵建好后，剩下了很多砖瓦，村民们便用这些砖瓦在侯谢村东南又建了一座寺庙，起名剩砖寺。同治末年、光绪初年，光山简氏下江南，来到溧水丰庆乡，其中一支便在剩砖寺四周搭棚居住。后来，人口增多，周围的人便称这里为庙叉子。下江南的客民人也常在这里生活一段时间，再从这里寻找合适的地方移居。河南会馆曾经建在这里，一些懂法律的人常利用河南会馆，替客民人打官司。剩砖寺于1943年被日本人炸毁，人们已经忘记了这座寺庙，但庙叉子村却被人牢牢记住。1960年代，村中有简氏200多人，东屏公社将庙叉子村民分为两个队，称为友好上队（友上）、友好下队（友下），归属友好大队。

【简家村】光绪十年（1884）前后，简氏第14世从河南光山县泼陂河乡唐庄村一担箩筐下江南，起初便落脚在庙叉子，经过几年努力，已经是拥有四代几十口的大户人家。于是，简氏便向外村发展，逐步迁移至程家棚子、杨小湾、青龙桥、小方边、峒岘坊等村，继而又分迁至杨段庄、叉路口、芦塘、高塘华、方便、溧水县城等地，小方边又迁至晶桥的里佳山、东屏的西湖（西胡）。简氏在小方边村的简姓越来越多，而别的姓氏越来越少，溧水民政部门遂更名小方边为简家村。

【简家棚子村】民国十三年（1924），河南光山遭受了百年未遇的特大旱灾，一百多天没下一滴雨，庄稼颗粒无收，很多村民只好背井离乡，四处逃荒。简琼厚一家四代13人，从泼陂河乡唐庄村（一说晏河乡西简湾）下江南，落脚到前期移居到丰庆乡庙叉子（今东屏友好上村、友好下村）简琼信家，靠打工为生，经过十余年的努力，家境逐渐好转，便到高塘华、侯谢、西南、芦塘几个村子的中间建房居住。1940年代已有房屋30多间，村庄竹木成荫，成为南来北往的要道。村中余氏为人和善，待人宽厚，被人称为余大娘，她常说："给人方便，就是给自己方便；给人水喝，就是给自己水喝；搬凳子给人坐，就是搬凳子给自己坐。"日子一长，名声美誉不胫而走，方圆几十里都知道这里有个简家棚子，甚至连军事地图上都曾标记过简家棚子。1958年东屏公社建方边水库，村庄搬迁至附近村庄，1962年水库蓄满了水，村庄从此消失了。今刘家棚子、青龙桥等村尚有"简家棚子"之称。

南京市溧水区境内，从河南光山县晏河乡简门村下江南的简氏，在东屏街道、永阳街道、溧水经济开发区、白马镇、晶桥镇等处的分布情况：

东屏街道金湖：青龙桥、程家棚子、高塘、后吕、杨段庄

东屏街道方便：庙山、后村、粉坊

东屏街道徐溪：五里牌

东屏街道定湖：汉塘

东屏街道白鹿：胜利、专一、高塘、西南、芦塘、友好、侯谢

永阳街道东山社区：简家

溧水开发区荷花社区：叉路口

白马镇：浮山天冲村、浮山村五四水库、杜巷村

晶桥镇：里佳山

这些村庄，其涉及到简姓家族共16支后裔。其中，第14世（2支）：简维善，简廷杨。第15世（1支）：简琼信。第16世（10支）：简绍善，简绍茂、简绍财二兄弟，简绍银，简绍荣，简绍恩、简绍富、简绍贵、简绍宽四兄弟，简绍林，简绍云。简世福，简继胜，简太金。第17世（3支）：简德先，简先述，简文定。

东屏街道方便·简绍善后裔：

第16世，简绍善生4子：长简先坤、次简先志、三简先顺、四简先才。

第17世，简先坤，生1子1女：子简祖发，女简祖英。

第18世，简祖发，生1子：简恩林（生1子2女：子简忠祥，女简泽芳、简泽花）。

第17世，简先志，生2子3女：长简祖敬、次简祖德，女简祖梅、简祖兰、简祖凤。

第18世，简祖敬，生1子3女：子简恩勤（生简贵平），女简恩芳、简恩花、简恩兰。

第18世，简祖德，生2子：简恩华、简恩红。

第17世，简先顺，迁往新疆。

第18世，简祖富，生1子4女：子简恩伍（生1女：简丹丹）；女简恩琴、简恩美、简恩新、简恩惠。

第18世，简祖成，生3子2女：长简恩喜（生1子：简满满）、次简恩生（生简佳）、三子简恩保（生简婷婷）；女简恩兰、简恩凤。

第18世，简祖余，生2子3女：长子简路（生1女简婷）、次子简波，女简文丽、简庆丽、简智丽。

第 17 世，简先才，生 1 子 2 女：子简祖绪，女简银娣、简二娣。

第 18 世，简祖绪，生 1 子：简恩国。

东屏街道白鹿社区高塘·简绍茂、简绍财后裔

第 15 世，简琼□，生 2 子 1 女，长子简绍茂、次子简绍财，女简大姑。

第 16 世，简绍茂，生 5 子 3 女：长简先福、次简先寿、三简先宽、简先信、简先惠，女简先英、简先美、简先珍。

第 17 世，简先福，生 1 子 3 女：子简祖敬，女简祖美、简祖玲、简祖珍。

第 17 世，简先宽，生 3 子 1 女：子简祖熙、次简祖国、简祖华，女简祖珍。

第 18 世，简祖熙，生 2 子：简恩顺、简恩友。简恩友（生 1 子：简泽政）。

第 18 世，简祖华，生 1 子：简恩慈。

第 17 世，简先信，生 2 子 1 女：子简旭东、简旭华，女简瑜颖。

第 18 世，简旭东，生简铭。

第 18 世，简旭华，生简瑞。

第 17 世，简先惠，生 1 子 1 女：子简祖胜，女简青霞。

第 18 世，简祖胜，生简恩喜。

第 16 世，简绍财，生 4 子 2 女：长子简先禄、次子简先禧、三子简先恭、四子简先敏，女简先英、简先美。

第 17 世，简先禄，生 1 子 3 女：子祖权，女祖美、祖兰、祖改。

第 17 世，简先禧，生 1 子 1 女：子祖武，女连娣。

第 17 世，简先恭，生 2 子 2 女：长祖根、次祖国，女祖平、祖凤。

第 18 世，简祖权，生 1 子 1 女：子恩杉（生 1 子：泽超），女东琴。

第 18 世，简祖武，生 1 子 1 女：子恩华，女恩平。

第 18 世，简祖根，生 2 子：长恩荣（生 1 子：泽懿）、次恩华。

第 18 世，简祖国，生 2 子：简杏、恩超。

东屏街道白鹿社区友好村·简琼信后裔

世系：简维干—简琼信—简绍昌—简怀先

第 14 世，简维干，生 3 子：长简琼信，次简瞎子，三简琼善（在句容天王磨盘）。

第 15 世，简琼信，生 1 子 3 女：子简绍昌，女简绍凤、简绍云、简绍华。

第 16 世，简绍昌，生 1 子 1 女：子简怀先，女简先华。

第 17 世，简怀先，生 3 子 2 女：子简祖俊、简祖玉、简祖满，女简祖珍、简祖美。

第 18 世，简祖俊，生 2 女：简灵、简翠。

第 18 世，简祖玉，生 1 子 1 女：子简恩传、女简玲发。

第 18 世，简祖满，生 1 子 1 女：子简恩华，女简恩艳。

东屏街道白鹿社区友好村·简世福后裔

第 16 世，简世福，生 1 子，简先恩。

第 17 世，简先恩，生 3 子 1 女：子简明贵、简明义（烈士）、简祖功，女简蜡梅（移居台湾省高雄市）。

第 18 世，简明贵，生 1 子：简恩胜。

第 18 世，简祖功，生 1 子 1 女：子简恩祥（生 1 子：简泽刚），女简恩美。

东屏街道白鹿社区友好村·简德先后裔

第 17 世，简德先，生 3 子：子简祖祥、简祖富、简祖元。简德先的胞弟简友先未成家。

第 18 世，简祖祥，生 2 子：简恩林、简恩喜（生 1 子 2 女：子简泽超，女简泽燕、简泽飞）。

第 18 世，简祖元，生 1 女：简恩秀。

东屏街道白鹿社区侯谢村·简绍银后裔

第 16 世，简绍银，生 1 子 1 女：子简先成，女简先英。

第 17 世，简先成，生 4 子 1 女：长子简祖福、次子简祖禄、三子简祖喜、四子简祖平，女简祖红。

第 18 世，简祖福，生 3 子 1 女：长简恩巧（生简泽兵）、次子简恩定（生简泽春）、三子简恩华（生简泽佳、简泽南），女简恩秀。

第 18 世，简祖禄，生 3 子 1 女：长子简恩才（生简泽美）、次子简恩前、三简恩忠，女简恩满。

第 18 世，简祖喜，生 1 子 1 女：子简恩惠（生简馨蕊），女简恩敏。

第 18 世，简祖平，生 2 女：简恩琴、简恩燕。

东屏街道白鹿社区侯谢村·简文定后裔

第 17 世，简文定，生 1 子：简祖明。

第 18 世，简祖明，生 5 子：长子简恩荣、次子简恩发、三子简恩富、四子简恩贵、五子简恩广。简恩荣（生简泽生、简泽平）、次子简恩发、三子简恩富（生简泽闯）、四子简恩贵（生简泽伟、简泽倩）、五子简恩广（生简泽栅）。

东屏街道白鹿社区侯谢村·简继胜后裔

第 16 世，简继胜，生 3 子：简先明、简先正、简先本。长子简先明、次子简先正迁往安徽。

第 17 世，简先本，生 1 子：简祖胜。

第 18 世，简祖胜，生 2 子 3 女：子简恩仁（生 3 女：简泽芳、简泽美、简泽娟）、简恩忠（生 1 子 1 女：子简文超，女简静文），女：简恩秀、简恩霞、简恩云。

白马镇五四水库·简绍荣后裔

第 16 世，简绍荣，生 4 子：长子简先发（移句容县）、次子简先友、三子简先远、四子简先福。

第 17 世，简先福，生 2 子 1 女：长子简如意、次子简祖安，女儿简祖兰。

第 18 世，长子简如意，生 3 子 1 女：长子简军（生简泽东），次子简恩强（生简丽），三子简恩华（生简浩天）。

第 18 世，次子简祖安，生 1 子 1 女：子简恩喜（生简丹丹），女简恩娣。

白马镇杜巷村·简太金后裔

第 16 世，简太金，生 2 子：简宗汉、简宗保。

第 17 世，简宗保，生 3 子：简本富、简本友、简本元。

第 18 世，长房简本富，生 5 子 2 女：长子简德胜（子简金龙）、次子简德才（子简振奎）、三子简德和（女简玉婷）、四子过继给严姓、五子简德明（子简正阳、简正逸）；2 女：简春英、简德芳。

第 18 世，二房简本友，生 2 子 2 女：长子简德云（子简振、简磊），次子简德义（子简国、简强）；2 女：简带伢、简德兰。

第 18 世，三房简本元，生 3 子 2 女：长子简德平（子简金林）、次子简德玉（生简晰）、三子简德文（生简棋）。

永阳街道简家村、东屏街道白鹿社区芦塘、东屏街道金湖社区杨段庄、东屏街道金湖社区程家棚子、东屏街道金湖社区青龙桥程家棚子、东屏街道白鹿社区高塘华、东屏街道定湖社区汗塘、晶桥镇里佳山等村，简姓村民为简绍恩、简绍富、简绍贵三兄弟和简绍宽堂兄弟四大房。另外，在东屏街道白鹿社区芦塘有简先述后裔一支。

第16世，简绍恩，生3子：忠先、再先、守先。

第16世，简绍富，生4子：文先、武先、福先、全先。

第16世，简绍贵，生3子：华先、荣先、贵先。

第16世，简绍宽，生3子：珠先、学先、根先。

东屏街道白鹿社区芦塘·简绍恩后裔

长房简忠先世系：简绍恩—简忠先—简祖义—简恩魁

第18世，简祖义，生1子1女：子简恩魁、女简恩红。

第19世，简恩魁，生2子2女：长子简泽庆（子简永，女简芳）、次子简泽平（子简永浩），女简泽琴、简泽云。

附：

东屏街道白鹿社区芦塘·简先述后裔

第17世，简先述，生4子，长子、三子、四子在河南，第二子为简祖兴。

第18世，简祖兴，生2子：长子简宗胜在河南；次子简宗贤，生4子，前三子在河南，第4子简成志在白鹿芦塘。简成志生2子1女：简德虎（生1女：梦颖）、简小豹，女儿简小花。

东屏街道金湖社区杨段庄·简绍恩后裔

二房简再先，生2子：简祖荣、简祖胜。

简祖荣世系：简绍恩—简再先—简祖荣—简恩保—简泽兵—简永洲

第18世，简祖荣，生2子3女：子简恩保、简恩贵，女简恩秀、简恩芳、简恩娣。

第19世，简恩保，生1子1女：子简泽兵，女简泽青。

第20世，简泽兵，生1子1女：子简永洲，女简永惠。

东屏街道金湖社区程家棚子·简绍恩后裔

二房简再先，生2子：简祖荣、简祖胜。

简祖胜世系：简绍恩—简再先—简祖胜—简恩明—简泽喜

第18世，简祖胜，生2子2女：子简恩情、简恩明，女简恩兰、简恩美。简恩情，生1女：简泽玲。简恩明，生1子1女：简泽喜，简泽萍。

东屏街道金湖社区青龙桥程家棚子·简绍恩后裔

三房简守先，生3子：简祖德、简祖文、简祖武。

第18世，简祖德，生3子3女：子简恩友、简恩喜、简恩才，女简恩英、简恩珍、简恩兰。

简恩友，生简泽平、简泽琴。简恩喜，生3女：简泽敏、简泽红、简泽美。

第18世，简祖文，生1子：简恩富。简恩富，生1子1女：子简泽银，女简泽春。

第18世，简祖武，生1子1女：子简恩贵。

东屏街道金湖社区程家棚子·简绍富后裔

简绍富，生4子2女：简文先、简武先、简福先、简全先。

第17世，简文先，生5子3女（简祖英、简秀英、简秀珍）：简祖龙、简祖凤（以上2户迁溧水开发区荷花社区叉路口）、简祖其、简祖华、简祖全（以上3户在程家棚子）。

第18世，简祖龙，生3子1女：简恩连、简恩来、简恩湘。

第18世，简祖凤，生1子2女：子简恩贵。

第18世，简祖其，生1子3女：子简恩华（生1子2女：子简泽民，女简凰源、简玉颖）。女简恩凤、简恩琴、简恩云。

第18世，简祖华，生3子2女：长子简勇、次子简恩林、三子简刚。女简萍、简丽。

第18世，简祖全，生1子：简恩魏。

永阳街道东山社区简家村·简绍富后裔

简绍富，生4子2女：简文先、简武先、简福先、简全先。

第17世，简文先，见金湖社区程家棚子。

第17世，简武先，生4子2女。子：简祖魁、简祖星、简学君、简明道。女：简秀英、简玉英。

第18世，简祖魁，生3子2女：子简恩发、简恩来、简恩勇，女简春兰、简春红。简恩发（生简泽春、简泽云），简恩来（生简英汉），简恩勇（生简昱颖）。

第18世，简祖星，生2子：简恩荣、简恩富。

长子简恩荣，生2子2女：子简泽祥（生简永吉）、子简泽海（生简永嘉），女简泽寒、简泽辉。次子简恩富，生简泽福、简泽民。

第18世，简学君，生2子（简恩贵、简恩林）2女（简桂珍、简恩香）：

长子简恩贵，生1子2女：子简泽浪，女简泽霞、简泽燕。次子简恩林，生1子1女：子红旗，女泽慧。

第18世，简明道，生2子（简恩全、简恩伟）2女（简恩美、简恩红）。长子简恩全，生简泽超。次子简恩伟，生简思琪。

第17世，简福先，生简祖斌。

第18世，简祖斌，生2子（简恩平、简恩恒）3女（恩兰、恩美、恩秀）。

长子简恩平，生简泽甜、简泽晨。

次子简恩恒，生简泽文。

第17世，简全先，生简祖同。

第18世，简祖同，生2子：长子简恩志，次子简恩龙。

永阳街道东山社区简家村·简绍宽后裔

简绍宽，生3子：简珠先、简学先、简根先。

第17世，简珠先，生1子简明才，3女简祖珍、简秀芳、简明秀。

第18世，简明才，生2子：长子简恩东（生简泽龙）、次子简恩河（生简泽年）。

第17世，简学先，见定湖社区汉塘村。

第17世，简根先，见晶桥镇里佳山。

东屏街道白鹿社区高塘华·简绍贵后裔

简绍贵，生3子（简华先、简荣先、简贵先）4女。

第17世，简华先、简荣先（生1子：简祖运）、简贵先（生2女：简祖珍、简祖美）。

第18世，简祖运，生1子（简恩宏）3女简恩美、简恩平、简恩兰。

东屏街道定湖社区汉塘·简绍宽后裔

简绍宽，生3子：简珠先（见永阳街道简家村）、简学先、简根先（见晶桥镇里佳山）。

第17世，简学先，生4子（简祖金、简祖银、简祖元、简祖新）3女（简祖英、简祖珍、简祖美）。

第18世，简祖金，生2子1女：长子简恩平、次子简恩军，女儿简恩美。

第18世，简祖银，生1子1女，子简恩兵，女儿简恩红。

第18世，简祖元，生1子简恩明。

第18世，简祖新，生1女简婷。

晶桥镇里佳山·简绍宽后裔

简绍宽，生3子：简珠先、简学先、简根先。

第17世，简珠先，见永阳街道简家村。

第17世，简学先，见东屏街道定湖社区汗塘。

第17世，简根先，生2子（简祖富、简祖本）3女（秀芳、祖英、秀粉）。

第18世，简祖本，生2子，简良青、简良金。

东屏街道白鹿社区西南自然村·简维善后裔

世系：简维善—简琼厚—简绍贻—简和先

第14世，简维善，生2子：简琼璜、简琼厚。

第15世，简琼厚，生简绍贻。

第16世，简绍贻，生3子1女：简和先、简启先、简普先。简普先在东屏街道徐溪社区五里牌。

第17世，简和先：生7子：简祖发（生简恩英）、简祖贵、简祖山、简祖有、简祖德、简祖纯、简祖富。

第18世，简祖贵，生1子（简恩富）3女（简恩凤、简恩梅、简恩香）。简恩富，生1子简泽胜。

第18世，简祖山，生1子（简恩永）2女（简恩美、简恩兰）。简恩永，生2子：简泽伟、简泽瑞。

第18世，简祖有，生4子（简恩国、简恩家、简恩松、简恩柏）4女（简恩花、简恩秀、简恩芳、简恩珍）。简恩国，子简泽斌、简泽敏。简恩家，子简泽华、简泽利。简恩松，生简泽文。简恩柏，生简泽夫。

东屏街道徐溪社区五里牌·简维善后裔

世系：简维善—简琼厚—简绍贻—简普先

第16世，简绍贻，生三子：简和先、简启先、简普先。简普先的长兄简和先、二兄简启先，在东屏街道白鹿社区西南自然村。

第17世，简普先，生简金斗。

第18世，简金斗，生2子（简恩强、简恩保）2女（简恩巧、简恩娣）。

东屏街道白鹿社区友上村庙叉子·简绍林后裔

第14世，简维□，生4子，钺、魁、渭、旺（此处世系可能有误）。

第15世，简琼旺，生3子2女：子简绍林、简绍云、简绍厚。

第16世，简绍林，生1子：简先富。

第17世，简先富，生6子2女：子祖纯、祖树、祖珊（淮海战役牺牲烈士）、祖保、祖武、祖庆，女祖兰、祖珍。

第18世，简祖纯，生3子1女：子简恩成、简恩智、简恩友，女简恩珍。简恩成，生2子2女：子简泽望、简泽荣，女简泽英、简泽华。简恩智，生1子1女：子简泽顺，女简泽芳。简恩友，生1子1女：子简泽龙，女简泽琴。

第18世，简祖树，生4子3女：子简恩志、简恩春、简恩平、简恩生，女简恩兰、简恩美、简恩敏。

第18世，简祖保，生2子2女：子简恩义、简恩强，女简恩凤、简恩娣。

第18世，简祖庆，生4子2女：子简恩海、简恩江、简恩河、简恩堂，女简恩华、简恩芳。

东屏街道白鹿社区友上村·简廷杨后裔

第14世，简廷杨，生简继根。

第15世，简继根，生简绍金。

第16世，简绍金，生1子2女：子简先坤。

第17世，简先坤，生2子1女：子简明德、简明保，女简明霞。

第18世，简明保，生1子1女：简恩根，简恩平。简恩根，生简友根。

东屏街道金湖社区湾河、白鹿社区芦塘·简绍云后裔

第16世，简绍云，生2子2女：长子简先贵、次子简先荣，女简先寿、简先长。

第17世，简先贵，生4子1女：子简祖永、简祖兴、简祖家、简祖余，女简祖连。

第17世，简先荣，生1子：简祖应。

第18世，简祖永，生6女，简恩珍、简恩秀、简恩兰、简恩荣、简恩美、简恩花。

第18世，简祖兴，生2子1女：子简恩仁、简恩义，女简恩香。

第18世，简祖余，生1子4女：子简恩友，女简恩英、简恩秀、简恩凤、简恩霞。

第18世，简祖应，生3子2女：子简恩华、简恩芳、简恩财，女简恩秀、简恩玲。

东屏街道白鹿社区胜东村·简绍厚后裔

第16世，简绍厚，生3子4女：子简先富、简先华、简先文，女简先珍、简先玉、简先英、简先美。

第 17 世，简先华，生 3 子 2 女：子简祖家、简祖能、简祖权，女简祖凤、简祖美。

第 17 世，简先文，生 2 子 2 女：子简祖华、简祖根，女简祖兰、简祖红。

第 18 世，简祖家，生 2 子 2 女：子简恩来、简恩保，女简恩娣、简恩香。

第 18 世，简祖权，生 4 女，简恩珍、简恩秀、简恩花、简恩玲。

第 18 世，简祖华，生 2 子 1 女：子简恩祥、简恩宏生，女简恩成。

第 18 世，简祖根，生 2 子 1 女：子简恩平、简恩义，女简恩红。

简家下江南，人数众多，规模浩大，在其家谱所载内容中资料非常丰富。简琼信下江南时已经 20 岁，时间约 1880 年（光绪六年），当他来到东屏庙叉子村（白鹿社区）时，村中已经有先期到达的苏北移民。这些早期移民已经有不少土地和房屋，简琼信只能给他们打工。几年后他回老家，把家人接过来，家业发展很快，有房、有地，还捐建冬至祖会、河南会馆等。后来他的弟弟简琼善也过来，发展也很好，他捐地捐房建设冬至祖会。简旺兄弟四人最先到达方边村，到简先富时真富起来了，成了文人员外，他捐地办冬至祖会、帮人写状纸打官司，在当地很有影响力。简家村始迁祖叫简意，在光山老家就是名门望族，有庭房四院，他家原有一个门客叫解大劲，早期跟着垦荒大军来到江南，经过努力，解姓一支成了江南大户。他既羡慕，又不服气，便带着家人来到庙叉子、程家棚子，没几年也富起来，于是就向村外播迁，后来以简家村为中心，发展到"3 镇 5 村 9 个自然村"，也成了真正的大户。140 多年过去了，简姓一族从光山县来到溧水寻找发展机会，成为溧水最大的客民家族之一。如今他们生活富足、人才辈出，也可以称得上是下江南客民中最值得骄傲的一个家族。

江姓

溧水境内旧时鲜有江姓居住。今在永阳街道、洪蓝街道、石湫街道有部分江姓家庭。石湫境内上方社区小村上、蟹塘社区潘村等地有江姓人家，村中有《江氏宗谱》，其字辈有"守先思克家"等。

石湫横山客民江姓，指西横山东麓原属石湫公社陆家大队的戚家、韩家、山高头、小罗村4个自然村的江姓住户和人口，也含新中国成立前后从戚家迁出的溧水小西门葛家村江姓、江宁区横溪街道官长村下湾自然村江姓。横山江姓系太平天国之后、于光绪二十年（1894）从河南汝宁府罗山县子路镇（即今信阳市罗山县子路镇）的长堰村，逃荒来到西横山东面的羊棚子（即戚家）定居的。

江姓为伯益后裔，以江元仲（嬴姓）为得姓始祖。楚穆王三年（公元前623年）淮河一带的江国（都城在今河南省正阳县，有遗址公园）被楚国灭亡，其后，国人遂以江为姓，族人散迁至齐国、楚国等地。

据彩笔堂《江氏宗谱》记载，本支江姓以南宋民族英雄江万里（1198—1295，江西都昌人，《宋史》有传）为远祖。元代末年时，江万里后裔江其祥生有九子，其第六子万六公由江西都昌转迁至湖北麻城。乾隆初年，江其祥后裔江榜从湖北麻城转迁至江国故地河南罗山县、正阳县。今信阳市罗山县子路镇长堰村，有江老山、江寨、江长堰等自然村，在驻马店市正阳县大林镇有江湾村，这些村中江姓，皆为乾隆初年从湖北麻城迁居的江榜的后裔。下江南后横山江氏的字辈与子路镇长堰村、大林镇江湾村江姓字辈完全相同。即："天开文运，正道扬明。金玉万世，恩德继承。心从良善，耀华传宗。仁和治家，礼义廉宏。"因从河南下江南的横山江氏都没有文化，未能记录下当年来溧水时的家族背景，加上老家的族谱因自然灾害而散失，致使两边族人难以对接世系。今横山江氏以自字辈为始迁祖（老字辈为：自、明、德），共有4支：江明二、江明三兄弟1支；江天顺1支；江德弟1支；江明海、江明亮兄弟1支。四支江姓的老祖坟均在罗山县子路镇长堰村江老坟山。

【江明二支系】

江明二、江明三兄弟一担箩筐挑着老二江德应和老六江德仁，与另三支江姓一道，落脚在雨山南麓的石柱庵水库一带，主要靠给桑园蒲村的蒋姓和武姓人家打工为生。生活稳定后，江德应娶桑园蒲武氏、江德仁娶桑园蒲蒋氏，并转迁到江家女婿韩文晶创建的韩家村居住。江德应住在韩家村秦家塘东边，江德仁转住至韩家村东面江道士所在的山高头（也称诸家窑），隶属韩家村。

据江氏族人相传，江明二的祖上原为清朝官吏，因受朝廷某要员腐败案件牵连而被查处。明二公逃荒来溧水时，随身带着家中信物，是一只清代官帽上的铜质顶戴。据说，这位官员当初在朝廷非常风光，常常骑在马上飞奔，官帽上的顶戴花翎随风呼呼直响。案发后，他本人被杀头，朝廷也下令不准后代们在扫墓时给祖坟挖坟帽子。这只铜质顶戴，由明二公传给江德应，再传给江天宝、江开美。1980年代，江开美在翻建住房时不慎将这件传家信物弄丢了。

江德应（1884—1948），生1子：江天宝（江德仁长子）。

江天宝（1911—1976），生1子：江开美。

江德仁（1892—1955），生3子1女：长子江天宝，次子江天纯，三子赵修月（1925—2006，生4子：赵友福、赵友涛、赵友寿、赵友铸），女儿江福娣。

江天纯（1914—1964），生7子1女：子江开华、江开法、江开明、江开富（烈士）、江开武、江开文、江海，女江秀英。

【江天顺支系】

江天顺（1915—1996），世系不详。生2女：江水英、江秀英。江天顺在戚家村北居住，他曾于1960年代回过河南罗山老家。生前与博望新市、江宁横溪等地族人的联络也较多。

【江德弟支系】

江德弟的祖父、祖母（姓名、生卒失考，自字辈）于光绪二十年（1894）带着儿子（姓名、生卒失考，明字辈）一道逃荒过来。光绪二十五年（1899），他们的女儿江氏（1868—1924，明字辈）与女婿韩文晶（1865—1949）带着3子1女前来投靠。江德弟生于1899年、江德兴生于1901年、江德清生于1903年。这支江姓与韩姓一直是世亲。江德弟全家原居住在戚家村南，位于其祖坟北面的歪塘边，新中国成立前后曾建有一座简易四合院，院子边上还有一座江氏祠堂，"文革"中圮毁。1958年江德弟全家移居端秦村，1960年回迁戚家村，1962年左右转迁至小罗村居住。这一支江姓家境较好，江德弟次子江天义新中国成立前曾读书至初中毕业。

江德弟（1899—1993），生3子3女：子江天仁、江天义、江天礼，女江天英、江天瑛、江秀英。

江天仁（1921—1997），生5子2女：子江开福、江开禄、江开寿、江开喜、江开贵；女江爱英、江爱红。

江天义（1927—2008），生2子4女：子江开发、江开龙，女江爱香、江爱珍、江爱玉、江爱兰。

【江明海支系】

江德元为避匪患，举家移居至横山北麓的江宁县横溪乡（今江宁区横溪街道）官长村下湾自然村，生4子4女：长子江天福、次子江天禄、三子江天寿、四子江天友；女江天英、江天妹、三女江天珍、四女江天兰。

江天福，生1子：江开明。

江天禄，生1子5女：子江开家；女江开华、江开香、江小友、江开兰、江开群。

江天寿，生2女：江来红、江爱英。

江天友，生1子1女：子江开宝，女江开华。

【江明亮支系】

江明海、江明亮为亲兄弟。

江明亮，生3子：江德银、江德典、江德贵。江德银未成家。江德典配蒋氏，无子女。江德贵，举家迁至溧水县城小西门葛家村。

江德贵，生1子1女：子江连生，女江玉美。

江连生（天字辈，1957年生），生1子1女：子江开道，女江跃兰。

至2021年7月，从河南下江南的横山江氏已有自、明、德、天、开、文、运七世，前后共有江姓91人（男42人、女49人）。目前，四个支系中有江姓家庭38户89人。

2017年4月，原属石湫镇石湫村的戚家、韩家、小罗村、山高头4个自然村全部拆迁。江宁横溪江姓基本上迁入南京城区。溧水小西门江姓也于拆迁后重新安置在溧水城区。横山江姓迁来溧水120多年，从目不识丁、一穷二白，到如今家业兴旺、生活富足，除了自身不懈努力外，更得益于国家的安宁和富强。

秦姓

溧水境内，有不少秦姓居住，如和凤镇、洪蓝街道天生桥、石湫街道横山村端秦村。这些秦姓，是南宋以前迁居溧水的。

石湫街道九塘村谢家的秦姓是河南客民，秦善忠对其家族信息进行过整理。据《秦氏文化研究》介绍，下江南来到溧水、句容一带的秦姓，第一世祖为秦中立，他是北宋婉约派词人秦观的第26世孙。秦善忠是秦观的第35世孙，是秦中立的第10世孙。秦姓祖籍为信阳市罗山县山店乡张湾村秦家洼村组。

秦观的第5世孙秦宗迈居苏州洞庭，第7世孙秦执中迁湖北麻城，第12世孙秦梦吉迁到河南省罗山县，传至第26世为秦中立。秦中立有1子秦世成，下江南来到句容县、溧水县的秦氏为其后裔。其字派为："世宗孝作，德化源长，善维鸿志，礼重良谟，永齐家瑞。"

秦中立，生1子：秦世成。

秦世成，生2子：秦宗诗（后裔在句容）、秦宗书（后裔在句容、溧水）。

秦宗书，生4子：长子孝简（后裔在溧水、句容）、次子孝芝（后裔在句容、溧水）、三子孝孔（后裔在句容）、四子开远（后裔在句容茅西）。

秦宗书长子秦孝简，生5子：长作霖（溧水）、次作梅（句容）、三作谟（句容）、四作德（句容）、五作成（句容）。次子秦孝芝生4子：长作仪（句容）、次作胜（句容）、三作相（句容）、四作哲（溧水）。

下江南来溧水的客民秦姓，是秦中立第5世孙秦作霖、秦作哲的后裔，他们主要分布在石湫街道九塘村谢家、上方村姚庄；溧水开发区沙河社区甘家庄、城区大西门外；洪蓝街道凤凰井村张家冲、天生桥村燕子口。这几处村庄在清代末年时都属于溧水县思鹤乡。

秦作霖，生2子：长子秦德忠，迁居溧水区石湫街道九塘村谢家；次子秦德礼无后嗣。秦作哲，以长兄秦作仪的长子秦德亮为继子。秦德亮生2子：长子秦化祥，迁居溧水区洪蓝街道凤凰井村张家冲；次子秦化龙迁居溧水开发区沙河社区甘家庄。据调研，开发区甘家庄、石湫街道上方村姚庄、石湫街道九塘村谢家为溧水秦氏客民3大村庄，此外，还有永阳街道大西门外、洪蓝街道天生桥燕子口、洪蓝街道凤凰井张家冲等3个村庄也有散迁秦姓居住。目前，在这6个村庄中，共有秦作霖、秦作哲后裔家庭成员230多人。

秦作霖后裔

秦作霖，生2子：秦德忠、秦德礼（未成家）。其世系为：

秦中立—秦世成—秦宗书—秦孝简—秦作霖—秦德忠

秦德忠，生4子：长子秦化章（开发区沙河社区甘家庄）。次子秦化兴

（石湫街道九塘村谢家）；三子秦化盛（石湫街道上方村姚庄）；四子秦化文（石湫街道上方村姚庄）。

【甘家庄】

甘家庄秦姓第一支。其世系为：

秦中立—秦世成—秦宗书—秦孝简—秦作霖—秦德忠—秦化章

秦德忠长子秦化章。秦化章后裔生活在甘家庄，现有家庭成员 15 人。

秦化章，生 1 子：秦源忠。

秦源忠，生 2 子：秦长诗（子秦善军、秦善敏）、秦长书（子秦善清、秦善福）。

【谢家村】

谢家村秦姓世系为：

秦中立—秦世成—秦宗书—秦孝简—秦作霖—秦德忠—秦化兴

秦德忠次子秦化兴，生活在九塘村谢家，但其后人从谢家村迁出情况比较复杂。秦化兴生 5 子：源甫、源禄、源寿、源良、源喜。

老大秦源甫，居谢家村；老二秦源禄，过继至上方村姚庄；老三秦源寿，居谢家村；老四秦源良，迁大西门外；老五秦源喜，迁洪蓝街道天生桥村燕子口。

秦源甫，生 3 子：长子秦长生（生 3 子：善忠、善传、善家）；次子秦长柏（生 3 子：善厚、善龙、善锋）；三子秦长松（生 3 子：善福、善禄、善寿）。

秦源禄，过继给三叔秦化盛为嗣子。见上方村姚庄。

秦源寿，未成家。

秦源良，生 1 子秦长久（生 3 子：善金、善银、善军），举家迁居溧水永阳街道大西门外，现有家庭成员 10 人。

秦源喜，生 3 子：秦长彬，秦长华，秦长全（生 1 子：秦善金）。迁居洪蓝街道天生桥村燕子口，现有家庭成员 3 人。

在九塘村谢家，秦化兴长子秦源甫派下共 3 房 9 户，现有家庭成员 35 人。实际为 8 户，另 1 户秦善家，因妻子为无锡下放知青，后举家迁往无锡。

【姚庄村】

姚庄秦姓第一支，其世系为：

秦中立—秦世成—秦宗书—秦孝简—秦作霖—秦德忠—秦化盛

秦德忠三子秦化盛。秦化盛以二兄秦化兴的次子秦源禄为嗣。

秦源禄迁居石湫街道上方村姚庄，生7子：长发（生3子：善华、善龙、善虎）、长才、长义（生3子：善珍、善荣、善家）、长有（生2子：善清、善生）、长明（生3子：善富、连保、福保）、长富（继秦源金为嗣）、长德（生2子：善平、善宏）。姚庄村现有秦化盛后裔家庭成员45人。

姚庄秦姓第二支，其世系为：

秦中立—秦世成—秦宗书—秦孝简—秦作霖—秦德忠—秦化文

秦德忠四子秦化文。秦化文，生2子：秦源金（生1子：长富，系秦源禄第6子）、秦源邦（生2子：长春、长万）。秦长富在上海参军转业，全家定居上海，生2子：秦国庆、秦国平。秦长春生1子秦善保；秦长万生1子秦善秋。姚庄村现有秦化文后裔家庭成员15人。

秦作哲后裔

秦作哲以秦作仪长子秦德亮为嗣，其世系为：

秦中立—秦世成—秦宗书—秦孝芝—秦作哲—秦德亮

秦德亮，生2子：长子秦化祥（居张家冲村），次子秦化龙（居甘家庄村）。

【张家冲】

张家冲秦姓世系为：

秦中立—秦世成—秦宗书—秦孝芝—秦作哲—秦德亮—秦化祥

秦化祥，生4子：源福、源仁、源昌、源顺。秦化祥后裔今生活在溧水区洪蓝街道凤凰井村张家冲，现有家庭成员25人。

秦源福，生1子：秦长安（生2子：善芝、善保）；秦源仁生1子秦长玉（生1子善贵）；秦源昌生2子：秦长林（生2子：善荣、善华）、秦长有（生1子善富）；秦源顺生2子：秦长武（生2子：善有、善德）、秦长铨。

【甘家庄】

甘家庄秦姓第二支。其世系为：

秦中立—秦世成—秦宗书—秦孝芝—秦作哲—秦德亮—秦化龙

秦化龙，生3子：源贵、源凯、源宏。秦化龙后裔今生活在溧水开发区沙河社区甘家庄，现有家庭成员89人。

秦源贵，生1子：秦长成（生3子：善同、善和、善传）。

秦源凯，生5子：秦长槐（生2子：善继、善发）、秦长文（生1子善述）、秦长齐（生2子：善有、善满）、秦长进（生3子：善良、善衡、善超）、秦长斌（生2子：善群、善敏）。

秦源宏，生2子：长平、长军。因过继给句容茅西秦化才为嗣，举家迁往句容茅西，今有家庭成员8人。

王姓

本支王姓，在南京市溧水区晶桥镇新桥村新山里村，祖籍为湖南湘乡。

新山里村，在溧水区晶桥镇观山西麓，观山铜矿西南，邻近246省道。村东为溧水区芳山林场。据《溧水县地名录》（1982年版）记载："溧水县晶桥公社于巷大队，1958年建队时，以境内老于村和巷上村，合称于巷大队得名，驻地新山里北林业队。老于村村民多姓于，巷上村因村两头有巷，故名于巷。新山里，本村在观山脚下，原名破山里，1964年社教工作队改名新山里。"

据王连生博士介绍，本支王姓始迁祖为王敬诚、庞氏夫妇（生卒年失考）。籍贯在湖南省湘乡县老屋冲。

王敬诚在湖南老屋村时，常听村中人谈起留在江南的湘军在那里发展得很好，后来有湘军老兵回乡探亲，跟乡亲说，南京城外溧水县一带地广人稀，发展前途很好。王敬诚默默记住了他们说话的内容，于光绪二十一年（1895）前后，夫妻俩挑着担子（筐内一头装着粮食、衣服、被褥，一头坐着孩子），沿着记住的路线，背井离乡，来到溧水县城谋生。可他们在县城的生活举步维艰，觉得日子过得很不如意，于是在民国建立不久，举家迁往县南面枫香岭北边的破山里村一带，在村边一块坡地搭棚居住，后来，这里也叫作王家棚子。

据说破山里村在古代时地理位置很重要，属于粮道，原来人户较多、经济发展也挺好，但因太平天国运动（当地百姓称长毛造反）时的剧烈战争导致村庄被毁、人口锐减，后被人们称为破山里。这个解释有一定的道理。但据作者查证，早在《万历溧水县志》中便有溧水县仙坛乡破山村这个村名，说明村庄历史中还有着一些不为人知的故事。

王敬诚和妻子庞氏带两个儿子（王少富、王少秋）起初住在破山里丘陵山区边的棚子里，以砍柴为生。王少富成年后娶了同为湖南籍的童养媳妻子陈茂英（娘家在东庐山一带的东屏后吕村附近）。王少富、陈茂英夫妇生2子2女：长子未成年便病逝了、次子王业金，女儿王艺华、王春英。

1943年春，新四军16旅负责粮饷的长征干部蓝国凡因伤病被安排住到了破山里王家棚子王少富家中养病。据《江苏人民革命斗争群英谱》中"南京市溧水分卷"中《陈茂英拥军见真情》（徐友禄等人撰稿）一文记载，1943年4月，日军、伪军以及国民党顽军对溧水根据地进行大规模"清乡"和"围剿"活动，形势十分危急。那时，陈茂英刚生下大儿子，身体行动不便，她便想方设法转移伤病在身的蓝国凡，几经周折，把蓝国凡安置到东庐山北面的后吕村（今属东屏街道）的姐姐、姐夫家，还托人把家中仅有的40多元钱带过去给蓝国凡买食物和药品，确保了这位新四军干部的安全。1943年4月12日苏南反顽战役打响的前两天，抗大九分校一大队（大队长为汤万益，驻晶桥上芝山）为便于作战，派七八个战士把一批银圆连夜送到破山里村王家棚子陈茂英家中，请求他们把这些军饷掩藏好。为了不让这批银圆落入敌人手中，王少富、陈茂英夫妇连夜赶到三里外的新桥街上，找木匠铺里的人钉了一只大箱。回来后，把军饷放在木箱里封好，埋到了村后自家的山坡地里，并巧妙地做好了伪装。铜山战斗（苏南反顽战役的一部分）结束后，新四军撤离，军饷未能带走。1943年10月，在新桥日伪据点的十多个日伪军突然来到陈茂英家中四处搜查，想找到点线索，结果一无所获。一个日军恼羞成怒，端着刺刀对陈茂英身上乱戳，陈茂英躲闪不及，结果腿上被刺刀戳了一个洞，鲜血直流。陈茂英也因惊吓过度遗留下了心脏病（陈茂英生前口述），但她忍着剧痛，没有透露半点消息。不久，蓝国凡伤病好转准备归队，特地赶到王少富、陈茂英的家中跟他们道别，给他们留下了一张自己的照片作为纪念。当得知这批银圆还在的时候，新四军部队派人取走了这批军饷。

1960年代末，王业金（1947—2020）娶溧水县白马公社周家山村的朱荷英（1947年生），生3子：王连生、王连根、王连荣。长子王连生1988年在溧水县中学高中毕业后，考上了南京医学院（现南京医科大学），在江苏省人民医院（南京医科大学第一附属医院）心内科工作至今，现为主任医师（技术二级）、教授、博导，医学博士。次子王连根在私营企业工作。三子王连荣在溧水经济开发区柘塘街道工作，是国家公务员。

吴姓

溧水本地吴姓分布较广，吴大林先生《溧水家谱见闻录》中载有和凤山南、石湫中天堡、石湫小吴家等多支吴姓。本次调研的客民吴姓，是以白马镇吴家棚子和东屏街道前棚子、赖家棚子、蔡家棚子、小杨村等地为主。祖籍为河南省罗山县彭新乡马店村肖家洼。在河南老家，他们本不属于同一家族，下江南时，两支吴姓的经历也不一样。白马吴姓在河南老家的情况已经无从查知，而东屏吴姓则世系比较清楚。

据《吴氏家谱》（罗山溧水支，2006 年编）记载，他们是从白马吴家棚子，举家迁往丰庆乡（今东屏街道）上桥村的，其后人陆续安家在赖家棚子（即新建村，今属丽山）、前棚子（今属丽山）、小杨村（旧属梁山大队，今属徐溪）、蔡家棚子（即胜利村，今属白鹿）一带。后有一支迁往晶桥山南村。

吴家棚子，在白马镇回峰山西麓。据《溧水县地名录》（1982 年版）记载，吴家棚子，为溧水县白马公社尤赘大队所属村庄，大队以村部驻尤赘村得名。

前棚子，在东屏街道北部，位于丰安寺东面、上桥村南面。据《溧水县地名录》（1982 年版）记载："前棚子，属溧水县东屏公社上桥大队。"

赖家棚子，即新建村，系上、下赖家棚子总称。今属东屏街道丽山社区。此村原名叫石塘冲，属上桥村。据《溧水县地名录》（1982 年版）记载：赖家棚子，属溧水县东屏公社上桥大队，以姓氏得名，一度名新建队。

小杨村，原属东屏公社梁山大队，今属东屏街道徐溪社区。

蔡家棚子，即胜利村，据《溧水县地名录》（1982 年版）记载：1950 年土改时，反霸斗争取得胜利，改蔡家棚子为胜利村。

山南村，在晶桥镇东面一个小山之南，原属陶村大队，今属晶桥社区。

据吴氏族人介绍，太平天国时期，河南省罗山县彭新乡一带山区的妇女擅长织布，村民吴玉成原先以贩卖白布谋生。光绪十五年（1889），吴玉成带着长子吴自忠到溧水一带（河南移民较多）推销，因村中不少人没有现钱支付，就赊账购买白布。光绪十六年（1890），吴玉成再次带着儿子吴自忠来到溧水一带征收欠款，落脚在白鹿乡尤贽村附近。这儿原先住着一家来自河南罗山的老乡吴德和、吴德友、吴德富、吴德根四兄弟。两家于是互认本家，村庄便起名叫吴家棚子。不久后，吴自忠（1865—1890）不幸患上疟疾病逝，吴玉成便把儿子葬在这里。据吴律松讲述，吴玉成在长子吴自忠病逝于白马吴家棚子后，独自一人回到罗山，他发现儿媳熊氏（1863—1894）怀有身孕，便隐瞒了儿子去世的消息。后来儿媳熊氏生下吴发盛之后，得到丈夫吴自忠去世的消息，伤心欲绝，没几年也病逝了。光绪二十一年（1895），吴玉成和妻子段氏让老二吴自重一家留守在罗山老家，他们带着三子吴自舒、四子吴自谦、五子吴自亮一起来到白鹿乡尤贽村，在儿子墓边暂居。不久，吴玉成又带着家人转迁至丰庆乡上桥村（今属东屏街道丽山社区）。

吴自忠的两个儿子吴发茂（1888—1959）、吴发盛（1890—1943）在吴玉成下江南后，便去了舅舅家，吴发茂当时已经8岁，在村中给富人看牛为生，吴发盛则由舅舅抚养。光绪三十年（1904），已经18岁的吴发茂跟着别人下江南，来到溧水县丰庆乡（东屏）找到了他的爷爷和叔叔，便在附近的前棚子村安家，后来娶了张富荣（1895—1987）为妻。吴发盛成年后，舅舅家为他娶了胡氏（1890—1959）为妻，他得知哥哥吴发茂在江南过得挺好，准备过来和哥哥同住，但胡氏不同意，说到了江南后她举目无亲，受到欺负没有娘家人为她做主。吴发盛对天发誓，说一定不会让她受委屈。于是夫妻两人约在民国初年（1912）左右随下江南的人群，经湖北武汉沿长江南下。吴律松说，他小时候常听他的奶奶讲起吴发盛、胡氏在武汉时的一段小插曲：他们在一个小镇上闻到了臭豆腐的香味，实在忍不住，就商量着用身上仅有的几个零钱买两块臭豆腐尝尝鲜。吴发盛拿着零钱买了两块，回来的路上，先吃了一块，觉得味道太好了，很快把另一块也吃了。胡氏见自己又馋又饿等了半天，居然等了一场空，不禁大哭起来，她说："你说好了到江南不让我受一点委屈，我信了你的话，跟着你过来。没想到你还没到江南，就这样欺负我。"说完扭头就要回河南。吴发盛边自责、边发誓，总算把她带到了溧水。那时，哥哥吴发茂家的日子已经过得不错了，便分了点田给他们家，他们便在邻近的小杨村落下了脚。

吴九殿后裔

白马吴家棚子吴姓为吴九殿后裔，据吴其凤说他们祖籍与东屏吴姓是一个地方的，但没有具体的信息。

据吴祥林介绍，白马吴家棚子兄弟 4 人的父亲叫吴九殿，其第四子吴德根为抱养的。吴其凤，是吴德根的儿媳妇。2007 年，吴氏家族对溧水族人进行的统计显示，在白马镇吴家棚（原尤赘大队）有 18 户 44 人，实际居住 13 户 39 人，村中其他人移住溧水城区和杭州。其家庭繁衍情况大致为：

【大房】吴德和，生 2 子：发春、发清。

吴发清，生 2 子 1 女：子其国、其家，女其毛。吴其国，生 3 子 2 女：子祥明、祥荣、祥华，女吴英、吴娣。吴其家，生 2 子 1 女：子祥红、福新，女祥娣。

【二房】吴德友，生 1 子 2 女：子发全，女发英、发美。

【三房】吴德富，生 2 子 2 女：子发贵、发德，女发凤、发兰。

吴发贵，生 1 子：其胜。吴其胜，生 1 子 1 女：子祥磊，女祥萍。

吴发德，生 2 子 2 女：妇其荣、其华，女其春、其玲。吴其荣，生 1 子：祥强。吴其华，生 1 女：祥雯。

【四房】吴德根，生 3 子 1 女：子发国、发明、发祥，女发春。

吴发明，生 1 女：其凤。吴其凤招婿，生 1 子 1 女：祥军、祥美。

吴发祥，生 1 女 3 女：子其龙，女其香、其花、其珍。吴其龙，生 1 子 1 女：子祥晨，女祥倩。

吴玉成后裔

吴姓是泰伯后裔，其湖北黄陂始祖为吴伯文，至第 13 世吴河始迁河南省罗山县，吴玉成为第 18 世，是吴文炳的次子。吴玉成下江南后，其后裔主要生活在溧水区东屏街道，后向溧水城区、溧水晶桥等地再迁。

其世系为：吴河—吴宗孔—吴开国—吴国太—吴文炳—吴玉成

吴玉成，生 5 子：自忠、自重、自舒、自谦、自亮。

吴玉成的次子吴自重留在罗山县彭新乡马店村肖家洼。其第四子吴自谦没有后人。在溧水的是长子吴自忠、三子吴自舒、五子吴自亮共三大房。吴玉成一家搬离白鹿乡（白马镇）吴家棚子后，举家迁往丰庆乡（今东屏街道）上桥村，其后人陆续安家在赖家棚子（即新建村，今属丽山）、前棚子（今属丽山）、小杨村窑上（旧属梁山大队，今属徐溪）、蔡家棚子（即胜利村，今属白鹿）一带。

【大房吴自忠后裔】

吴自忠，生 2 子：长子吴发茂，次子吴发盛。

吴发茂一支。全家迁居东屏街道前棚子，今属丽山社区。生 4 子 1 女：子其兴、其华、其志、其荣，女其凤。

吴其兴，生 2 子 4 女：子祥明、祥祯，女祥英、祥芳、祥美、祥华。

吴其华，生 3 子 3 女：子祥顺、祥松、祥山，女祥凤、祥云、祥兰。

吴其志，生 1 女：祥珍。

吴其荣，生 2 子 2 女：子祥林、祥森（再迁至晶桥镇山南），女祥竹、祥华。

据前棚子村吴祥林（1951 年生）提供的《吴氏宗谱》查知，吴祥林父亲吴其荣（1933 年生）。吴其荣的三哥吴其志曾于 1973 年找回河南罗山老家，使溧水、罗山两地的吴姓建立了联系。2006 年修谱时，吴其荣根据老辈人的回忆，口述了吴玉成带领家人迁居溧水的经过，并由吴祥顺、吴祥兴、吴祥林等人整理成文，写进家谱之中。

今在东屏前棚子村中，共有吴姓 7 户 20 人。

吴发盛一支，全家迁居小杨村、窑上，原属东屏公社梁山大队，今属东屏街道徐溪社区，生 2 子 2 女：子其礼、其杨，女其英、其凤。

吴其礼，生 3 子 1 女：子祥兴、祥喜、祥金，女祥珍。

吴其杨，生 2 子 1 女：子祥云、祥友，女祥凤。

【三房吴自舒后裔】

吴自舒，生 2 子：发雨（胜利村）、发炎（山南村）。

吴发雨，全家迁居东屏街道胜利村，今属白鹿社区，生 3 子 1 女：子其富、其昌、其贵，女其凤。吴其富，生 4 子：祥福、祥禄、祥寿、祥峰（再迁至晶桥镇山南）。吴其昌，生祥珍。

吴发炎（再迁至晶桥镇山南），生 1 子：其月。吴其月，生 3 子 1 女：子祥飞、祥东、祥玉，女吴巧。

【五房吴自亮后裔】

吴自亮，生 1 子 1 女，子发坤。居丽山前进村，即赖家棚子。

吴发坤，生 3 子 3 女：子其有、其顺、其成，女其玲、其珍、其春。吴其有，生 3 子：祥兴、祥根、祥荣。吴其顺，生 3 子 1 女：子祥生、祥青、祥义，女祥玲。吴其成，生 1 子 3 女：子祥春，女祥凤、祥婷、吴红。

每年冬至吴氏族人吃宗酒时，东屏、白马两地的吴姓男丁都会相聚一起，共怀祖先、增进亲情。

许姓

吴大林先生《溧水家谱见闻录》中收录了佐龙堂《盐阜许氏宗谱》，介绍了此支许姓来溧水的大致经过。

许姓源自炎帝，为姜姓后裔，因尧舜时的高洁圣贤许由而得姓，历史传说中有许由洗耳的故事。战国初期，许国亡国，宗裔离散，遗民遂以国为姓。盐阜许姓起始于元末明初，因朝廷下令移民开垦江北，始祖许书文随红巾军从苏州阊门迁至苏北射阳河东湾，许氏遂"卜宅预兆，逢湾就住，插芦为标，立地许湾"，其旧址为今盐城市阜宁县陈良镇许湾村。据史料记载，明初，奉明太祖朱元璋圣谕，江南五府（苏州、松江、嘉兴、湖州、杭州）向江北大部分地区移民，人数多达40万，史称"洪武赶散"。因为这次移民是奉明朝皇命而为，盐城许姓便把自己的堂号取名"佐龙堂"。

许姓在盐城阜宁先有4次修谱：雍正十年（1732）、乾隆五十六年（1791）、光绪二十五年（1899）、光绪二十九年（1903）。光绪末年，溧水思鹤乡一朱姓青年在阜宁县从军时娶当地许俊田（15世）之女为妻。宣统元年（1909）朱氏退役后准备返回溧水，朱许氏因腿瘸行走不便，加之路途太远，不肯随丈夫南迁。许俊田另有4子：观云、观衡、观吉、观康。许俊田便举全家之力安排第四子许观康护送朱许氏前往江南生活。许观康夫妇便带着5个儿子（正鸿、正如、正年、正春、正昌），陪姐姐朱许氏来到溧水，不久便卜居于小茅山南麓的砖瓦窑（在山南村东，旧属思鹤乡，是山南村陈姓地主家的旧窑址，后习称砖瓦窑）。许维清听他父亲许儒兴说，许正年下江南时才11岁，那年冬天特别冷，许观康夫妻带着孩子，挑着一小缸酱和一些备好的干粮上了路，沿途遇到难走的地方，只好扯点枯草撒在路上防滑。许维清说，那个朱姓曾祖姑爷（名字不详）回溧水后，所住村子叫思贤村（旧属溧水县思鹤乡，今属石湫街道上方社区）。他的子辈姓名不详，孙辈有朱天顺、朱天宝。

据许维清说，明代初年，许书文在苏北淮安府盐城县时，为留军屯垦将士，在盐城县负责监征盐课，受封为扫北将军。许书文为佐龙堂许姓一世祖，他有3个儿子：长子许永增，次子许永安，三子许永余。南下溧水的三支许姓，第一支（洪蓝山南砖瓦窑、洪蓝集镇、县城南东肖村）与第二支（洪蓝山南彭村）同为许永余后裔。第三支（白马曹涧桥、东屏徐溪）为许永安后裔。

许姓从盐城阜宁县下江南的三支情况大致如下：

第一支中，许观康（第16世）到达砖瓦窑后，利用家里从阜宁带来的一点余钱，在小茅山戴山南面买了几亩山地，然后在周边开荒，家中有了一点田产。许观康第三子许正年，生2子：许儒仪、许儒兴。许儒仪年轻时喜欢赌钱，把家里的田产输光了，无路可走，便去参加了新四军，在横山县抗日民主政府给县长李钊当警卫员，一次在洪蓝河西攻打"农民仓库"时受重伤。退伍后返乡，迁往洪蓝集镇太平街结婚成家，享受革命残疾军人待遇，平时在生产队里种田，闲时也做剃头匠、到乡下卖小菜等事情。他的儿子许为荣、孙子许学文也都是退伍军人，一家祖孙三代都当过兵。许维清说，他小时候常听伯伯许儒仪跟他们讲打仗的故事，他有军人的气质，勇敢坚强，从不气馁，小辈们对他非常尊重。

许正年因家中田产被长子许儒仪赌钱输掉，加上附近又常闹土匪，全家只得暂时到村西的山南村借助，靠帮工和讨饭为生。民国三十三年（1944）他带着次子许儒兴，一家人搬到了大东门外的东肖家庄村，靠租种东肖村中肖文奎家的两亩田和帮工为生，粮食不够时还要外出讨饭，多年来也一直得到村邻肖显义一家的关心和照顾，两家人也从此结下了深厚情谊。许儒兴新中国成立后曾任城郊公社花园大队书记，是溧水县人大常委。许儒兴生5子：为清、为升、为满、为山、为冰。许为清（即许维清）在溧水区第三小学当老师，许为冰为解放军驻无锡某部团职干部。

第二支中，许观振次子许正国携3子（儒珍、儒有、儒学）迁到了砖瓦窑的西面邻村彭村。许儒有生2子：许为生、许为金。

第三支中，许廷赞后裔学字辈有12户，其中许为龙有5子：许学喜、许学友、许学金、许学财、许学保。白马曹涧桥今有许学友、许学利2家。许廷盛在东屏徐溪村的后人共4户：许学龙、许学华、许学荣、许学长。

盐城阜宁老家的许姓曾于民国二十五年（1936）五修宗谱。1998年清明节前夕老家六修《许氏宗谱》时委派许为刚到溧水来寻亲，那年他已经72岁了，几经辗转，终于团聚。为了证明身份，他带来了五修《许氏宗谱》一卷。盐城阜宁许氏于2013年七修宗谱，许儒兴、许维清父子参与了编纂工作。许维清曾于2019年3月30日前往盐城阜宁参加许氏宗祭活动，并代表溧水许氏在大会上作了发言。

第五章　客民家谱

寻乐堂《程氏宗谱》

　　此套《程氏宗谱》共有 35 卷，19cm×26cm，庚午年（1990）合族编定，有木质谱箱一只。有手绘宗轴一幅，以程之亿为一世祖。宗谱第一卷、第二卷：谱序、像赞、诰封、庙祠、墓图、服制图、合同契据、捐款与祭产、学田等。第三卷，序传。第四卷，姓氏所自出、字派、世系。第五卷至第三十五卷，各分支世系。宗谱中与本支程姓有关联的卷册为第一卷、第二卷、第三卷、第四卷、第五卷、第十三卷和第三十卷。读书人都知道"程门立雪"的故事，此套宗谱中便有北宋著名理学家、教育家程颐（伊川先生）之像，有朱熹所撰"程子像赞"。

　　据谱载，本支程姓曾于乾隆四十八年（1783）、道光二年（1822）、咸丰八年（1858）、光绪八年（1882）、民国九年（1920）、民国三十六年（1947）共 6 次编写宗谱，现程德华家中所藏版本为 1990 年合族编修。谱中的第一篇谱序，为赐进士出身、翰林院编修、原任广西道监察御史协理陕西山东道事、乾隆辛酉科山东正考官充一统志馆纂修官加二级、南泉万年茂（1707—1796，乾隆元年进士，黄冈人，曾任岳麓书院山长）于乾隆四十八年（1783）所撰。本支程姓以伯符（周代诸侯乔伯）为得姓始祖，为广平（河北邯郸）程姓开宗。因伯符向周王敬献"泰山之车、井中之玉和双穗之禾"这"三异之端"有功，被周王封在广平的程地，后世子孙以国为氏，称程姓。实则伯符是重和黎的后代。在第一卷《支迁系统表》中，本支程姓属"义分九阳公裔"。经查，本支程姓属江西乐平世系，以程忠为第一世，元末时程忠裔孙程圣一率程兴、程旺、程发、程富4子迁居湖北黄冈，程旺遂为黄冈旺祖开宗。第1世程旺，第2世程良玉，第3世程志义（即义分支祖）。传至第10世为程九阳，是为"义分九阳公裔"。程姓宗图中的程之亿，是为程九阳次子。

程九阳迁湖北黄陂（今武汉市黄陂区）程万湾，这里便是溧水本支程姓的祖籍。乾隆年间程姓所立字派："裕后承先泽，辉前懋德方。书声传家法，名义显庭光。崇文新道化，允世卜元良。"1990年编谱时，又增加了"广平衍安乐，祖国振荣昌"等30个字派。本文信息提供者程德华、程德伟为第21世德字辈。

下江南来溧水县晶桥镇的湖北籍程姓世系为：第11世，程之亿。第12世，程彭。第13世，程启珂。第14世，程世勋。第15世，程廷元。第16世，程必荣（在第13卷、第30卷）。程必荣生2子：定章、定季。

综合相关信息推知，程定季（第17世）生5子：辉恺、辉森、辉溢、辉烈、辉增。长子、次子及五子生活在湖北黄陂程万湾。老三程辉溢（1833—1853，21岁）于咸丰三年（1853）与潘氏（1833—1917，85岁）刚结婚就去世了。家中父母作主，把潘氏嫁给老四程辉烈（1835—1881，46岁），咸丰四年（1854）生下程前财，咸丰八年（1858）生下程前喜，同治四年（1865）生下程前咏，光绪二年（1876）生下程前金。四个儿子中，长子程前财、次子程前喜列在三房程辉溢门下，三子程前咏、四子程前金列在程辉烈门下。所以，在程家现有的世系图中，程辉溢、程辉烈兄弟俩与潘氏共为一户，下衍为四子：程前财、程前喜、程前咏、程前金。

同治五年（1866）之后从湖北下江南时，程姓是分两批来溧水的：

第一批是程辉烈，具体时间不明。他们把长子程前财、次子程前喜兄弟俩放在老家程万湾，带着三子程前咏，来到溧水县赞贤乡郭塘村（今属洪蓝街道）前的东冲村安家。光绪二年（1876），生下第四子程前金。光绪七年（1881）程辉烈去世后不久，他的第三子程前咏从溧水郭塘的东冲村返回湖北黄陂程万湾，而潘氏则带着程前金一家转迁至仙坛乡的程家棚子（今属晶桥镇杭村社区），程懋礼一家则留在了郭塘的东冲村。

第二批是程前财，他于光绪二十年（1894）从湖北黄陂程万湾迁来仙坛乡程家棚子，与程前金一家住在了一起。

关于程前财、程前喜、程前咏、程前金4兄弟，据宗谱记载：

程前财（1854—1917），光绪甲午（二十年，1894）由黄陂许家桥程万湾迁溧水县南五十里十七团仙坛乡程湖湾（即程家棚子），有图。卒葬杨丝岗癸山丁向。配蔡氏，生 4 子：懋传、懋立、懋宗、懋谱。

程前喜（1858—1906），配徐氏，生 2 子：懋斌、懋桂。在湖北黄陂程万湾。但程前喜于光绪三十二年去世后葬黄陂程万湾的柿子祖坟，而徐氏于民国五年（1916）去世后葬在杨丝岗。

程前咏（1865—1929），生于同治四年，配吴氏，由溧水转迁黄陂程万湾。生 3 子 2 女：子懋顺、懋彩、懋永，女之陈、之周。程前咏、吴氏俱葬程万湾的柿子祖坟。

程前金（1876—1942），配蒿氏（1882 年生，卒年不详），生 6 子：懋仁、懋义、懋礼、懋智、懋信、懋常。程前金卒葬郭塘村北茅山头，蒿氏则葬晶桥大城村北。

在溧水晶桥的湖北程姓，均为程辉烈后裔，其中一支为程前财家族，另一支为程前金家族。宗谱中是这样记载的："十七团，在溧水县南四十五里，义分前财公裔居此。郭塘村，在江苏省溧水县西南三十里，义分前金公裔居此。杭村，在溧水县云鹤乡，义分必荣公裔居此。"经查证，程前财居十七团（原属仙坛乡程前湾），今属晶桥镇杭村社区程家棚子。程前金居郭塘村，今属洪蓝街道姜家社区郭塘村对面的东冲村，后迁晶桥镇杭村。程必荣后裔居杭村（原云鹤乡政府所在地），今为杭村集镇。目前，程姓主要居住在洪蓝街道姜家社区东冲村、晶桥镇杭村社区（杭村、大城、程家棚子）以及晶桥镇云鹤山社区汤村。

程德伟说，东冲村是他们到达溧水后的第一站，村边的祖坟埋葬着他们的祖先，所以对这里特别有感情。他对东冲老家的亲人家长里短、关怀备至。他的嫂子骄傲地跟我们说，在东冲村他们三户程姓家庭有 50 多人，没有分过家，兄弟之间没有红过脸闹过别扭，更让她自豪的是他们这里出了好几个大学生，光是她一家就考上了 3 个一本大学生。

友恭堂《方氏宗谱》

2021 年 12 月 5 日，方汝忠、方汝宝、方玉清与蟹塘西边山周秉成以及晶桥镇方谟水夫妇一行 6 人来到石湫街道科创中心，给我看了他们家中珍藏的《河南罗山方氏西门支系表》和友恭堂《方氏宗谱》。他们说这两件东西是放在六房方汝新家中的，他们这一支方姓与本村另一支方姓并不是一个家族的。

《河南罗山方氏西门支系表》一张，79cm×53.5cm。在支系表中特别注明了方培树（第13世）后裔迁徙到"溧水县曹村大鱼东村"（即溧水县思鹤乡大圩东村北，今属石湫街道蟹塘社区）事项。

世系中表明前四世已不明，以第5世方承启列为本世系最前。其第6世至第10世为方崇立、方显卿、方国柱、方浚、方克长。方克长生4子：长文炯、次道颜、三道模、四文耀。方道颜生3子：连辉、连仲、连三。方连辉生1子：培树。方培树为第13世。方培树生6子：长从善、次清善、三有善、四德善、五全善、六九善。是为罗山县下江南的方姓六房。

友恭堂《方氏宗谱》（一本），14cm×22cm，铅印，民国二十四年（1935）印（共200本，当时发放了150本，另在河南罗山县南大街黎家道口方藩生家保存了50本）。谱中有道光十八年（1838）九月方东翰（方克长的堂弟，方显卿曾孙）撰写的《友恭堂家规》。有民国十三年（1924）方达善撰写的《西门支系考》。有方洪绪写于民国二十三年（1934）仲冬的《谱序》《方氏族考》《字系考》等文，有方洪畴于民国二十四年（1935）儿童节记于国民党军南京旅邸的《附记》一文。据《西门支系考》称："五世祖承启公分居独东约方家老塆，遂为西门鼻祖。"据罗山县方伟介绍，这支方姓与他同属西门方，祖籍在罗山县庙仙乡方集村。

据《字系考》记载，此支方姓，前九世无字派，从第10世起，字派为："东道连培善，洪谟汝绍开。立观崇德礼，定庆凤麟来。"

方氏之始祖方雷公，乃炎帝神农氏八世孙榆罔之长子，因功封于河南禹州方山，是为方氏得姓之始。后方氏由福建莆田迁至湖北麻城之吊桥（后属黄安，即今红安），始迁祖为方进（俊斋公），方进生1子方必麟，方必麟生9子：朝一、朝二、朝三、朝四、朝五、朝六、朝七、朝八、朝九。据吊桥旧谱所载，罗山方氏为朝三公、朝九公后裔。世系因迁居后混乱，民国三十七年（1948）方姓聚合族各片各门之贤达，详加考订，细推世系，乃将原各派如"东道连培善""纪锡之乃世"等，统归于"诚正思平治"一派。其派字共20字如次："诚正思平治，祖基汝兆开。立观崇德礼，定庆凤麟来。"

罗山县下江南来溧水方姓六房情况简介：

【长房】方从善，生 1 子：方洪春。

方洪春生 4 子 1 女：子珧谟（即方谟新）、珩谟（即方谟来）、方谟保（1942 年生）、方谟道，女方谟英。

【二房】方清善，生 1 子：方洪贵。

方洪贵生 6 子 3 女：子琮谟（即方谟为，也作方正为，1925 年生）、琨谟（即方谟荣，1927 年生）、珮谟（即方谟有，1929 生，烈士），方谟生、方谟勤、方八伢。女儿名字不详。

方谟为的女儿方秀英，1949 年生，嫁知青陆兴根。

【三房】方有善，生 5 子：洪膏、洪椿、洪耀、洪秉、洪喜。移住溧水县晶桥镇新桥社区陶村尚家。

长子方洪膏，生 1 子：珍谟，即方谟贵（转迁时，留在东庐郑巷水库）。

次子方洪椿，生 1 子：方明。

三子方洪耀，生 1 子 1 女：方谟起（1921 生，烈士），女方兰英（1927 生）。方谟起妻李桂芳（1930 年生），生 1 女方旺娣。方旺娣嫁徐声月（1942—2016），生 2 女：徐冬香、徐冬花。

四子方洪秉，生 1 子 1 女：方和根（生 1 子方祥林），女名不详。

五子方洪喜，生 3 子 2 女：方谟仁、方谟水、方谟生。女名不详。

【四房】方德善，生 2 子：洪友、洪发。

方洪发（1913 年生），生 2 子 4 女：子方谟春、方谟根，女方菊英、方谟英、方谟珍、方小香。

【五房】方全善，移住溧水县晶桥镇新桥社区陶村尚家。

【六房】方九善，生 1 子：方洪宝（即方洪胜、方洪盛）。

方洪盛，（1911—1984），妻王先英（1911—1985）。生 4 子 3 女：长子方谟发（1933—2003）、次子方谟财（1937—2001），三子方谟贵（1942—1998）、四子方谟源（1945—2004）。长女（溺亡）、次女方扣香（1953 年生，嫁知青卫尔尧）、三女方菊香（1958 生）。本文信息提供者方汝新、方汝宝为方谟财之子，方汝忠为方谟源之子。

在方姓家族中，有几件事情还是值得记录的。

第一，关于方姓晶桥一支的转迁。据方谟水介绍，其祖父方有善与五祖叔方全善，从方家村转迁至东庐的郑巷水库边（今属永阳街道）。后来，其大伯父方洪膏留在了郑巷水库，另 4 个弟兄转迁至晶桥尚家村。民国二十四年（1935）方洪畴印好宗谱后，他们祖辈的几个老兄弟曾经去南京方洪畴那里取宗谱，下属们都喊他方处长（方洪畴文章落款为南京旅部）。南京的这个方处长是溧水与罗山两地方姓联系的桥梁，方家所存的宗谱、世系图，都是那时取回来的。

第二，抗美援朝时，这一家族中方谟起、方谟有俩兄弟参加了中国人民志愿军，都分在 67 军 200 师，都曾荣立三等功。1953 年先后在夏季反击战役（金城川）中牺牲。方谟水说，他的父亲方洪喜得知侄子方谟起牺牲的消息后，怀着悲痛的心情从晶桥到石湫来报丧，没想到这边家中也接到了方谟有牺牲的消息，这兄弟俩在一个月内先后牺牲在战场，家人非常难过，想过给他俩立嗣，但最后没能形成一致意见。

第三，据卫尔尧回忆，他与王复华、陆兴根、曹瑞椿等人于 1964 年 10 月下放到方家生产队，是无锡知青。他与陆兴根都是方家的女婿。

卫尔尧（1945 年生），高中毕业，于 1965 年起任方家生产队会计、赤脚医生，1970 年与方洪胜长女方扣香结婚，生 1 子 1 女。1973 年任太平大队赤脚医生，1978 年起任太平小学代课教师、民办教师、公办教师，1980 年与王复华一起到石湫公社朝阳联办初中任教。后来方家村曾开办耕读小学，方尔尧负责教学管理，为农村扫盲等工作做出过贡献。1989 年举家迁回无锡，卫尔尧在无锡碧波小学、马山中学任教，2004 年退休。

王复华（1945 年生），下放后不久调到太平大队潘西生产队任会计，与女青年曹桂珍结婚，后定居方家。后来在石湫公社太平大队做电工，再做代课教师、民办教师，1980 年与卫尔尧一起到朝阳联办初中任教。1990 年王复华携 3 个女儿回无锡，他在无锡梅梁中学任教，2004 年退休。

陆兴根（1946 年生），1965 年招工到溧水县会议招待所学习厨师，后来与方家村方正为（太平大队书记）的女儿方秀英结婚。1988 年全家回迁无锡，陆兴根在无锡商业养老院当厨师。2006 年退休。

曹瑞椿（1943 年生），后调到太平大队林业队，不久调到小茅山农业中学（即九塘七·三〇中学）任教。后与常州女知青周平芳结婚，1979 年回常州。曹瑞椿在常州二十四中学任教，2003 年退休。

罗益三祠《罗氏宗谱》

南京市溧水区石湫街道横山村朱村自然村罗洪深先生家藏《罗氏宗谱》一本，16cm×28cm，宣纸，毛笔小楷手抄本，线装，前后页缺损。谱本页前有说明，其后为罗氏简易世表：

际运、文运、迎运、富运兄弟四人分居，提田壹分，公立私祠座落下湾里三里镇黄土岗上小独湾，坐西向东，辛山乙向，田地共计五石有余。堂名罗益三祠。

祖宗虽远，祭祀不可不诚；子孙虽愚，经书不可不读。水源木本，礼乐永成先泽；春露秋霜，诗书佑启后人。

罗氏字辈："大之修祖德，应运启文人。正士宏家瑞，纯才作世美。"

经查证，河南光山有安九公20世孙罗正光所撰文章，其叙述的世系关系与朱村罗氏有关联。

罗渭生4子：安禄、安文、安毓、安九。罗渭祖籍为江西省南昌府南昌县，明洪武二年（1369）迁往湖北省黄州府黄陂乡栗子园，在县东六十里，与黄安县（今湖北红安）交界。

第1世，安九。第2世，伏龙、伏凤。第3世，道甫、道远。前3世坟茔俱在栗子园。

第4世，罗道甫子本真、本刚。罗本真迁居毛清河，葬大郭园祖坟。罗本刚迁居港口湾。罗道远后裔迁河南。

第5世，绅、纹、纤、绮（本真之子），纶（本刚之子），是为五房。

罗纤的第6世孙罗大仁（安九公第10世孙）。罗大仁长子罗之杰。罗之杰约于清乾隆年间迁往河南，为河南始迁祖。罗之杰生3子：长修启、次修成、三修词。罗修成，居光山县晏河乡杨帆桥村，葬杨帆桥冷洼门口罗家坟山。修成后裔，已繁衍12世，1000余人。其字派为："大之修祖德，应用启文人。正士洪家瑞，纯材作世美。治国宗良善，安邦兆昌明。崇礼敦信义，立志定升平。"

对照朱村《罗氏宗谱》，字辈基本相同。在朱村《罗氏宗谱》中，其世系为：

1世彦儒，2世大人（大仁），3世之杰，4世修成。

关于罗修成，谱中记载：

罗修成，五子，祖远、祖武、祖义、祖比、祖礼。考妣合葬于杨畈桥东冷家洼下手辰山戌向，有碑。

综合溧水、光山两地资料可知，朱村罗姓，祖籍原为河南省信阳市光山县晏河乡杨帆桥村。罗修成五子，分为老五房。溧水罗姓属老四房罗祖比支系。

5世。祖比，考妣合葬于黄土岗下湾，面山，乾山巽向。一子，德贵。

6世。德贵，配秦氏、董氏。考妣合葬于净于寺南杨家冲，面山，壬山丙向。三子：应台、应哲、应诏。

7世。应诏，三房，监生，葬于张宋店北汤家寨南头周家岗卯山酉向，有碑。配冯氏、周氏，冯氏葬于青峰山东小寨洼（合水）屋后艮山坤向。邹氏葬于晏家河东父子寺。子四：际运、文运、迎运、富运，女一。

按，罗应诏生四子，即溧水横山《罗氏宗谱》中所说的分家之四兄弟。其家族的公祠叫罗益三祠，设在"下湾里三里镇黄土岗上小独湾"村。下湾里（夏湾里），是民国之前的一个地名，古属光山县，今属信阳市新县吴陈河镇夏湾村。夏湾村与横山老虎头村阮姓祖籍新县新集镇彭河村蓝河自然村相距很近。可见，这一支，是从光山县晏河乡杨帆桥村，分迁至现在的信阳市新县吴陈河镇夏湾村小独湾村的。

罗应诏四子际运、文运、迎运、富运，为罗彦儒第8世，是罗姓新四房：

际运，长房，监生，配扶氏。考妣合葬于余家响塘下手小张家洼屋后辛山乙向，子五：启唐、启初、启胜、启书、启泰，女一。

文运，二房，葬于大河东春树店北梁家独屋后，酉山卯向，配夏氏、甘氏，夏氏葬于冯家瓦屋南头稻场上。甘氏葬于高山李家洼（合水）后山石则边，艮山坤向。子三，启元、启鹏、启坪。

迎运，三房，张氏，考妣合葬高山李家洼后右则边，艮山坤向。女一。

富运，四房，监生。葬于晏家河东父子寺上手辛山乙向，配李氏、徐氏、刘氏，李氏葬冯家瓦屋南头稻场上，徐氏葬陈家下湾河东唐家河。子六女二。启霖、启瑞、启坤、启云、启奎、启清。

从《罗氏宗谱》的世表中，从第9世起，家中开始有人下江南。

罗启书，四房（即罗际运第4子），监生，故江南。配郑氏，故江南。子四女二。焕文、秀文、相文（故江南，见下）、槐文。

罗启鹏，二房（即罗文运第2子），子六，女一。汉文、焰文、铭文（故江南，见下）、扬文、钟文、庆文。葬于南京朱门镇（南京市江宁区）西南乡牛落村东南冲上草塘上，乙山辛向兼戌辰，葬课字丙子、戊辰、庚申。配董氏，葬于横山寨东马塘岗西小吴岗屋后，亥山巳向兼乾巽分。

罗启霖（林），长房（即罗富运长子），故南，配陈氏。子四，女二。干文、鉴文、宣文、献文。葬于溧水县出西门三元铺镇山阳乡老虎头面前山乾山巽向（山阳乡桑园蒲老虎头面前，即今石湫街道横山村朱村自然村）。

在罗姓第10世中，有下江南记载的：

锦文，故南（罗启初子，罗际运孙），配张氏。子六，女二。人清、人述、人宪、人恩、人泰、人惠。葬于广德州出北门西逢村。

松文，故江南（罗启胜二子，罗际运孙）。

相文，故江南（罗启书三子，罗际运孙）。妻汤氏，子一，人发。

铭文，故江南（罗启鹏三子，罗文运孙）。

按，宗谱中罗姓人名列至人字辈、正字辈。

因谱中资料残缺，世系不好连接。罗洪深说，他的曾祖好像叫罗人义（或人意）。据谱载，罗人义是为罗象文次子，其世系为：罗际运—罗启胜—罗象文—罗人义。罗象文为罗启胜之子，罗启胜并未下江南，他的四弟罗启书携其三子罗相文下江南，但只写葬江南，未提及溧水。罗人意，为罗新文次子（长子罗人宗），其世系为：罗际运—罗启泰—罗新文—罗人意。而谱中清楚列出罗启霖在溧水去世，葬于老虎头面前山乾山巽向，即今石湫街道横山村老虎头村西。修谱时，罗启霖的妻子陈氏和四子二女都在世。朱村罗姓，应该是这一支的后裔。

罗启霖，配陈氏，生4子：干文、鉴文、宣文、献文。

罗干文，配彭氏。罗鉴文，配汤氏，子1，未起名。罗宣文，配刘氏。罗献文，配程氏，子二，未起名。（指编谱时，后来家族未续写）

据罗洪深回忆，其罗姓祖坟在横山社区老虎头村前（西面）的老凹山（桃花坝水库西南角，老林场附近），与宗谱中所记吻合。若朱村之祖为罗人义（意），则他当是罗启霖4个儿子中某一人之子。

罗人□，配崔氏（石湫街道上方社区道士庄人，祖籍光山县）生4子1

女：正忠、正厚、正传、正家（第 12 世）。女罗氏，嫁石湫街道向阳社区华村圩孙自谦（祖籍为罗山县莽张镇），后移住石湫街道塘窦村社区汤庄村。

○长子罗正忠，无子女。

○次子罗正厚，生 1 女：罗兰香。后抱养 1 子：罗士森（生 1 子：罗红民）。罗正厚后来因工作关系迁往晶桥铜矿（即晶桥镇观山铜矿）。

○三子罗正传，亦作正权，生 3 女：罗桂英、罗士萍、罗爱香。罗爱香，招婿陶发敏，生罗贵海。罗贵海，娶周德琴，生 2 子：罗阳、罗诚。

○四子罗正家，生 1 子 2 女：子罗士林，女罗桂珍、罗桂香。

罗士林（1953 年 11 月生），妻子陶龙珍（1952 年 12 月生）。生 2 子：罗红根、罗洪深。

据罗洪深的父亲罗士林介绍，罗姓原来是住在横山村朱村自然村的祠山殿南面，通往姚家村的五亩桥一带，是全家花钱买下田地后在此耕种的。1978 年后拆并至朱村。如今，罗士林、陶龙珍 1 户，罗红根、杨毓璇 1 户，罗洪深、何营 1 户，罗贵海、周德琴 1 户（含罗贵海母亲）共 4 户罗姓家庭生活在朱村。

《魏氏宗谱》

陈维银先生在东屏街道金湖社区后吕村魏在仁老书记家看到《魏氏宗谱》二卷（本），钢笔手抄本，编于 2003 年。谱中记录了该支魏姓（晶桥镇枫香岭官家村、东屏街道王家山、东屏街道后吕村）为河南省光山县砖桥镇魏家湾进士魏邦彦的后裔。谱中《约定世系》记录了自魏邦彦父亲魏建业（第 6 世）起所定魏氏字辈："建邦观善庆，葆世在信天，积德先仁厚，居心慎广绵。"谱中有民国十五年（1926）郭茂仪所作的《魏氏宗傍对联》一副："继续冠裳百世芳名先烈昭昭垂后世，联绵福禄千载遗甚宗功奕奕佑孙贤。"此外，还有进士魏邦彦所作《高祖考家传》《曾祖考家传》《祖考家传》以及杨珍圃所撰《封君魏公家传》《张太夫人家传》等。

据谱载，该支魏姓世居河南省光山县南云山里张朱寺保六甲魏家田坡

（今信阳市光山县砖桥镇魏湾村），以魏学孟为始祖，第 2 世魏县，第 3 世魏嗣晋，第 4 世魏希尧，第 5 世魏显（生于康熙二十四年，1685）。魏显生五子：建谟、建烈、建文、建业、建都，以此分为五房。第四房魏建业（1726—1805，第 6 世），字从周，生有五子，其第四子便是进士魏邦彦（第7 世）。

魏邦彦（1762—1842），河南省光山县砖桥乡人，嘉庆六年（1801）举人，嘉庆七年（1802）吴廷琛榜进士，为三甲第 8 名，入选为翰林院庶吉士。嘉庆十年（1805）散馆后，回到光山老家为父亲魏从周守孝，掌教本县涑水书院（该书院元朝时为纪念北宋司马光所建），前后二次共 7 年。嘉庆十九年（1814）部选甘肃宁远县（民国时改名为武山县）知县。嘉庆二十四年（1819）任甘肃敦煌县知县。道光元年（1821）貤赠祖父魏显、父亲魏从周为文林郎敦煌县知县，貤赠其祖母、母亲为孺人。

魏邦彦生 2 子：长魏璠（1784—1824）、次魏璔（1787—1847）（第8 世）。

魏璠生 2 子：长存善（1805—1844）、次公善（1812—1844）。魏璔生 1子：得善（1832—1872）。（第 9 世）

魏存善生 5 子 3 女：庆升、庆平（1827—1864）、庆喜、庆寿、庆乐。

魏公善生 5 子 1 女：庆吉、庆祥、庆来（1838—1899）、庆聚、庆赏。

魏得善生 5 子 1 女：庆恩、庆荣（1855 年生）、庆云（1860 年生）、庆余、庆书。（第 10 世）

魏庆平，生 4 子：保清、保泰、保宗（夭亡）、保芳（夭亡）。

魏庆来，生 3 子 2 女：保济（夭亡）、保贤、保明。

魏庆荣，生 2 子 1 女：保安、保和。

魏庆云，生 2 子 2 女：保林，另 1 子未成年。（第 11 世，"葆"字辈，均简写为"保"辈）

魏庆荣带着自己的妹妹、女儿以及长子保安、次子保和下江南。同行的还有魏庆平长子保清、次子保泰，魏庆来次子保贤、三子保明，魏庆云长子保林等。下江南的时间不明，约在光绪末年。他们来到江南，原先落脚在云鹤乡枫香岭大队官家村，今晶桥镇云鹤枫香岭大队官家村一带仍有很多魏姓本家。后来一部分魏姓迁居至东屏的魏家棚子（在东庐山东北、狮子山南面，今王家山村南）居住。1948 年魏世坤带着长子魏在仁搬离魏家棚子，在东屏后吕村租赁地主田地耕种。1958年因东屏公社兴建方边水库（即东屏湖水库），后吕村搬迁至现在的村址（东屏湖西岸）。魏家棚子其他村民自1980年起搬迁至狮子山南麓的东屏公社王家山村（在狮子山南麓，山棚子村东，今属东屏街道金湖社区）居住，原魏家棚子从此消失。

如今，这支从河南光山县砖桥镇魏湾村过来的魏姓，主要居住在晶桥镇枫香岭官家村、东屏街道金湖社区后吕村、王家山村。

官家村魏姓

魏保贤，庆来次子，生1子：魏世华（子魏在林、魏在根）。（魏在林为本文信息提供者）

魏保明，庆来三子，生3子：魏世焰（子魏在庆）、魏世茂、魏世盛（子魏在森、魏在俊）。魏在俊之子魏信阳，是中国航天科工集团某研究院的通信专家。

王家山魏姓

魏保和，庆荣次子，生5子1女：魏世洪（子魏在远、魏在华、魏在宝、魏在武、魏在清、魏在禄）、魏世明（子魏在杰，迁四川省）、魏世顺（子魏在东，迁贵州省）、魏世芳（子魏在生）、魏世元（子魏在忠、魏在龙）。

后吕村魏姓

魏保清，庆平长子，生2子1女：魏世达（子魏在全）、魏世才（子魏在海）。

魏保泰，庆平次子，生1子：魏世明。

魏保安，庆荣长子，生4子1女：魏世坤（子魏在仁、魏在义）、魏世全（子魏在枝、魏在兴、魏在强）、魏世富（子魏在金、魏在顺）、魏世祥。

魏保林，庆云长子，生3子2女：魏世荣（子魏在友、魏在福、魏在德、魏在良、魏在新）、魏世田（子魏在泉）、魏世利（子魏在明、魏在生）。魏在友生于1936年3月，参军后转业至北京地质科学情报所工作，在北京成家，生3子1女：子魏信坚、魏信固、魏信明，女魏贞。

每年冬至吃宗酒时，魏姓族人都会在一起相聚。2021年冬至酒宴于12月18日在东屏街道后吕村举办。

世德堂《周氏宗谱》

石湫街道蟹塘社区西边山自然村，周有龙家中有世德堂《周氏宗谱》一卷。此本宗谱编于1952年冬，22cm×32cm，宣纸，全谱由赵华棣（石湫街道三星村赵村自然村人）毛笔小楷书写后刊刻印刷。谱中有赵华棣撰写的《周氏创修宗谱序》，有《春祭文》《秋祭文》《家训家规》《村基图》等，有《始祖洪佐公传》《建章公传》《灿章公传》《元章公传》以及《道泽翁行述》《光鼎翁事略》《明哲君实行录》《周君秉成行略》《秉政君事略》等，后有《世系表》。

据赵华棣手书的《周氏创修宗谱序》中记载（节选）：

兹观夫吾溧邑第四区之风塘庄、西边山与夫江宁詹家（今石湫独山）村之周氏，其先原居江西（应为湖北）之麻城，传十数世，洪佐公由江西（应为湖北）复迁河南罗山县周家老湾，代传有年，则子孙愈繁，户烟益密。士食旧德，乐桑梓之区；农服先畴，安敦庞之俗。文物衣冠日臻其盛，保世滋大，交称巨族。画宗图以序昭穆，修谱牒以敦伦常。若非祖宗之积累，何以发此巨族耶！

迨至前清末叶，有正义公者，复由河南罗山周家湾迁居江宁之詹家，道安公即迁居西边山，光玉、光□两昆仲迁风塘庄，另有道坤、道宽、道立诸昆仲迁居浙江之孝丰（浙江湖州安吉县，原为县，因太平天国人口锐减，并入安吉县，成为一个镇）。支分派别，同是一祖，迄今已六七十年矣。实衍椒聊，支派日臻，若再因循玩忽，不修谱牒，子孙繁盛，不啻如郭崇韬之冒认汾阳者。

今岁壬辰（1952）初夏，余应本区姚区长之召，绘画全区田地等级、路径。风塘庄适有周君秉成任第二行政村村长，于绘图之暇，辄谈及宗事，余即欣然允芝。是岁秋，即发起创画宗图、购料、师资。除光鼎翁乐助黄稻三担外，不足即每村摊币伍千伍百元，不一月，宗即庆告完竣。宗之由来，实秉成倡举之力焉。是岁冬，继复创修谱牒，举道泽翁为族长，参考得失，光鼎、秉成为主修，明哲、秉政为督修，秉琅、德扬为赞修兼校阅，明启为会

107

计司账。各膺斯役，任劳任怨，不两月间，一举而双璧庆告藏事。

据赵华棣所记内容推定，该支周姓祖籍为河南罗山县周家老湾（今罗山县莽张镇），从光绪十二年（1886）开始下江南，首先到达詹家（今属石湫社区）、风塘庄和西边山（今属蟹塘社区）。今主要分布在石湫街道蟹塘社区的西边山、丰塘庄、草塘岗三村。

【西边山】在石湫街道北端的蟹塘圩南，243省道东，沪武高速南，三干河西引河终端，西面、北面为江宁区禄口街道铜山社区。

村中有周、魏、孙三姓，周姓祖籍为河南罗山，魏姓、孙姓祖籍为河南光山。

魏姓有8户：魏清海、魏清峰、魏清发、魏清友，魏建本、魏建大、魏建高、魏建根。调研对象：魏清海，1945年生，村中老电工，他们家从河南光山下江南至句容，再到江宁，最后来到本村。他的曾祖名字不详，祖父魏月光，父亲魏昌德，其所知字辈：月、昌、清、圣（建）。

孙姓有5户：孙义凤、孙义华、孙义坤、孙义有、孙义顺。调研对象：孙银富，1949年生，他是孙义顺的父亲，其所知字辈：行、银、义。

【风塘庄】即丰塘庄，在马庄村北，大傅家村南。

【草塘岗】在丰塘庄东，与蟹塘社区潘村隔三干河相望。

据《溧水地名录》（1982年版）记载："石湫公社蟹塘大队：西边山，因位于西面边界的山岗上得名。草塘岗，以村边的草塘得名。丰塘庄，古名丰塘村，后称丰塘庄，以村边的丰塘得名。"在《乾隆溧水县志》中，载有丰塘村、草塘冈二村，属溧水县思鹤乡。

风塘庄周姓

村中周姓为周正德分支，其世系为：

周洪佐—周维宪—周映明—周循—名字失考—周建章—周正德—周道行

周循，为周映明长子，有孙5人：建章、华章、成章、汉章、盈章（第6世）。周建章（1802—1879）生3子：正隆、正德、正享。周正德长子周道行，周道行生3子：光玉、光□、光彩。

◇周道行长子周光玉（第9世，武庠生）于光绪二十年（1894）由罗山县周家湾迁风塘庄，生5子：明有、明德、明仁、明荣、明银。

◎周明有生5子：秉初（德发）、秉伦（德发、德扬、德明、德声）、秉政（德清、德林）、秉谦（德祯、德祥）。

◎周明德生 1 子：秉彝（德兴、德义、德财）。

◎周明仁生 5 子：秉钧（德玉），秉衡（德祥）秉良、秉富、秉贵。

◎周明荣生 4 子：秉贤、秉和（德琦）、秉生、秉清（德恺）。

◎周明银生 5 子：秉森（德安、德春）、秉坤（德宽、德宏、德广）、秉成（德志、德福）、秉财、秉发（德胜、德富、德其）。

◇周道行次子周光□，生 3 子：明宣、明魁、明义。周光□携次子周明魁下江南，长子周明宣、三子周明义留在罗山县周家湾。

◎周明魁生 2 子：秉志（德凤、德骑、周麟）、秉财（德龙）。

西边山周姓

村中周姓为周正凤分支，其世系为：

周洪佐—周维宪—周映明—周普—名字失考—周灿章—周正凤—周道安

周普，为周映明次子，有孙 7 人：焕章、秀章、裴章、文章、灿章、恩章、元章。周灿章生 2 子：正选、正凤。周正凤生 5 子：道安、道坤、道立、道兴、道宽。周道宽迁浙江省孝丰县（今湖州市安吉县）。

周道安（第 8 世），先命长子周光田、次子于光绪二十三年（1897）下江南至江宁铜山之东，一边帮佣，一边开荒。二年后，周道安带着三子光鼎、四子光典来到铜山之东这片荒山，因村西有铜山、横山，遂命名村庄为西边山。

周光鼎，生 5 子：长子明哲、四子明奎。

周明哲，生 5 子：秉瑶、秉珍、秉璋、秉瑞、秉琪。

周秉瑶生 6 子 3 女：子德恩、德惠、德慈（即李修慈）、德愈、德意、德念。

村中今有秉字辈 8 人：周秉成、周秉福、周秉功、周秉监、周秉林、周秉钱、周秉信。

詹家村·周姓

詹家村原属南京市江宁县铜山公社，1966 年 7 月划归溧水县石湫公社独山大队，今属溧水区石湫街道石湫社区，村中已无本支周姓人家，周光裕嗣子周秉珍转迁至戚家村。

村中周姓为周正义分支，其世系为：

周洪佐—周维宪—周映明—周普—名字失考—周元章—周正义—周道泽

周普，为周映明次子，有孙 7 人：焕章、秀章、裴章、文章、灿章、恩章、元章。周元章生5子：子周正义等。周正义生3子：道祯，道君，道泽。

周道泽（第8世）于光绪二十七年（1901）下江南，其父周正义于光绪二十年（1894）先在詹家村帮佣。周道泽到詹家后与周光鼎（西边山周道安第三子）去仓口村（今洪蓝街道，旧属思鹤乡）王家滩耕种荒田，又移溧阳横山冈，最后回詹家建屋买地定居。周道泽，妻郑氏，生4子：光海、光滨、光裕、光和。

周光裕体弱多病，不能务农，平时以编织竹篾器具谋生，后以周光鼎四子周明奎双祧承嗣，又立周明哲次子周秉珍为嗣（仍住在西边山，一子在戚家、一子在草塘岗）。周秉珍娶戚家村戚凤明之女戚桂英。1976年，西边山疏浚三干河，周秉珍、戚桂英带着长子周德荣一家搬迁至戚家村，次子周德华一家搬迁至邻村草塘岗村。戚家村拆迁时有周德荣、周有军2户。

草塘岗周姓

村中周姓为西边山转迁，属周道安分支，其世系为：

周洪佐—周维宪—周映明—周普—名字失考—周灿章—周正凤—周道安

村中原为傅姓居住，后来有河南客民张姓居住。1976年冬，石湫公社疏浚三干河河道时从西边山搬迁部分村民到草塘岗。周姓有3户搬迁：周明财1户、周德恩1户、周德华1户。

周道安—周光田（长子）—周明财

周道安—周光鼎（三子）—周明哲—周秉瑶—周德恩

周道安—周光鼎（三子）—周明哲—周秉珍—周德华

周明财（1919—1984），生3子：秉汉（子周德传）、秉凤（子周满、周福）、秉龙。

周德恩生4子：有和、有胜、有高、有祥。是西边山周秉瑶的长房。

周德华生1子1女：子周骏。

知音堂《钟氏族谱》

本支钟姓，在南京市溧水区石湫街道横山村李家店，祖籍为河南省信阳市罗山县彭新乡杨店村。

　　知音堂族谱共 15 本，有卷首 2 卷，正卷 13 卷，收藏在石湫街道钟家村钟金龙家中。1994 年秋湖北红安大石田石氏刊印本，为民国六年（1917）十月编订宗谱的续修本。谱中有封面序、墨谱原序、告成序、流寓、家规家训、仪节、祭仪、祝文、统派、七续谱牒考序、三公统派合辈、四字纲经及《公孺人传》《瓜瓞图》《钟贝祯垮世系表》等。据谱中《钟氏堂名起源略考》记载："春秋时，楚国汉阳城钟家村有一隐士钟徽，字子期（前 415—前 354），精通琴理，善辨名曲，深知奥秘。一日晋国大夫俞伯牙乘舟至汉阳城下，夜静抚琴寻乐，子期闻之，惊心动魄。随琴声而觅，登舟拜访。二人见面交谈，致兴如鱼得水，从此结为好友。时过数载，子期病故，伯牙得知，前来吊唁，至墓前抚《高山流水》一曲，弹毕，将琴扳断，献于坟山，从此誓不抚琴。有诗叹曰：碎破牙琴凤尾残，子期不在向谁言。高山莫浅随流水，不是知音不与弹。"此诗亦可参见明代冯梦龙（1574—1646）《警世通言》之《俞伯牙摔琴谢知音》一文，原诗为："摔碎瑶琴凤尾寒，子期不在对谁弹。春风满面皆朋友，欲觅知音难上难。"本支钟姓，以钟贝祯为钟姓第 1 世，钟贝祯，名法圣，江西吉安府永丰县籍，武举人出身。第 2 世有钟诚、钟忠、钟受兄弟三人，钟诚迁居湖北麻城，钟忠迁居湖北孝感，钟受迁居湖北黄安（今湖北红安）。

　　本支钟姓为湖北麻城钟诚支派，后迁居河南省罗山县彭新乡杨店村。1959 年，罗山县兴建石山口水库，钟姓中一部分人搬迁至现在的彭新乡杨店村，一部分人南迁至邻近的湖北省孝感市大梧县。1994 年钟氏修谱时，将罗山县和大梧县的钟姓并在一起，合称"大梧罗山"分支，列在族谱第 13 卷。但因罗山县的这一支钟姓没有直接参与修谱，导致世系资料严重缺乏，罗山钟姓世系与前 20 世已无法对接，其第 20 世后的字派为："永国之庭，正大光明。"

　　在《钟氏族谱》中，只能看到钟永泰一族的简况，但世表和世系中的记录都不够清晰。钟永和、钟永泰、钟永清三弟兄下江南的情况以及钟姓一族下江南后的分布等，主要来自第 24 世钟金龙的个人整理。

　　李家店村，旧属溧水县山阳乡，清朝乾隆时期形成村落，位于桑园蒲与端秦村之间。太平天国之后李姓人口消失，村庄颓圮，村基一带荒山为桑园蒲胡姓所有。约光绪二十年（1894），钟姓一家三弟兄钟永和、钟永泰、钟永清携家人从河南省罗山县彭新乡，逃荒来到山阳乡望湖山北面的大士庵安家，主要靠弹棉花、磨豆腐、做石匠等手艺谋生。后经桑园蒲胡姓村民主动邀请，钟姓一家便来到李家店重新建屋定居。李家店除钟姓外，后来有陆续从邻村迁居过来的余姓、武姓、师姓、项姓等人家。

老大钟永和，以三弟钟永清的次子钟国顺为嗣子。

老二钟永泰，当时携长子钟国强下江南，其余子女则留在河南罗山县。钟国强生1子：钟志财，后移居溧水白马茶厂。钟志财生1子2女。钟永泰的孙子钟志和18岁时从河南罗山来到端秦村李家店，承祧钟国顺做嗣子，生1女钟爱香。

老三钟永清，生有2子：钟国发、钟国顺。钟国发有3子：钟志奎、钟志胜、钟志银。钟国顺承祧给钟永和做嗣子，后来钟国顺又以二房钟永泰的孙子钟志和与三房钟国发的次子钟志胜二人为嗣子。钟国发长子钟志奎，生3子1女：子钟庭友、钟庭富、钟庭贵，女钟兰英。钟庭友后来去溧水县白马公社上洋大队投靠亲戚，生1子1女。钟庭富、钟庭贵兄弟二人受溧水政府委派，去镇江地区丹徒县从事苎麻技术推广，后来他们全家在丹徒定居，现属镇江市润州区茶厂。钟庭富生2子1女、钟庭贵生1子1女。钟国发次子钟志胜承祧钟国顺，生有1子1女：子钟庭干，女钟福娣。

今横山社区李家店的钟家，实际上都是钟志胜后裔。钟志胜生有1子1女：子钟庭干，女钟福娣。钟庭干（1937年生），妻子傅翠兰（1939年生），生2子3女：钟金龙、钟金凤、钟金美、傅晓珊、钟赟。钟庭干曾回到老家罗山县彭新镇杨店村拿来此套宗谱，钟金龙与老家常有固定联系。

东方堂《汪氏族谱》

陈维银先生7月24日来我家作客时，带来一册《汪氏族谱》（卷二·溧水地区）让我分享，原来这卷家谱是他妹夫汪心银先生保管的。我翻阅浏览后，就问及陈维银先生，还有其他卷啦？他说：溧水汪氏客民2015年修谱时，就此一册卷二。后来我得知起名《汪氏族谱》（卷二·溧水地区）是为了与河南罗山县竹友公后裔六修《族谱》理事会于2012年10月续修印制的东方堂《汪氏族谱》（卷二）保持一致的缘故。而《汪氏族谱》（卷二·溧水地区）这卷支谱的续修是由汪心顺（曾任溧水县共和中学分管教育教学的副校长，现年75岁）先生主修的，作为在溧水教育系统工作过42年的我当然熟知汪校长的。尤其从汪校长所撰写的《汪氏族谱》(卷二·溧水地区)谱序中看到:"二十世纪八九十年代,河南老家汪氏族人先后几次来溧,并随身带来了河南老家 1920 年编印的家谱"这段,引起了我的浓厚兴趣,我通过陈维银先生获知了汪心顺校长的手机号。

8 月 2 日上午,我电话联系汪校长,作了简单自我介绍后,汪校长热情欢迎我到他家交流座谈,并告知我,他收藏有河南老家前些年续修的东方堂《汪氏族谱》。于是当天下午 2 点,我就赶到白马集镇的汪校长家,与汪校长座谈了解汪氏族谱的续修情况。汪校长深有感触地说:"河南作为文史大省,的确对家谱文化高度重视,老家几次派人专程来溧,一方面看望族人、沟通血脉情感外,一方面共商编印汪氏族谱及修缮祖坟等事宜。我也是在河南老家族人的感召下,才对家谱文化开始重视起来,并在退休后与汪氏族人于 2012 年 12 月续修了《平阳族谱·汪氏总系·福秀公系·家模支系》家谱及 2015 年 9 月续修了《汪氏族谱》(卷二·溧水地区)家谱。当河南老家汪氏族人 2002 年 12 月续修《平阳族谱》(汪氏总系·福秀公系)家谱及 2012 年 10 月六修完成东方堂《汪氏族谱》(卷二)家谱后,分别领取了记载有第 70 世竹友公(河南新县黄谷畈始迁祖)、第 75 世福秀公(河南省罗山县汪家寨始迁祖)后裔的这两套谱卷,因为溧水王家边、石塘、吕家山等村客民汪氏均是这一血脉嫡传。"

溧水汪氏客民迁徙过程:

第 70 世:汪澧,字竹友。元指挥使。由江西省婺源县迁江西省吉安府,元顺帝至正二十五年(公元 1365 年),又自吉安府吉水县大塘角瓦屑坝与同族四十余家迁湖北黄州,竹友公迁湖北麻城县西北乡。后又迁至楚北安邑(即黄安县,新中国成立后 1952 年 9 月更名为红安县)北乡双山门下之黄谷畈(今属河南省新县箭厂河乡黄谷畈村),为汪氏黄谷畈始迁祖,后修《平阳族谱》时,竹友公被尊为 1 世祖。

传至第 75 世:汪福秀(74 世钊公次子),福秀公由箭厂河乡头石河,迁居罗山县周党镇桂店村汪家寨,即为罗山县汪家寨汪氏始迁祖。

第 86 世:汪英亮,其第二子家善,因家乡汪家寨年年遭灾,只身一人外出逃荒,一路跋涉,千辛万苦来到了溧水县共和乡王家边村落脚,经过一年辛勤劳作,生活有所改善,又觉得溧水地处江南、风调雨顺、土地肥沃,于是 1891 年赶回河南老家,劝说母亲左氏(时父亲英亮已去世)带全家去江南安家。经再三考虑，左氏携五子：家瑞、家善、家第、家模、家培（而第五子家国当时没有一道迁徙，后于1892年来溧水，可是不幸当年病故于溧水）一同先到溧水吕家山落脚。后四子搬到地理，以后又定居于石塘。长子家瑞搬到王家边村居住。三子家第后又搬到溧水城郊张家碾村（即今区人民医院所在地附近）定居。

大约1893年，左氏又邀汪英鳌一家迁来溧水。英鳌之妻（时英鳌已故）王氏携三个儿子：家喜、家权、家顺也来到溧水县，定居在吕家山。英鳌长子家远当年没有一同迁溧，应该还是留在罗山县汪家寨了。

溧水汪氏客民传至如今，家族兴旺，人才辈出。黄谷畈竹友公后裔溧水汪氏一族迁到溧水已逾130余年，目前第70世竹友公（黄谷畈始迁祖）的溧水客民汪氏后裔共有400多人。86世至100世相应字派依次为：英家之宗心
立世德习周　联珠跃华章。

2001年冬至，溧水汪氏宗亲为1891年携子迁徙来到溧水的先祖第86世汪英亮之妻左氏立碑，大家约定每年在冬至这一天进行祭祖、吃宗酒活动。族人们还提出建议，要共同续修溧水汪氏家谱。在汪心顺主修、汪心和协修下，经过汪心善、汪强、汪心银、汪毅、汪心元等人的共同努力，终于在2012年12月完成《平阳族谱·汪氏总系·福秀公系·家模支系》家谱续修工作。续修此谱的原始依据跟1991年河南老家的汪宗镇一行两人来溧密切相关，他们随身带来的河南老家编印的1920年家谱。汪心顺先生见到后，做了有心人，他将涉及溧水地区汪氏客民的先祖姓名及世系年表都一一抄录下来，为后来续修溧水客民汪氏族谱奠定了基础。

2014年下半年，家住上海的汪心田先生获悉汪心顺先生已经完成《平阳族谱·汪氏总系·福秀公系·家模支系》家谱消息后，多次致电汪心顺和汪心祥两位先生，希望大家一起努力，要趁热打铁把涵盖所有的溧水客民汪氏族人的家谱给完整的续修编印出来。于是汪心顺、汪宗太、汪宗富、汪心田、汪心贵、汪心祥、汪心军、汪心学、汪心龙共同商议组成了九人家谱编修小组，并一致推选出以汪心顺为主修，汪心祥、汪心军为协修的家谱编修具体工作班子，经过大家半年多的采集整理，于2015年9月完成《汪氏族谱》（卷二·溧水地区）家谱续修重任。

（作者：吴建溧）

第六章　民俗风情

人生礼俗

·怀孕

溧水客民俗称怀孕为"有喜""有了"，孕妇称"双身子"。孕妇在孕期身份特殊，备受重视。孕妇要保持愉快平和的心情，以利于婴儿的发育生长。无论是吃食，还是行为，都有特殊要求。民间相传，孕妇用餐时，爱吃酸的生男，爱吃辣的生女，所谓"酸儿辣女"。

饮食禁忌主要有：

忌食兔肉。传说孕妇食用兔肉后，婴儿会口唇残缺，是婴儿"兔唇""豁嘴"的主要原因。

忌食田螺。田螺肉有黏液，孕妇吃了后孩子会淌口水。

忌食生姜。食用生姜，出生的小孩就会长六指。

忌食葡萄。否则会产下怪胎（葡萄胎）。

忌食鹌鹑蛋。否则小孩脸上长雀斑。

忌食蒜、葱。否则小孩有狐臭。

忌食泥鳅和黄鳝。否则小孩会"抽筋"。

行为禁忌主要有：

忌同房。否则会伤胎气。

忌喜冲喜。不能参加婚礼，尤其不能到新房，不能和新娘子脸对脸。

忌参加葬礼。不可观看入殓、出殡，否则会难产。

忌夜晚外出。会撞到不吉利的东西。

忌参加祭祀活动。特别不能接触祭祀用品。

忌看吊吊戏（皮影戏）。否则，可能换胎，生出的孩子就会像戏中的某个角色。

孕妇丈夫若被人请去办丧事抬棺材，临回时，必须把在丧主家吃饭所用筷子别在腰里带回，否则会招致夫人难产。

·坐月子

产妇分娩后在家休养一个月，俗称"坐月子"或"坐屋"，这时被称为"月子婆娘"等。为了便于产妇和婴儿的休息，民间常于产妇门上挂一红布条，以示此屋有产妇。民间并认为此红布条可"避邪"。

坐月子的主要习俗有：

产妇怕风，要用头巾包裹头部、前额。

产妇要少食多餐，除三餐外，每天要添加三到四餐。

产妇要多食用面条、鸡蛋，补充营养；多食用猪蹄、鲫鱼、猪尾等，以催奶。

产妇忌食生冷辛辣食品。

禁止生人进入产妇房内。

产妇要特别注意个人卫生，谨防不洁染病。

产妇三天不能下床走动。

孩子没满月母子不能出门。

产妇不能从事重体力劳动，不然会落下"月子病"。

产妇不能见生水，三天不能洗澡。一月内衣服及婴儿尿布洗涤由婆婆或小姑子代劳。

·洗三

"洗三"，是婴儿出生第三天时的客民礼仪。其目的一是为洗净污秽，消灾免难；二是为祝福祈祥。来自豫南的客民对婴儿"洗三"礼相当注重，大体有以下几项内容：

1. 置红色公鸡于床前，产妇焚香祈祷，谓之拜床公、床母。

2. 然后由接生婆在桌案上摆观音神像。

3. 亲戚、近邻送上贺礼。

4. 接生婆拜毕，将艾水置于床前，并置两个盘子，一个盘内装胭脂、爽身粉、茶叶、青布条、剪子、线等物；另一盘装有花生、枣、鸡蛋（均染红）。诸亲聚集于床前，将枣、花生等投数枚于盆内，并由亲友、长辈往盆内投以铜钱。富裕之家有投银圆戒指的，名为"添盆"。

5. 亲戚添盆后，由接生婆将小儿洗净，搽粉抹胭脂，将脐带涂上烧过的明矾。在洗小儿时，接生婆还念词祈福，如："先洗头，做王侯；再洗肩，当大官；洗腚沟，坐知州。不愁吃，不愁穿，观音菩萨保平安。"

"洗三"礼结束后，盆内所有钱物全归接生婆所有。亲友们则欢聚会宴。

·祝九

河南光山人叫送月礼、送粥米。

旧法接生，因接生婆使用未消毒的剪刀剪脐带，极易感染破伤风，婴儿死亡率很高。在婴儿出生第九天，因为可能感染破伤风的时间已经过去，所以要"祝九"，也有在第十二天庆祝的。具体日子由小孩外婆来确定，由外婆家送来贺礼为主，礼物一般包括吃、穿、用、玩四类。这天，亲戚朋友及街坊邻里都来祝贺，主家设宴招待来客。接生婆特别受尊重，要请来并坐上席。外婆家要送米面、红糖、鸡蛋、小孩衣服等礼物，亲友则给婴儿见面礼。酒席的最后少不了一碗喜面条，客人走时，主家要送些煮熟后染红的鸡蛋"回篮"，称为"喜蛋"。

·满月

婴儿出生一个月叫满月，男婴多在三十天进行，女婴则二十九天。

一般由娘家把产妇与新生儿接回去吃"满月宴"，就是母亲带着婴儿回娘家。因为是首次外出，妈妈多抱着小孩一路呼唤"宝宝别怕!"，目的是为孩子祈求幸福吉祥，借此锻炼孩子胆量，希望孩子常见世面、不怕生人、出人头地。同时，产妇借此离开产房那个血腥污秽的环境，恢复被中止的社交活动。

光山人接婴儿返回时，要备馒头、挂面等"上门礼"，以赠婴儿的外婆家。外婆家再将此礼品分送村中族人、近邻。凡收礼品者，均要在婴儿母子离开娘家之前，请其到家中"认门"，并赠婴儿以"上门钱"。民间十分讲究

"不吃外甥上门礼",故于婴儿母子"挪腺窝"(指新妈妈月子后的第二月里回娘家居住一段时间)离去时,多以加倍厚礼相赠,有的还要配以"长命线""长命锁"、手镯、项圈等。豫南等地,外婆家多赠婴儿一只鸡、一只细瓷碗,谓之"长命鸡""长命碗",祝福婴儿长命百岁、一生平安。

有的人家在婴儿满月的当天要给婴儿"剃胎发"。剃掉婴儿的头发可促进其头发生长,也可剃掉初生头发的不洁。因此,要送给理发师傅香皂、毛巾以示感谢。剃掉的胎发大多收起、珍藏。有的用红纸包好挂在床头,替婴儿压邪;有的制作成毛笔,留作纪念。有的小孩金贵,胎发会留一小丛不剃,一直到 12 岁再彻底剃完。

有经验的剃头师傅在完成剃发之后,还会说几句恭维话,例如:"剃去胎发,越剃越发,人财两旺,金玉满堂。""麒麟送子到府庭,朝中又添新贵人。状元及第登皇榜,禄位高升喜盈门"等。

·抓周

抓周,又称试儿、拈周、试周。这种习俗,在民间流传已久,它是小孩周岁时举行的一种预测前途和性情的仪式,是第一个生日纪念日的庆祝方式,属于传统的诞生礼仪。其核心是对生命延续、顺利和兴旺的祝愿,反映了父母对子女的舐犊情深,具有家庭游戏性质,是一种具有人伦味、以育儿为追求的信仰风俗。

"抓周"的仪式一般都在吃中午那顿"长寿面"之前进行。讲究一些的富户都要在床前或八仙桌陈设大案,上摆书籍、笔、墨、纸、砚、算盘、钱币、账册、首饰、花朵、胭脂、吃食、玩具,如是女孩"抓周"还要加摆铲子、勺子(炊具)、剪子、尺子(缝纫用具)、绣线、花样子(刺绣用具)等等。一般人家,限于经济条件,实行简化,仅用一只茶盘,内放私塾启蒙课本《三字经》或《千字文》一本、毛笔一枝、算盘一个、烧饼油果一套。女孩加摆:铲子、剪子、尺子各一把。由大人将小孩抱来,令其端坐,不予任何诱导,任其挑选,视其先抓何物,后抓何物。以此来测卜其志趣、前途和将要从事的职业。

如果小孩先抓了印章,则谓长大以后,必乘天恩祖德,官运亨通;如果先抓了文具,则谓长大以后好学,必有一笔锦绣文章,终能三元及第;如果小孩先抓算盘,则谓,将来长大善于理财,必成陶朱事业。如果女孩先抓剪、尺之类的缝纫用具或铲子、勺子之类的炊事用具，则谓长大善于料理家务。反之，小孩先抓了吃食、玩具，也不能当场就斥之为"好吃""贪玩"，也要被说成"孩子长大之后，必有口福儿"，或善于"及时行乐"。总之，抓周是长辈们对小孩的前途寄予厚望，对小孩祝愿一番而已。

· 认干亲

认干亲，就是没有血缘关系或婚姻关系的双方，仿照亲情的交往方式，形成比较固定的亲戚关系。又称"拜干亲""认义（母）""认干爹（妈）""认干老（娘）"，也称"打老契"，俗称"拜过房爷、过房娘"，是全国各地民间比较流行的一种保育求吉习俗。

旧时，客民人群中认干亲的风俗较为盛行，一般男孩认干亲者较多。有的是孩子娇贵，怕不好生养，或是孩子体弱多病，害怕夭折，借认干亲攘灾祛祸，保佑孩子健康成长。有的是孩子生辰八字过硬或过弱，有灾星，认个干亲补不足，可保佑孩子长命百岁。有的是人丁单薄，子女不旺，孩子命相不好，克父母，妨碍兄弟姐妹，借认干亲相克来转移命相，以求上下和睦，家道昌盛。有的是两家关系友好，为把这种交往相对固定，就采用让下一辈认干亲的办法使交往加深。有的是因为对方于自家有大恩大德，为报答对方的恩情，就以认干亲的形式长期交往。有的是为攀高结贵，让孩子认有钱势的人家为亲，拉拢关系，壮大力量。

早先的溧水客民一般都喜欢选择和自家关系好的人家认干亲，欲巩固关系，长期交往。或选择品行好，儿女较多，家族兴旺或贫寒的人家做干亲，因为这种干亲，名声好，小孩多，不娇贵，孩子就像成群的小动物一样，容易养活、长大。或依算命先生所说，孩子灾星大、命硬，根据孩子的生辰八字，找符合条件的认干亲，比如孩子缺"金"，就找对"金"有益的人，阴阳五行"相生"说认为："土生金"，就找"土"命的人认做干爹。或是自家要么缺儿，要么缺女，喜欢儿女，就认个干儿女，当成亲生的，满足愿望。或把孩子认给姓氏"吉祥"人家，如姓刘、程、潘、赵的，"留""成""攀""照"之谐音，"留"而不去，"成"而不夭，"攀"住不放，"照"住成长，图个吉利，祝福子女健康成长，长大成人。

认干亲之俗是客民到达溧水后团结生存的重要方式，也是融入溧水原住民的，加强土、客关系的常用方法。

·订婚

订婚，是民间继择偶之后的重要婚嫁仪礼。青年男女经过说媒、相亲等一段时间交往，相互比较满意，认为两人可以作为结婚的对象，应该告诉亲朋好友了。此阶段大人一般会举行一个仪式，即"订婚"。

来自河南信阳光山的客民人称之为"明众""喝准盅""喝允盅"。常见的习俗是男方在家庭或酒店摆上酒席，请来三亲六眷，告诉大家小伙子定亲了，再不用介绍对象了。

早先客民人到达溧水后，常通过与溧水原住民联姻的方式，减少矛盾冲突，和谐土、客关系。

·开年庚

男女双方经过进一步了解，双方有了结婚的意愿，准备要办喜事了。男方会随媒人一起去女家，表达结婚的意愿。同时讨要来女方的属相、出生日子和时辰。男方回家后，找风水先生算命，看是否适宜婚配。然后备礼传送庚帖，帖上有男子生辰八字。女方接帖后，将其同女子的八字合在一起推算。若相和即回简应允，名为允帖，视为正式定亲（若八字相克，婚事恐怕要黄）。定亲后，男方或男女双方设宴谢媒，备礼相送，谓之喝定亲酒。婚约既定，不能更改，遇节日和红白大事还要相互往来。

·送日子

送日子俗称下日子，即男方向女方请求婚期。时间一般在结婚前一个月内，先请阴阳先生算出吉日，忌单日、晦日，宜双月双日，以花朝节和腊八节的日子最多。选好后，男家请人写好"龙凤帖"——用红纸写上喜日。结婚时间确定，过去由算命先生负责，现在多选在"五一""十一"等节假日。日子定好后，男家请人写好"龙凤帖"。大红喜帖一式两份，一份上书"乾造"，写上男方的姓名、住址、生辰八字、结婚时间；另一份上书"坤造"，写上女方的姓名、住址，生辰八字、结婚时间。

通常情况下，媒人和小伙子一起到女家送日子，男方要带礼物。常见的是鱼肉、鸡鸭、挂面、布匹、衣物和女方可以分给亲朋的白馍、油条、麻花、红鸡蛋等。到女家后，媒人将"乾造"帖交给女方父母，女家在"坤造"帖封底写上"允诺百年"。媒人将女家同意的"坤造"帖带回男家，送日子的程序完成，双方可以着手各项婚事的准备。

·接亲

结婚这天早上，新郎要到女方家迎娶新娘，称作"接亲"或"迎亲"。

此日大早，男家门前鼓乐喧天，红喜联、红双喜字已贴于大门、堂屋和其他门窗、器物之上。男方要起早去迎亲。相传新娘在日出后到家最吉利。

过去，接亲时男方用轿子，一路吹打到女方家。

新郎首先要拜见岳父母及长辈。见到小孩，自然要送"封子"（红包）。一般新郎会提前预备多个红包、避免丢人。此外，男方还要准备几份甚至十几份走亲红包，用红布包裹一对长条糕及糖果。此红包给女方家以后需要走动的亲戚。如不想与新亲走动，亲戚可以拒领红包。中午，迎亲者在女方家入席吃中饭。

此时，新娘的嫂子们多半会逗"毛脚女婿"，比如给新郎"压饭"——趁新郎饭吃到一半时，再盛一碗饭强行压进新郎的饭碗；还有递滚烫的毛巾把子让新郎擦脸，设法让新郎"出洋相"。

结婚当天，新娘要请儿女双全的有福妇女"开脸"，用两根线绞除脸上汗毛；穿戴整齐，头顶褡头后入轿。入轿方式各地略有不同，商城县新娘入轿前，先在准备好的清水桶上略坐片刻，再由叔或兄抱上轿；罗山县由新娘兄长背上轿；潢川有些地方由亲属抱上轿，轿中另坐一男童压轿。

下午，新娘由男方派来的接亲人抬到男家。

光山人旧俗，新娘子到男家后，由男家迎亲、牵亲的妇女各 2 名和 1 名递锡壶的少女打开轿门。新娘接锡壶后下轿，意即承当媳妇。有人准备两只麻袋，新娘脚踏一只麻袋后再在地上铺上另一只麻袋，让新娘轮流踏着前进，一直传铺到男方家中，麻袋的相传意为"传代"。

·成亲

新娘子抬进门，男方家鼓乐鞭炮齐鸣，欢天喜地。左邻右舍，亲朋好友都来目睹新娘子芳容，年轻人也会堵在门前，讨要烟糖红包。

拜堂仪式在正厅设香案进行，由司礼主持。新郎、新娘先拜天地，次拜祖宗，再拜父母，然后对拜。拜毕，新郎揭去新娘褡头布。随之摆席，大宴宾客。席上，新郎、新娘要按亲近、辈分等一定次序，逐个向每位在座宾客双双敬酒。20世纪90年代后，婚宴多在酒店举办，拜堂仪式很难见到。

新婚之夜，在闹新房之前，参拜奶奶（光山人称牵娘子，溧水人习称参拜奶奶）会为新人撒帐，有的也叫撒床，主要是为新人送去祝福。就是用红枣、花生、白果、棉籽等混合一起，边撒边唱。参拜奶奶撒帐时，每唱一句，闹洞房的人要随声附和着喊："喜呀！"共同烘托喜庆的气氛。

闹洞房是早期客民婚礼中必不可少的仪式。闹洞房"三天无老少"，允许长辈、平辈、小辈亲朋和宾客嬉闹，皆无禁忌。如果主人家人少，主人会到邻里去请人来闹新房。一是越闹越发，二是有人闹才证明主家人缘好。

年轻人闹洞房最为活跃，多出些稀奇古怪的难题和游戏让新人回答或完成，引人发笑，以此捉弄新人，而新人无特殊原因不得拒绝回答。有的地方闹房时，新娘要挨个点烟、敬酒，敬到谁都不能装孬，敬到什么时候就喝到什么时候，这种闹房酒常常一醉方休。由于闹房气氛热烈，整日整夜不歇，很伤人精力，故而此俗近年失传。

·回门

婚后第三天，新娘要偕新郎第一次回娘家，俗称"回门"。

回门之日，新娘父兄辈要提早带饺子等礼到新郎家迎接，俗叫"送汤"，亦称"叫第三儿"，现在新娘父兄喊新娘回门时夹对糕来邀请即可。

岳父家来人请回门，新郎要备礼随妻子和来人一同前往。旧时新郎到岳父家后要行祭祖礼并拜长者，然后女家设宴招待。新娘"回门"也是新女婿第一次正式到岳父家做客，宴饮时新郎要坐首席。新郎接受新娘家的招待，是婚后最为隆重的一次。届时由女方娘家的近亲好友赴宴陪席。

新娘回门时，要走结婚时走的老路，不许更改，有"三天不走两条路"之说。是日，回门者还须在日落以前返回婆家。

新中国成立后，溧水原住民深受客民人"回门"风俗影响，也沿袭了这一风俗。

·送终

溧水客民历来遵从古代"生有所养，死有所葬"的原则，十分重视丧葬礼仪，人生走到终点，最后的仪式一定要庄重。光山人非常看重丧葬的程序。

丧家如果哪一个环节不到位，会被认为不孝，遭人辱骂、耻笑。光山把人死了，叫"老了""享福去了""升天了"。一般认为，"死人为大"，其他的礼节和事情都要让路。丧葬的仪式习惯由道家的阴阳先生主持，一般要看丧家经济状况和主人意愿安排。

老人临终时，其家人都要在床前站立，静听老人的临终遗言。因此，知道老人快不行了，亲人们会放下一切事情，等待在病榻前。即使是出门在外的，也要尽快赶回家。眼看老人情况有异，亲人多高声呼唤，直至老人咽气。随后，全家人跪在床前，悲伤大哭。光山人认为，没能送终，说明不孝。如果老人对哪个后人有感情，会坚持到这个人赶到床前再咽气。

当老人气已断，但体未凉、肢未僵时，要为其洗身整容，亦称"净身"。净身即象征性的抹澡。一般以父死子为其净身，母死女为其净身。要用提前准备的"老盆"洗澡。一般是象征性洗，前三下后三下。然后赶快穿衣服，等到尸体僵硬就不好穿了。

寿衣一般是奇数，避免凶事成双之意。上九下七或上七下五。不仅要有单衣，还要有棉衣。民间多在老人年届花甲时，儿女就要为其准备做"寿衣"，俗称做"寿衣"、做"防老衣"。寿衣做好后，还要老人穿上试试，如满意，就珍藏起来备用。

更衣之举，亦叫"小殓"，豫南潢川人称"装老"。光山风俗中，寿衣袖子要长，要遮住手指。否则，后辈子孙衣不蔽体，伸手要饭。忌用斜纹布，带"邪"字，后人要走歪门邪道。许多地方都讲究男老衣必须有袍和褂；女老衣必须有袍和裙。老衣统统不许缀扣，皆缀以细布条。老衣所用衣料中，讲究要有丝绸，但忌用缎子，以避"缎子"与"断子"之谐音。更忌用皮衣，恐死者来世变畜兽。所用丝绸衣料用于做贴身内衫，因其耐腐蚀性强，俗称"包骨衫"，一定要尽可能有。老衣颜色，一般男多用蓝、黑、白；女多用蓝、红、绿、白、黄等，但也有忌讳用黑色者。有些信阳地区的客民老衣外均要系一用白浆线制作的腰带，所用线的根数要与亡者的年龄相同。如亡者双亲有健在者，所穿鞋子所戴帽子都要用白色，以示其孝服尚未服完。

老人咽气后，家人还要烧"落气纸"，就在"老盆"里放上松柏树枝烧纸。因为人去世之后，要到阴曹地府去报到，一路上妖魔鬼怪很多，必须尽快烧纸钱给其作买路钱。

·进材

进材，又称"入殓"，就是将去世老人的尸体放进棺材里。一般先在棺材下部铺一层红褥。旧时由于亡者子女众多，可由长子抱头、二子抱腰、三子抱腿，其他人协助，将亡者放进棺材（如儿子不足三人，女婿也可以帮助抱逝者入殓）。女儿和媳妇们在一旁哭丧。

早先，实行土葬时，逝者必有棺材。民间老人棺木制作大多在老人年届花甲时，子女为其筹做。俗称"做喜棺""做喜活""合喜材""割棺材"。做成之棺称"寿棺""寿器"或"喜活""喜板"等。棺材形状有四角齐和靴子形两种。靴子形俗叫"靴子头"，长约六七尺，前头大，称"大头档"，后头小，称"小头档"。上盖称"天"，两边为"帮"，下为"底"。棺木用料要由儿子预备，棺木所用挡板，则要由女儿赠送。喜棺做好后，女儿、女婿以及其他亲友要登门祝贺。女儿、女婿还要给木工封钱，俗称"观木""浇梁"。有的前档上还雕刻有"福字""寿字"等。做成的喜棺，盖要错开，上搭一红布，头向内、尾向外，置于房中。物资匮乏年代，许多人家便将棺材暂作盛粮器具。

亡者入棺前，家人要将备好的棺材先行加固；并将棺内六面糊以白纸或花纸，富者张以绫子。棺底铺上黄色衾褥，放七枚铜钱或硬币，摆成北斗星状，俗称"垫背钱"，也寓意亡者可魂飞北斗，成佛成仙。信阳人习俗在亡者身下垫三块砖，以示亡者在阴间住上了瓦房。孝子向棺内置放亡人生前的心爱之物。

入殓过程中，男女孝子口中不断嘱告亡人"放心"而去，并望其带走生前或病中许而未还之"心愿"。如其眼未闭，一面用手抚其脸，一面恳请其瞑目。盖棺时，众孝眷不准哭泣，及至棺材封口后，方可放声大哭。如亡者为年老女性，众孝眷应跪拜请亡者娘家侄子察看棺材无恙后，方可封棺。棺材板一旦合上就不能打开，俗话说"宁隔千里远，不隔一层板"，就是指这时。尤其是亡者有亲人奔丧未到或娘家、家人未到，一定要留下空隙，等他们来后，才能"合龙口"。

亡者装殓入棺之后，在棺材下要点一盏长明灯，让死者去阴间一路有灯光照明；拴一只鸡，为亡人带路报时。

丧家布置好灵堂，棺材前摆上灵位和照片，香炉里香火不断，老盆里随时烧纸钱，供来客吊丧。

入殓后的棺材称"灵柩"，灵柩要抬放于两条长凳上，俗称"升棺"。棺前要置一风门，或垂一白幔，前放供桌，上摆供品、置香炉、配蜡台、设灵牌。现代许多人家将亡人的放大照片置于相框内放在灵前。

·祭七

从亡人死亡之日起，每7日为一期（即"一七"），五七为总期，一般三七、五七最重要，到灵前焚香化纸。"五七"时，必须到坟前烧纸。女儿女婿这天也要赶来参加。子女在坟墓前置一小供桌，摆上祭品，上用伞具遮阳。亲人烧香跪拜，并将纸制人、马、屋及生活用具烧掉。

孝子在"五七"之内（光山等县是百日内）不能理发剃须，不穿红戴绿，不赴喜宴，名曰"囚七"，替亡人坐牢。下葬后，将亡人灵牌按男左女右安置在供桌上，每日早晚一炉香，中午供饭，直至满周年。周年时，焚香、化纸，亲友参加祭奠。

·烧新香

烧新香，也称拜新年。

家人逝去的下一个春节，本家人和亲友会来烧新香。主家一般不会先到其他亲友家去拜年，要等亲友们来拜过新年后再去回拜。本家人正月初一就会来祭拜，亲友一般在主家选定的时间集体前来（现通常也定在初一）。拜新年的仪式简单，只是在主家门前燃放烟花爆竹，到供桌前上香、烧纸跪拜。仪式完成之前，一般不能与主家人说话，因为要先向亡者拜年。主家通常会有午餐招待。

烧新香这一习俗如今也在溧水原住民中沿袭。

·做客

溧水客民人热情好客，谁家的客人多，说明这家人缘好，面子宽。民间称客来客往拜访亲友为"走亲戚""串门子"或"去玩"。走亲戚、串门子多在逢年过节或有事相商时进行。乡村农闲季节较多，而城镇节假日或星期天较多。

串亲、访友、串门玩者，进门需先轻轻叩门三五下，或打招呼"屋里头有人吗?""哪个在家"。若门上装有电铃,则先按门铃,知会主人,待主人应答或出迎后方可进门,不能贸然推门闯入。

串亲访友时切忌空手,要带礼品。城镇多以糖果、烟、酒为礼,乡村多以土特产为礼。看望老人或病人,带宜食之礼品,更显出情分。信阳一带,探视病人讲究在上午前往,忌午后或晚上看望,生病的人探视者多,说明患者的人缘好,威望高。

做客者在主人家不得随便穿堂入室,更不能擅进内室。同时不入主人厨房,叫作"客不观灶"。吃饭时,客人要等主人动筷招呼后方可动筷。客人宜挑面前的菜吃,不能隔盘挑食大吃大嚼,碗里不准剩饭。

光山习俗,客人用辅餐时,则绝对不能将碗里食物吃光,否则被认为不吉利。

·待客

客民人待客特别厚道,家境不论贫富,对来客均热情相迎。贫穷人家平日省吃俭用,若来客则十分大方,有"省吃省喝,省钱待客"之谚。客人登门,主人要出门相迎,过去行拱手礼,现在多握手。双方寒暄互致问候。夏季家中来客,要先给客人端水洗脸,递扇子,然后敬烟、献茶。瓜果旺季,还要待以瓜果。

来自新县一带的客民待客喝茶颇特殊,主人泡茶后,客人边喝,主人边续。客人若不喝时要把杯中剩茶倒掉,以示喝足。主人知客人不喝了方不再续茶,如不倒掉杯中之剩茶,已喝得肚饱腹胀,主人仍续水不止。光山一带,即便为常客,主人迎客时也必说"来稀客了",以示欢迎。

客人来访,主人不得随便打骂小孩或与家人争吵,有不诚心待客之嫌。如果有小孩在客人面前调皮失礼,主人常将其诱哄走开,待客人走后,再进行教育。

平常如果有来客或不速之客,主人一般不设特别宴席,尽其条件改善饮食而已。若是邀来的贵客,则按事先准备的菜肴招待。光山、罗山等地的外甥到舅父家中做客,被称为"木碗子客",有啥吃啥,并须帮主人料理家务,以示宾主为一家的亲近感。

豫南光山一带有在正餐之前,用水饺、鸡蛋、面条等物待客人以小餐,叫作"过段"。

　　客民招待贵客，主人一定要请本族长辈或邻里的头面人物作陪。陪客与来客互相谦逊让座，即使来客应坐首席，也要谦让一番，否则便为失礼。陪客及主人对来客应殷勤劝菜敬酒，等客人饭毕放下碗筷，陪客才可放碗筷。主人更须等陪客饭毕才能放碗筷。民间过年过节时待客，邻里之间多相互做陪客，且十分讲究礼尚往来，这次你请我作陪客，下次我请你，否则为失礼。陪客者多为能说会道、酒量大之人。

·座次

　　客民人注重礼节，吃饭的座次也非常讲究。"尊者上，卑者下"，不同的场合、不同的事情，来客的座次大有不同。

　　客民人吃饭，多用八仙桌（方桌），上席两个座位坐尊贵的客人。八仙桌多数摆在香堂前面。背对香堂的一面为上席。上席两个位子，以背对香堂后左手为一席，右手为二席。靠一席者为三席，其对面为四席。三席的下手为五席，其对面为六席。上席的对面为下席，二席对面为七席，一席对面为八席。一般八席接菜，七席执壶斟酒。如果是十个人吃饭，则上下席各三人，左右各二人，上席以中间为尊。

　　贵客所坐上席也叫"上岗子"，若把桌缝对上岗子，则叫"桌缝冲上岗子"，或称"串心缝"，为宴客之大忌。如果是六个人吃饭，最忌讳一对一、二对二坐席，俗称"王八席"。如果待客房间较大，两桌并排摆放，座席的位次要复杂得多，一般是右边为重。

　　座次的安排一般由主人安排的执事者照应，按年龄辈分亲疏尊卑而定，喜事以近亲为先，远亲次之，邻里又次之。一般以舅父为先，姑父次之。丧事以朋亲为重，以远就近。若主次颠倒，便为失礼，甚至影响亲属关系。末席多由主人或本家晚辈而坐，承担接菜、斟酒之劳务。除此之外，一些特殊酒宴的首席也有定规：新女婿到岳父母家，不论年龄辈分均坐首席；新婚之日喝团圆酒，新郎坐首席，新娘陪席；吃喜面条时，婴孩外婆坐首席；提媒酒、送日子、谢媒时媒人坐首席；无论公私请客若有上级领导出席，多推上级领导坐首席；若因事特意请客，则以特意邀请之人坐首席。

·宴客

　　宴客时，主人或其所请的陪客要始终奉陪客人，切不可中途退席，坐上席者未放碗筷，其他客人不得离席而去。若一般客人用饭毕，可向同桌打招呼说"少陪"或"各位慢慢吃"，然后将椅子稍往后移，或吸烟或喝茶陪伴至上席客人放筷。

客民人喊吃饭，喝酒是必不可少的。俗话说："怪酒不怪菜"，说的是菜可以将就，酒一定要是最好的。为了让客人喝好，主人会给客人敬酒，还安排家中的主妇、晚辈给客人敬酒。菜中如果有整鱼，鱼头一定要对着主客放，让客人喝鱼头酒。起到活跃气氛，显示敬重。喝到高兴时，主客可猜拳行令，气氛热闹。

新县一带客人饭后不能将筷子横放碗上，因其表示没有吃好，主人或陪客看见仍要添饭。散席后，客人告退，主人多自谦，即使丰盛酒席，也要说"没滴菜""没吃好"等，客人则向主人道谢，说"花钱了""打搅了""酒足饭饱"等，双方客套一番。

岁时节令

·过年（除夕）

来自豫南的光山、罗山、新县的客民人把春节称作"过年"。北方人过年，通常是过正月初一，客民人是过一年的最后一天。

光山县的过年一般在除夕的中午进行，这天早晨要将剩饭吃完，不能留到新的一年。这一天的主要活动有，祭祀祖先、吃团圆饭、贴春联、守岁、接灶等。

新中国成立前，很多溧水的客民人因为生活贫穷，一些过年的程序简化了。新中国成立之后，生活条件改善，过年的习俗、程序日渐恢复。

·守岁烧香

除夕之夜跨连两岁，要整夜坚守，除夕天黑之后，客民有烧香守岁之俗。

通常由当家男主人先烧几张纸，将中午烧了一遍的香再续上，称作"圆香"。接下来，整个夜晚都要有人烧香，一直到天亮。光山县过年烧香的天数不一。有的只烧除夕一个夜晚，有的连烧三天，有的甚至烧到正月十五。一般一个夜晚要烧十六七遍香，而且接续上一定要注意，不能让香落炉。如果疏忽间断了，叫"断头香"是对祖宗的大不敬。在接续时，要再烧几张纸，并向祖宗磕头认错道歉。

早先客民人过年夜为了烧香，多数家庭会烧一盆炭火，火要烧得很旺，越旺代表家里的日子越红火。民谚说："年三十的火，正月十五的灯"。一家人围坐一起，回顾一年来全家的变化，诉说大人小孩的近况，憧憬来年的美好岁月。现今许多家庭都喜欢围在一起打扑克牌、看中央电视台春节联欢会。勤劳的主妇会炒好瓜子、花生拿来大家分食。半夜还要准备吃食过夜。有些大人还需要剁饺馅、包饺子，准备大年初一早晨的食物。

·接灶

除夕夜晚十一点以后，家家户户赶到燃香快要落炉、需要接续的时候，开始接灶。一般是先烧一些纸，接上香。每套供品旁边摆上装在盘子里的水果或点心，称为"供果"。一个神位再敬上一杯茶。接下来要到大门处烧门神纸，在户外放炮，恭迎灶王爷回家。

·拜年

农历正月初一，是日，鸡鸣即起，穿着新衣，开门迎神。早饭吃水饺或挂面，少数地方吃元宵。

一般来说，拜年的先后次序是从亲到疏，从尊到卑。因此，来自光山县的客民旧时规矩，初一父族、初二母族、初三妻族。就是初一给本姓父族长辈和街坊邻居拜年，初二给母族的姥爷姥娘和舅舅舅妈、姨父姨母拜年，初三给妻族的岳父母等长辈拜年，初四以后给姑父母等其他长辈拜年，接下来才是平辈之间的走动。正月十六叫作"小初一"，可以去初一没有到而又比较重要的人家拜年。现在时间上基本没有这些讲究。

新县客民初一早上家家煮鸡蛋，谓之元宝。饭后亲邻族里相贺拜年，历时很长，初一至十五为高峰期，十六以后称拜晚年，二月初二送年始告结束。拜年次序先长辈，后平辈。民间有"初一叔（伯）、初二舅、初三初四拜岳父"的习惯。初四以后，次要亲戚、朋友之间相互拜年。新县南部初三只给岳父母拜年，不到其他人家。

·元宵节

元宵节，农历正月十五日为元宵节，古称元宵，又叫灯节，俗称过"十五"，是溧水客民与原住民都比较注重的节日。来自豫南的客民人通常十二开始"试灯"，十三"亮灯"，十四"聚灯"，十五"正灯"，十六"散灯"。十五的夜晚是春回大地的第一个圆月之夜，人们吃元宵，闹花灯，同春节一样隆重，故有"十五大似年"的说法。

这天还有一个重要习俗，客民人团聚吃罢中午饭，下午各家要准备送灯的用品：花炮、香蜡、烧纸、裤脚灯、竹签子、火柴、灯笼、车辆。天黑之前，几乎所有的人都会出动，到祖坟去送灯插亮，以示对先人的悼念。

新中国成立后，客民人的送灯习俗逐渐为溧水原住民所接受，并融入溧水人生活。

·三月三

三月三即农历三月初三，民间有"三月三，鬼翻天"的说法。每逢此日夜晚，家家户户燃放鞭炮以驱逐"鬼邪"，现在部分溧水客民地区虽继续流行，但多数是为了热闹，或为了表达惩恶扬善之意。

光山客民习俗，这天，民间采蒿叶和面做馍吃，并在门两旁放两棵蒜，意思是躲进蒿林里小鬼找不着就算了。入夜，家家户户习惯地燃放鞭炮，意为驱鬼。

·清明节

清明节，俗称"上坟节"，意在"祭祖"。是日，家家户户门边插上柳枝，民间有"清明不插柳，死了变黄狗"之说，意在劝人扬善，如同柳絮一般。清明前三天上坟"祭祖"或给烈士扫墓。

这一习俗内容在溧水原住民与客民中间相差不大。

·端午节

端午节，即农历五月初五，为一年三大节之一。民间称为"端午"，以告诉夏日农忙开始。是日，家家户户包粽子，门边插上艾蒿。民间多食粽子、油条、糖糕、油饼、鲜果品之类。古时有人饮雄黄酒以祛毒。

·七月半

七月半，即农历七月十五日，昔为"中元节"，俗称"七月半"，又称"鬼节"，是后人追祭先人之日。夜间还有放路灯、烧孤魂纸的习俗。现在迷信之举虽已基本消失，但过节的习惯仍旧流传。

光山客民习俗，节日凌晨，农家有早起观月的习俗。说是当月亮落下的时候，如有云彩捧托。第二年可望是风调雨顺，否则，就是灾、旱年。"七月十五早观天，胜似来年问神仙"就是农家习俗的写照。罗山客民人有"过了七月半，放牛孩偎田坎"的说法。

·中秋节

中秋节的习俗内容，客民人与溧水原住民相差不大。

中秋节，即农历八月十五，为一年三大节之一。此日，外出者大多返家与其亲属团聚，以示圆满之意。民间有"十五的月亮最亮、最圆"的说法。是夜，举家常食圆形果品，如板栗、月饼、水果之类，边吃边赏月。亲朋之间以月饼为礼品相互馈赠，子女要给父母、岳父母"瞻节"。

旧时的"祭月""摸秋"习俗已废除。

·腊八

腊八，农历十二月初八，俗称"腊八"。这天早晨，客民人家家户户用糯米、红芋、豆类、胡萝卜等熬煮腊八粥吃，其含义是庆贺今年五谷丰登和预祝来年丰收增产。客民人的腊八节风俗内容与溧水原住民的腊八节风俗内容基本一致。

来自罗山的客民视腊八为结婚的好日子。

·小年

小年，农历十二月二十三日为小年，是民间祭灶、送"灶王爷"上天的传统节日（除夕夜接灶）。这天，家家户户吃糯米饭、豆腐菜（不动荤），俗称"素年"。传言这天吃素，是让"灶王爷"汇报民间的"苦情"。

民间这天晚上开油锅，炸豆腐果，第一锅家人不能吃，要供给"灶王爷"吃；供奉灶糖，让"灶王爷"嘴甜说好话，不然用糯米饭粘住嘴，使其在

"玉帝"面前只得点头示好，无法开口道非。现在，人们虽然不再供"灶王爷"，但仍保持着过小年的习俗。

来自光山的客民流传着"腊月二十三，灶君爷爷您上天。嘴里把麻糖含，玉皇面前免开言。回到咱家过大年，有米有面有衣穿"的民谣，表现了人们对美好生活的向往和追求。

第七章　民间文艺

舞蹈

·犟驴舞

犟驴舞，又称赶犟驴、跑驴或赶毛驴，是我国汉族传统民间舞蹈之一，流传于河南、河北、湖北等地，多在春节或赶会时随秧歌队表演，相传已有数百年的历史。犟驴舞随着客民的到来，也在溧水扎根，主要流传于溧水区东屏地区。

据东屏街道谢家棚子老人介绍，溧水犟驴舞由河南省商丘移民带入，最早始于太平天国运动后。犟驴舞中的驴形道具用竹、纸、布扎成前后两截儿，"驴脖子"吊铜铃一串，"驴头"挂红绸。驴形道具只有身子没有腿，中间穿个洞，表演者把驴形道具套在身上，用布带子系在腰间或挂在肩上，下面用布围住，看上去就像骑在驴背上一样。骑驴者通常要选一位英俊秀气的少女（男扮女装者居多），两手紧握"驴缰"，上身做骑驴状，以腰为中心，左右小晃身体，下身用微抖的小步蹭动，模拟毛驴的跑、颠、跳、踢、惊、犟等动作和神态；后面紧跟一位英俊的"男子"，身束红丝绸，或其他色腰带，一边挥舞着手中缠着彩色布条的长鞭，一边前后奔跳着，嬉笑逗弄毛驴身上的女子。骑驴者上下身动作的强弱、大小、高低相互呼应，并与另一扮演赶驴的人相配合。套路大多表现的是夫妻情趣，或小两口回门，或老两口看女，女的骑、男的赶，生动地再现犟驴过沟、爬坡、驴惊、抢救等故事，先逗乐、后闹翻，最后大团圆。

溧水区东屏街道杨祥村谢家棚子是全区唯一能表演犟驴舞的村子。据谢守恩（出生于 1921 年，现已去世）介绍，他们村上早期的犟驴舞为双人舞，以打驴、驯驴、顺驴等为主线，表现了一个聪明的主人如何开动脑筋以驯服一头倔犟的小驴。每逢农村过小年时，村中都要举办犟驴舞表演，增加节日的气氛。有时也要走乡窜村，演出挣钱。犟驴舞多在农闲、节假日表演，场地多选在当地集市街道，一般是选择一片空地，进行当地俗称"打地场"形式的表演。

东屏犟驴舞诙谐活泼，生动有趣，非常富有生活气息，通过主人与发脾气的犟驴之间的幽默表演来展示舞蹈的全过程。骑驴者为男扮女妆，身上套着竹篾编扎的驴头驴尾，戴头饰着彩衣彩裙，打扮成花旦模样。男主人为驴夫，头系白巾，身披马甲，下穿彩裤，手持马鞭，似戏剧人物中丑角装扮。舞蹈由跑驴、过沟、上坡、下坡四个部分组成。开始时驴与主人走南门、过北门、进东门、出西门。"锣鼓似驴啼，马夫迎风行。驴儿四方步，鞭儿不停息。"跑驴过沟越坎路途遥远，上坡过坝，毛驴十分劳累，于是发起了犟脾气，躺倒在地一动不动。牵着不走，打着倒退，喂料不吃料，喂水不喝水。主人急中生智，略施小计，通过"顺毛""抚摸""挠痒""逗戏"等舞蹈动作，终于使小毛驴服服帖帖。其他演员根据表演情景，围绕"驴"做出牵、拉、追、拦、打等动作，骑驴者左右奉迎，不时模仿犟驴做出一些滑稽、幽默的动作，活灵活现表现出犟驴的神态。

据村民回忆，犟驴舞动作有七十二种之多，如："骑驴上路""骑驴下坡""骑驴过河""失蹄卧水""毛驴抖水""驴失前蹄""毛驴跳跃"等。对表演者舞蹈功底要求极高。

犟驴舞主要伴奏乐器有唢呐、小鼓、大钹和小钹等。犟驴舞虽然道具简单，套路有限，但是因为有说有唱有舞、诙谐风趣、惟妙惟肖、通俗易懂，所以年年都在演，人人喜欢看，成为溧水民间节日演出不可或缺的表演项目之一。

·玩旱船

玩旱船，又称玩龙船、划龙船、跑旱船，是一种汉族民俗文化。表演时，有一名"艄公"划桨引船，在前头带路，做出各种各样的划船动作。而乘船者在表演中，往往是走快速碎步，这样能使船身保持平稳的状态前进，犹如在水面上漂动的船那样，颇为形象地塑造出水面行船的情景。玩旱船多在河南、山西乡村中演出，它的目的是祈求来年风调雨顺、大吉大利。

溧水客民人群中普遍有玩旱船的习俗。例如，永阳街道东山社区山边上自然村的张华柏和倪村头村的汤义宏、东屏街道白鹿社区的简恩富、东屏街道上桥村的杨为宝等人都是玩旱船的组织者与表演者。

溧水客民玩旱船一般在春节期间表演，表演主要有两种类型：一种叫"拜门楼"，一种叫"打地场"。

所谓"拜门楼"，是指旱船队伍进村以后，要挨家挨户拜见主人并进行表演。表演时唱"见花开"，就是见什么唱什么，比如主人家住什么房子，有什么身份，有哪些人，主人家有孩子上大学，又或是主人家有什么交通工具，都是演唱的对象，见到什么，就得立即编词吟唱，只要主人开心即可。拜门楼时必须全村每户人家都要拜到，不能漏掉一户，所谓"冒一村不能冒一户"，就是这个意思，演唱的要讨好口彩，拜见的主人家也要讨吉利，给表演者香烟或礼物。

到了晚上，则要"打地场"。所谓打地场，就是在村中空地上表演。打地场开始时，旱船在水中奋力前行，撑篙者、小丑、船娘子均表现出与风浪搏斗的姿态。最后，大风袭来，船拥浅在沙滩上。小丑在船首奋力扒沙，撑篙者用篙撬船，经过几番努力，龙船重新回到水中。先是撑篙者唱，左右撑篙人唱完以后，再由小丑唱，其词古雅，其曲则为黄梅小调，表现诙谐幽默、活泼有趣。主要以演唱古人歌为主，可从唐代一直唱到清代，在唐则唱瓦岗寨各路英雄好汉，在宋则唱杨家将故事、水浒英雄，在元有《大战陈友谅》唱本，在明又有朱元璋的故事、到了清代，则更为详尽，从顺治、康熙、雍正、乾隆、嘉庆、道光、咸丰、同治、光绪、宣统等皇帝，皆有唱词。

船娘子（即表演者）的服装是古代人物服饰即可，撑篙者是头戴毡帽或草帽圈，身穿老生古装，脸部淡彩挂白色的胡子。

玩旱船的表演步伐简单，但表演的形式不少，一般采用"水溜溜""绕八字""蛇脱皮""跑圆场""二龙出水""双进门"等。它的音乐伴奏，一般是锣鼓乐队伴奏。

·高台舞狮

高台舞狮，在溧水主要流传于沙河、东山、乌山等地区。高台舞狮是溧水客民的传统民俗，俗称台狮子，即在数张垒起的方桌台上表演。其动作惊险扣人心弦。每到逢年过节，许多客民村落都会有高台舞狮的表演。

沙河社区甘家庄的高台舞狮由来自河南罗山的客民秦化龙传入。

乌山秦淮村的高台舞狮传说是清代咸丰年间，有一河南移民带入，此人性格豪爽，流落到秦淮村，常玩狮习武，传艺带徒，得以流传。

东山社区的夏庄高台舞狮历史悠久，声名远播。徐士元是夏庄舞狮的第二代传承人。

徐士元生于1938年，世居夏庄。关于夏庄舞狮的来历，徐士元介绍，早在晚清时期，有一河南人客民尤福庭逃荒江南，落户在夏庄。尤福庭能跳能唱，不仅有一手舞狮的好本领，还会唱黄梅调。每到农历十一月，王母冈唱乐舒班的老乡就喊他一道排练。一班人马有唱乐舒班有舞狮子，走乡窜村表演，大受百姓欢迎，所得钱财、礼品丰富。夏庄村一些小年轻非常羡慕、感兴趣，跟着尤福庭学起了舞狮子。随着夏庄学舞狮的徒弟越来越多，尤福庭也很高兴，将狮子头、狮子皮及锣鼓等道具留给了夏庄，同时留给夏庄的还有他那一套舞狮技艺。

徐士元22岁那年，拜了尤福庭的徒弟、夏庄舞狮第一代传人薛昌金为师，学习舞狮技艺。初学舞狮并不轻松，必须吃得了苦。翻身打滚是学舞狮必不可少的项目，几天下来，腰酸背痛是常事，扭伤脚擦破皮也不少见。跟徐士元同期去学舞狮的两三个人就是吃不了这苦，不到一个月就打道回府了。

夏庄舞狮是双人跳的狮子舞，跳时两人钻进狮身，一人在前，一人在后完成动作表演。该狮舞非常具有地方特色，根据其表演方式主要分两类：一类是"跳高场"，高场是由八仙桌或长板凳垒加起来的高台。八仙桌一般由3张桌子叠加垒高，由2名舞狮人扮演的狮子要在上面表演各种高难度动作，如："朝天一炷香""大鹏展翅""张飞卖肉""霸王观城""猴子抓痒"等。长板凳即"画眉笼子"，由9条板凳叠加四层，最高层仅有一条。这对舞狮人的技术提出了更高的要求，长板凳稍不留神就会踩倒，第四层单条板凳的面积如此狭小，还得完成各种动作表演，其难度可想而知。第二类是"跳一根带"。起舞时，专门有一人在前面手拎一根2米多长的带子，拖在地上仿佛一条游动的蛇，狮子发现"蛇"后，想吃又不敢吃，想追又不敢追，而"蛇"居然还在前面停停扭扭地逗引它。这类狮舞非常具有表演性，舞狮人要做出狮子的憨态、萌态，要惟妙惟肖，吸引观众。在这类表演中，狮子要打72个滚，舞狮人的体力一定要充沛。这几类表演每类皆至少半个小时。

徐士元跳狮子跳了有四十年，之前夏庄狮子是跳三年歇三年，而传到他手上，他一年也没歇过。夏庄舞狮在每年的三十晚上起草，跳到正月十五。徐士元他们奉行老辈们传下来的一个舞狮老规矩：每到一个村，狮子先拜土地庙，再拜军烈属。因为这里有一定的寓意：土地庙保一村平安，军人不惜生命保家卫国，值得尊敬。

夏庄高台舞狮表演场合分两种：一是在庙会活动期间进行表演，二是在庆祝新年的活动中进行表演。表演时间为：从每年腊月二十七开始一直玩到来年的二月初二落草。

高台舞狮服饰有：红、黄色的外衣、红头巾、红腰带。道具有：牛皮蒙的狮头、八仙桌、长板凳、红绣球。以锣、鼓的打击乐为表演背景。

·河蚌舞

溧水的河蚌舞主要流传在东屏街道金湖社区和白鹿社区周围，在客民集中居住地流传。

河蚌舞，又称蚌壳舞，俗称蚌壳、蚌壳精、蚌舞、蚌壳灯、戏蚌壳，是一种中国传统灯舞。

该舞蹈中蚌壳的骨架用竹篾扎制，外糊彩纸或蒙彩布，为两页合成，可开合，四周镶以红色布边。表演时，有两种故事情节，一种由一名少女饰"蚌壳精"藏身于蚌壳中，双手抓住蚌壳作翕张动作。另一人扮渔翁作观蚌、理网、撒网、涉水、摸捞等动作擒捉蚌壳。两人边舞边逗闹，蚌壳精扇动蚌壳时而夹住打鱼人的头，时而夹住打鱼人的手脚戏耍，直至蚌壳精就擒。还有一种是由一人扮作鹤，鹤与蚌在河滩上争斗，蚌夹住鹤的嘴巴，挣扯不开。最后渔翁过来，既擒了蚌，也捉了鹤。也有另添一人作滑稽表演，手舞足蹈地替渔翁帮倒忙，还与蚌壳精调情，表演诙谐幽默，情趣盎然。

东屏街道金湖社区刘家自然村的刘秀芳（1938年出生）是河蚌舞的传承人，他从小观看河蚌舞的表演，对河蚌舞有着浓厚的兴趣，少年时代便开始跟随父辈学习河蚌舞的表演。由于他的聪明好学，所掌握的河蚌舞的舞蹈动作丰富而多样，表演起来生动活泼，变化百出，深受大家喜爱。

刘秀芳介绍，客民人农忙时在田间劳作、农闲时特别是逢年节自发组织练河蚌舞进行演出，庆祝丰收，祈福来年。演出时间和场次因实际情况自由决定和安排。她所表演河蚌舞表演主要分为三个章节：一是快乐的河蚌们在水塘里尽情地嬉戏、玩耍；二是河蚌与捕鱼翁斗智斗勇，戏弄捕鱼翁；三是获胜后的河蚌们尽情庆贺、欢乐。表演时力求模仿河蚌的自然形态，适时加以夸张逗趣动作，传承起合，运用自然流畅即可。其主要表演片段有"群蚌起舞""巧斗渔翁""蚌王醉酒"等。

溧水河蚌舞的河蚌是用竹子编制的架子，外用布裹制而成，布面上绘成河的图案。所制的河蚌高1.5米，宽1.6米，两片蚌壳上各有一个把手，使手抓放合张，演员服装一般是艳丽的装扮配花红的头饰。蚌壳舞乐器以民间打击乐器锣、鼓、钹为主，也有加以二胡、唢呐等伴奏，形象生动，寓意深刻。

· 玩狮子

玩狮子，又称狮子舞、舞狮、舞狮子，狮舞是中华民族民间舞蹈之一，多在年节和喜庆活动中表演。狮子在人们心目中为瑞兽，象征着吉祥如意，寄托着民众消灾除害、求吉纳福的美好意愿。

东屏街道丰安寺村的舞狮历史长、地区广、水平也较高，不但在本区内玩，还出市、出省玩，1952年参加了苏南行署在无锡市举行的首届运动会。丰安寺村的舞狮是由两个阶段组成的，最早是在清朝时，由河南传承下来的。因为丰安寺村几乎都是河南客民人，老祖宗原籍都是河南信阳地区的潢川、光山、罗山等县。老一代丰安等村舞狮人是刘胜兴、刘胜龙、刘胜财、刘学林等。到了新中国成立后，老一辈舞狮人年老体弱，传承给了年轻的一代。年轻一代玩狮子水平最高的是：胡代生、陈余财、黄善友、李安礼、胡登荣、陈兴友等人。

东屏街道爱民村东岗自然村州刘茂银20岁开始拜章永喜和翟家彬二人为师学玩狮子的，一直舞狮有二十多年。河南客民人玩（舞）狮子的比较多，翟家彬就是祖籍河南，他的祖辈们都会舞狮子。

据刘茂银介绍，江南一带以前很少玩狮子，完全是由河南传过来的，老一辈人讲就溧水这一地方的"狮子"，都是清朝末年河南人下江南谋生顺带过来的。那个时候舞狮子的人几乎都是河南过来的客民人，没有一个是本地人。玩狮子一可以锻炼身体，二可以增加收入，三能满足村民娱乐。每到寒冬腊月，农闲或春节过年，人们都以跳狮子取乐。

玩狮子是两个人一组，即一人玩头，一人玩尾。后面的人要跟着狮头做动作，时走时跳，行动要敏捷。表演时服装要求不高，两人上身穿绿色丝绸的褂子，下身穿红色绸布的裤子，脚穿软底布鞋。

狮子主要是由狮头与狮身两部分组成，狮头是用牛皮为主要原料在皮革厂按狮子头的形状加工扎制，然后用各种颜料将狮子的眼、鼻、嘴、耳等五官标出来。狮身是用红花布两幅拼起来，狮毛和狮尾用麻丝染成绿色，披在红花布上，然后再用六根质量好的布条作为筋固定在狮皮上。一般的狮子身长 7 尺，高 5.5 尺。

舞狮时表演技巧花样繁多，主要是表演狮子的生活习性。在锣鼓声中狮子摇头摆尾，做舔毛、挠痒、抖毛、俯卧、打滚、耍赖、抢绣球、大喘气等动作，这是常见的基本动作。有人将舞狮的动作归结为模仿狮子的扑、抓、挠、跳、舔、咬、看、听、滚、卧、抖、立、蹭、蹬、摇、爬、走、跑、滚、跃共 20 式，一招一式，都有讲究。

客民人玩狮子主要有"玩场子"和"拜门子"两种形式。伴奏乐器以大铜锣为主，辅以小铛铛、大钗、小钗、小马锣等。

·草狮

草狮，是溧水白马地区客民喜欢的狮舞之一，主要流行于朱家边、东岗、店上等自然村。其中店上村的李友茂、李孝和、李敬敏、李敬徐，还有东岗村的王性杰、鲁兴平等人都是草狮表演的传承人。

草狮子由狮子头和身体两部分组成。狮子头用木条和竹篾制成，制作得很结实，能适宜于舞狮者的激烈滚动，外面用红色绸布包裹，配上各种花朵。狮子身体用直径 3 厘米的一根粗绳做成脊梁，两边各用中绳 3 根，使之浑然一体；用苎麻细绳添加糯稻草编织 3 层，错落有致。

稻草丝是狮子的外表装饰，编织时需要把糯稻草用木槌捶打得茸茸的、软软的。那样的场景如今难得看到。这一般需要三个人配合，一个人蹲在地上手里抓着草把，另外两个人握着木榔头一上一下交替捶打。在捶打的过程中，抓草把的人不时翻转。不停地捶打后，稻草就变得柔软，便于编扎草狮。

据秦涧屋的老人秦祥富介绍，用于编扎草狮的糯稻草是一种叫马其糯的特种糯稻草，它长得比一般的糯稻草长许多，编扎成的草丝较长，便于舞草狮者藏身其中。编扎草狮是极细致的活儿，跟小姑娘编扎辫子一样，所不同的是，稻草丝比辫子要纤细得多，披挂在狮头、狮身上要做到平整而熨帖。草狮头与狮身联结处用粗绳扎牢，再用裱芯纸（一种质地比较疏松的纸）扎成三角形花瓣遮住草狮子的颈部，使之在视觉上感到天衣无缝。

东岗村草狮据说是由白马街道王家边师傅所教，起先的道具十分简单，狮头用挑泥的秧篮，狮身就用稻草编织。表演者手举秧篮，身扎稻草，模仿狮子的一些简单动作，自娱自乐，以增加节日的气氛。之后用麻布袋、用红布或花布作狮皮，狮毛用线麻染绿，线麻难寻，又用绿毛线代替。狮头则用牛皮制作，烘烤定型后再上漆，造型粗糙，简单而略显夸张。

朱家边、店上村一带的村民大多是从河南迁徙来此落户的客民，他们把舞草狮的习俗传承了过来。据草狮舞传承人李敬敏介绍，店上村草狮子的传承至今已有 150 年，有四代传承人：

第一代，李姓迁溧始祖 3 人；

第二代，李正生、李正财、李洪本；

第三代，李友茂、李孝富、李孝和；

第四代，李敬敏、李敬徐、李世安、李世和。

白马朱家边村的舞草狮与其他村子里的舞狮过程和形式大同小异。舞草狮于正月初八起草，于当月十八落草，总共 10 天时间。

因无固定场所，朱家边村村民近年在舞狮会会长家设"会堂"，作为村民讨论舞狮事宜的场所。所议舞草狮的决定，全体村民共同遵守。每年农历正月初七或初八日，舞狮起草。

起草仪式又叫"点睛醒狮"仪式，就是给狮子的眼睛里点上眼珠，此时的狮子就接上了神明，获得了灵气。之后要在"会堂"内摆上香案，供上猪头等三牲祭品，燃上香烛。仪式开始时，鞭炮齐鸣，锣鼓喧天。主持人口中念念有词，无非是祈求狮神下凡保佑村民平安。此时，村民跪拜狮神，祈求保佑四季平安，然后分立两旁。

草狮不同于布狮，不拜门头。所谓"拜门头"，就是狮子要挨家挨户地表演。店上村的草狮子不作兴这些。首先是拜庙。农历正月十三和十五要到广济寺拜菩萨。草狮代表村民向菩萨拜年，求神保佑。然后是打场地。草狮出"会堂"后，每晚上必跳 3 场。狮子出行时，前后各有两盏马灯护照狮子前行。舞狮头领手提着一盏红灯笼在前面引路，口中念叨着吉祥之语。一人手持正方形木条，四周立柱挂灯，里面点上蜡烛，皆为"出灯"。马灯后面各有两把"马叉"，上面挂着响铃，以示打招呼，请让开一条道路。威风锣鼓紧随其狮子身后，鸣锣开道，村民紧随其后。第一场为拜大塘，祈求风调雨顺；第二场为拜稻场，祈求五谷丰登；第三场为拜四方，选村子的高处拜土地菩萨，祈求当方土地保境安民，丰衣足食。

草狮表演从正月初八"起草"，到正月十八"落草"，活动结束。结束后把草狮头拆下，供奉在下一任会长家中；稻草狮身烧毁，来年表演时重新用稻草扎制。

草狮伴奏的乐器和道具主要有：大镗锣、锣、鼓、镲、铛铛、唢呐、马叉等。锣鼓声不仅是渲染热闹的氛围，主要是用来指挥舞狮者的运作和表演，起到调节节奏的作用。

戏剧

· 花鼓戏

花鼓戏，中国地方戏曲剧种，是全国地方戏曲中同名最多的剧种，通常特指湖南花鼓戏。湖北、安徽、江西、河南、陕西等省亦有同名的地方剧种。

溧水客民传唱的花鼓戏以光山花鼓戏为主，光山花鼓戏是河南省光山县传统戏剧，国家级非物质文化遗产之一。光山花鼓戏是由豫南民间小调、山歌、歌舞、小戏融合楚剧、黄梅戏的唱腔，同时吸收汉剧、曲剧的艺术特点，而逐渐形成的一个剧种。据《光山志》记载，光山花鼓戏形成于清乾隆年间，并在嘉庆、道光年间出现了正规民营的花鼓班（社）。先后经历了花会玩灯、打五件、打三件、地灯班以及花鼓班五个发展阶段。光山花鼓戏以演生活小戏见长，每班七八个人，一人分饰多角，不论男女演员都要熟悉武场，讲究唱、念、做、舞，体现行当特征。

溧水地区的花鼓戏流布较广，皆为客民传入，唱花鼓戏的客民佼佼者有方九、陈金山、吴玉宝，其徒弟中又以陈兰英、刘有模（师傅陈金山）最出名。

原溧水县文化局局长吴大林曾撰文介绍，陈兰英，女，溧水晶桥镇水晶山窑村人。1930年出生，父亲名叫陈金山，祖籍河南，随客民流至浙江安吉，后移居溧水。陈兰英幼年随父做小本生意，13岁拜黄梅戏艺术家陈金山（与其生父之名巧合）为师，在水晶山窑一家祠堂内学戏，同时学习的有13人，仅有3人满师。陈兰英满师后就随她师傅出来搭别人的班子唱戏，出名以后，便自组"小兰英班"。1952年她参加郎溪花鼓剧团。陈兰英为当家花旦，唱腔流利柔和，表演朴实传神，注重真情流露。1954年参加华东戏曲会演，在《打瓜园》剧中她饰文姐，塑造出一个天真伶俐的农村小姑娘形象，荣获演员三等奖。1956年4月，陈兰英加入中国戏剧家协会。1958年，调至芜湖专区花鼓剧团，1959年起任芜湖艺校教师兼演员。20世纪60年代后，她以演青衣、老旦为主，在安徽宣城地区享有较高的艺名。1987年，57岁的陈兰英从宣城花鼓剧团退休。

20世纪80年代，溧水花鼓戏较出名的艺人有：白马白水塘村的刘有模（陈金山外甥）、东屏友下村的陈树生（傅善林之徒）、东屏前巷村的周详应（艺名"小寨子"，李吉成之徒）、白马竹蓬里村的舒照兴（其父舒洪金为黄梅戏梅门第八代传人）、石湫老虎头村的陶长英、白马小桥头村的雷以美（汪春凤之徒）。

溧水花鼓戏的声腔主要分为陶腔、四平调和扭子三种，陶腔分为男陶腔、女陶腔和悲陶腔。主要流派有梅门、洪门、叶门和杜家门，其中梅门和南门是大门派，其弟子较多，分布的地方也广。

花鼓戏的演出因时因地而宜，新中国成立前主要在庙会和各地的大村庄野外搭台，露天演出，也有大户人家请去唱堂会。戏班只要哪里接到业务就去演出，因此俗称"草台戏班子"。新中国成立后，戏班子主要在农村搭台露天演出，有时也到剧场演出，各地的寺庙逢庙会时，只要邀请也去演出。

溧水花鼓戏的内容短小精干，生动活泼，主要剧名有《大清官》《磨坊记》《双插柳》《梁祝》《七仙女下凡》《陈士美不认前妻》《打红梅》《刘海戏金蟾》《大清官》《平顶山》等群众喜闻乐见的地方戏。

·黄梅戏

黄梅戏，旧称黄梅调或采茶戏，与京剧、越剧、评剧、豫剧并称中国五大剧种，汉族戏曲之一。黄梅戏唱腔淳朴流畅，以明快抒情见长，具有丰富的表现力。黄梅戏起源于湖北黄梅，清末时传入毗邻的安徽省怀宁县等地区，与当地民间艺术结合，并用安庆方言歌唱和念白，逐渐发展为一个新的戏曲剧种，当时称为怀腔或怀调，这就是早期的黄梅戏。2006 年 5 月 20 日经国务院批准列入第一批国家级非物质文化遗产名录。

溧水的黄梅戏流布于洪蓝一带，由傅家边涧东村的班氏传入。清朝末年，安徽无为有个黄梅戏演员名叫班秀林，生、旦、丑等各种角色都能唱，在演艺人员中小有名气。民国 23 年，无为县闹灾荒，他来到溧水地区演戏讨生活，看到涧东村地区不错，便落脚没有回去。后来当地政府知道他能唱戏便叫他去演。他召集了一帮原来的戏班人员去县城表演，由于缺少花旦，当时班秀林已经 60 岁。为了演好这场戏，就把胡须剃了，因为年龄较大，气力不足，演出后得了一场病，不久后去世。不过他所教授的黄梅戏却一直在当地传续至今。

涧东村民班光金的父亲就是唱黄梅戏的，在父亲的影响下，幼时的班光金对黄梅戏产生了浓厚的兴趣。在父亲的教导下，他从小学唱黄梅调，长大后，所会的黄梅调为当地之最。加上他表演起来声情并茂，在当地人人皆知，每当村镇、县里举行文艺汇演的时候，他都会为大家登台献艺。黄梅戏的角色有生、旦、丑三个角色，班光金饰演的是花旦。

1952 年，涧东村民雷顺星、傅定安等人请来师傅张玉保（东屏人）学唱涧东黄梅戏。因为经济条件有限，演出时只能借用村民的大褂和妇人的衣服作为演戏人员的演出服装。此后，随着戏班的稳定和收入的增长，才逐步添置了一些戏服和锣鼓等，涧东班的黄梅戏班子自此走向四方。

· 乐舒班

乐舒班，也称六书班，是 20 世纪初盛行于江南民间的一种京剧清唱（坐唱）形式，属于地方戏曲的一种。溧水六书班主要流布于溧水南部一带，由清末的客民传入。

演出时通常六人出场，用两张八仙桌上下并排连摆，上口摆上香烛供品，下口空缺，演员分坐在左右两侧，一边三人，演出时演员坐着唱不做动作，所以又称坐堂戏。演出时演员一个人要扮多个角色，每个人要操挂一至两样乐器进行伴奏，伴奏的乐器有京胡、板鼓、大锣、小锣、唢呐、镲等。所演的剧目通常以《盖宝》开场，以《龙凤呈祥》《大团圆》等剧目收锣。

乐舒班成员一般六七人不等，多者十几人，多以同村人员为班底，演练以分散与集中相结合为原则，有演出活动时集中，平时各干己事。乐舒班所唱曲目，为当时京剧的主要选段，演员坐台清唱，行腔念白皆京韵京腔。

伴奏为京胡或京二胡、曲牌、曲调、曲谱及唱念基本功，均为师徒口口相授。乐舒演唱最高境界，则是唱、念、拉由一人完成，即自拉自唱。一开始，有的艺人只能唱不能拉，而有的则相反，随着艺人个人水平的不继提高，最终形成唱、念、拉于一体的最高境界。

每逢有重大节日，比如春节，乐舒班都要表演，本村或外村如遇结婚、寿诞之喜事，乐舒班也应邀请前去祝贺助兴。靠着长期刻苦训练而成的精湛技艺，乐舒艺人赢得了广大乡民的由衷喜爱。

溧水邰村有乐舒班，村民陈门松从小喜爱音乐，父母也是农村民间文化活动的主要骨干。在父母的影响下，他自幼便学唱戏曲，参加当地乐舒班的各项演出活动，是当地小有名气的民间艺人。

唱曲

·客家民歌

溧水客家民歌，源自河南信阳民歌。信阳民歌是起源于河南省信阳市的传统民歌音乐，是国家级非物质文化遗产。溧水客家民歌主要流布于溧水山区客民村落，如东屏、东庐、白马、共和、晶桥、云鹤等地。

原始的信阳民歌源于劳动生产、祭祀等各种活动。随着时代的发展和社会的变迁，信阳民歌也越来越丰富。信阳民歌融入了楚、吴越等多时期文化，又受到南北不同文化的熏陶。同时信阳民歌题材广泛，将历代的社会生活内容都涵盖在内，风格鲜明，影响深远。信阳民歌主要包括小调和劳动歌曲两大类型，其中小调、情歌多为无伴奏即兴演唱；灯歌、会歌往往以管弦或打击乐伴奏。2008 年 6 月 7 日，信阳民歌经入选第二批国家级非物质文化遗产名录。信阳民歌广泛流传于河南省信阳市境内各县区，而以商城、潢川、固始、新县、光山、罗山等县为主。

清朝末年由豫南地区移民至溧水的客民几乎人人会唱民歌，尤其是在采茶、放牛、车水、种田等劳动过程中，曲不离口，以减轻繁重的劳动压力。东屏街道后吕村的陈明亮（1930年7月出生）是客家民歌的传唱人，他的嫂嫂也会唱民歌，是当地有名的民歌手。嫂嫂比他大好多，陈明亮是跟随嫂嫂长大的，在嫂嫂的影响下，他也特别喜欢唱歌，掌握了许多民歌。据他讲，他可以唱三天三夜不歇气；另有，溧水法院张孝泉（1963年2月出生）对民歌有浓厚的兴趣，会唱许多客家民歌。他曾在白马镇文化站工作过，收集整理了上百首民歌，并能演唱。

据陈明亮介绍，溧水客家民歌的形成与发展，主要始于清末太平天国运动后的光绪和宣统年间，大批河南、湖北、湖南及安徽客民迁徙溧水，并以"大分散小居住"的方式定居。所谓"大分散小居住"，是指客民广泛分布于山区，但以家族或家庭的形式聚集，起先搭棚居住，后来形成村落。客家民歌的传唱者主要是河南人，大多从河南光山县、罗山县迁徙而来。其迁徙的路线大致由河南进入湖北，然后从安徽安庆一线迁到溧水，如会唱民歌的陈树生，东屏友下村人，1919年9月出生，据他回忆，其祖父陈坤（或叫陈起）携父亲陈祥福（时年仅7岁）由光山县迁来。当时陈家有兄弟3人，在东屏择洼地搭了几间茅草棚子落脚，就叫"陈家棚子"（该村已因20世纪50年代建方边水库而淹没）。

溧水客家民歌的演唱场合和时间很随意，没什么固定的时间与场合。大都是在农事活动过程中即兴演唱，所唱内容也与农业生产、生活密切相关，如"打秧草""抽水歌""十条手巾"之类。它与客民的生产、生活息息相关。有时在劳动过程中、有时在生产劳动之余，有时在茶余饭后、有时在农家小院等进行歌唱。

客家民歌有独唱、领唱、齐唱合唱等表演形式。主要内容可分为：劳动歌、仪式歌、情歌、生活歌等，曲调、歌词相对固定，有时也会利用现成的曲调即兴填词演唱。劳动歌有：打秧草、车水歌、打柴歌、放牛歌、放牛对唱等等；仪式歌有：哭嫁、敬酒、送房等；情歌有：送郎、想郎、姐姐调、十二月调情、十恨等等；生活歌有：童养媳苦、寡妇苦、长工苦等等；吹打乐则有大开门、小开门、哭皇天等。

因为初到溧水，生活条件差，溧水客家民歌起初没有什么伴奏乐器，以清唱为主。歌唱随意，属见花开，见什么唱什么，演员也没什么服饰道具。

客家民歌常见作品有：《鼓打五更》《梧桐树上挂丝线》《小小鸡蛋剥了

皮》《风吹杨柳绿层层》《十条手巾》《郎捧柜子姐捧香》等。

·打五件

打五件，是一种独特的演唱方式。最早起源于河南省光山县、罗山县一带。打五件可以一人表演，亦可三五人一组，结伴演唱。

打五件广泛流传于溧水白马、共和、群力等地，表演者通常以一人扮演多种角色，并能同时打击多种乐器。因乐器一般有五种左右，一般为大锣、小锣、镲、鼓、云牙板等，俗称"打五件"。表演时，没有舞台，没有现成的台本，演员也不化妆，大多为即兴发挥，或采用一人主唱，其他人帮腔的形式表演。主要唱腔有四平腔、陶腔。所受曲调受花鼓戏、黄梅戏的影响较大。打五件的道具非常简单，可以全部捆扎在一只高脚凳上，需要演出的时候，扛起来就可以出发。但又十分丰富，有大、小锣、鼓、镲和匀板等伴奏乐器。在表演时，伴随着各种乐器的烘托、渲染，能够模拟故事发生时场景和气氛，使观众产生身临其境的感觉。其次，它的演唱方式也十分灵活，演员不用化妆，不用剧本，完全依靠现编现演，有很强的针对性，往往能引起观众强烈的共鸣。

东屏街道白鹿社区友下村的陈树生的爷爷就会演奏打五件。早年他随爷爷学习打五件，但陈树生（1919 年 9 月出生）不仅会演奏打五件，还曾拜安徽省宁国县傅善林为师，学习黄梅戏。友下村的陈明亮（1930 年 2 月出生）自幼随父学习打五件，除了学习表演打五件以他还学习了大量的民歌小调，表演起来风格多变。白马镇石头寨社区的舒照兴（1940 年 12 月出生）是客民人，自幼喜欢音乐，很小的时候便会唱很多歌曲，少年的时候便拜师学习打五件，由于刻苦用功，很受老师喜爱，并在多次乡镇或县里组织的民间文艺展演活动中表打五件。石头寨社区的蔡明扬（1926 年 9 月生）从小就表现出音乐的天赋，在其父亲的教导下，学会了很多歌曲，成年后开始学习打五件。由于他的表演技艺娴熟，所以很受大家喜爱。现在舒照兴是溧水打五件的核心人物之一。

溧水地区流传的打五件曲目主要有《打秧草》《抽水歌》《闹新春》《十二月花名》《请歌师傅》《咿儿哟》《好高楼》《比古人》《金银树》《门头歌》《女娇莲》等。"打地场"的折子戏主要有《绣香记小房会》《站花墙》《梁山伯送友》《夫妻观灯》《南马》《吵架》《何氏嫂劝姑》《打瓜园》《小放牛》

《大补缸》《三辞店》等。这些作品有的经后人整理，尚留有剧本，如《绣香记小房会》《站花墙》《梁山伯送友》。有的还停留在表演者的记忆中，如《南马》《吵架》《大补缸》之类，依靠师徒间的口传身授才得以流传下来。

·颂春

颂春，又称送春、打春。过去，新春头几天或立春之日，乡村人家都会迎来"颂春"者。这是一种以说唱为主的表演形式，俗称唱"见花开"。颂春人一般系家传亲授、曲调独特，以一人单独成行居多。颂春时，颂春者手持小锣、小鼓、竹板等民族乐器，一边说唱一边伴奏。说唱内容开头主要是以辞旧迎新、新春吉祥等唱词作铺垫，后面的内容则灵活多变，见到老人唱长寿，见到孩童唱聪明可爱；见到堂前双喜唱百年好合，见到黄、绿（孝）春联唱孝子、思亲；见到新屋唱华堂，见到牲畜唱兴旺……总之是随机应变，依情依景，见什么唱什么。唱得主家满意，以得到馈赠，如年糕、糍粑、红蛋或钱，多少不一。

颂春这一习俗广泛分布在溧水境内，以客民人居住地较多。

东屏街道蒲杆村民张远虎（1956年6月出生）年轻时随岳父一道走村串户表演颂春，岳父一家早年从河南下江南，把颂春这种民间曲艺也带到江南来。张远虎会唱曲目有《八仙过海》《仙女下凡》《相思曲》等。晶桥镇里佳山村的赵治龙（1937年6月生）也会颂春，他从小喜欢唱歌，年轻时随村里客民老人学习，由于平时喜欢抄抄写写，他在演唱之余还把所唱的民间小调词记录下来，他也曾多次参与乡里的文艺演出。里佳山村另一村民王先胜也会颂春。他们二人所会曲目有：《百家娃》《洛阳桥》《大花名》《醉八仙》《108码头》《历代帝王传》《十张台子》《劝世文》等。

另外，和凤镇沙塘庵良种场村的俞双春（1952年3月生）、白马镇石头寨社区张家棚子的张国城（1937年4月生）等都会颂春。

·打连响

打连响，又称打连厢、金钱棍，北方称霸王鞭或花棍，是一种古老的传统民俗艺术。溧水打连响主要流布于白马、东屏地区，清末由客民传入。起初作为客民讨饭的一种行当，后演变为民间曲艺项目。

打连响演员所用之棍用竹子或细木制成，长二尺许，其中四至六处挖有空档，每档中串以铜钱，分上下两面，表演时，上下左右舞动，并敲击身体四肢、肩、背各部，发出清脆悦耳的响声。演者边唱边舞，其歌曲多为各地民间小调，作为一种民俗文化，通常在节日或庙会时表演，变换快慢节奏，发出清脆的响声，处处充盈着飞舞之美，呈现出轻松活泼的风格，被称为民间舞的瑰宝。

溧水打连响没有固定的曲目，一般都唱民间小调，各种小调都唱，边唱边拍打连响，也有的唱龙船歌。

打连响没有固定声腔，根据各种小调的声腔来演唱，主要流派是凤阳连响。连响表演者有两个，在表演中轮流演唱，边唱边转动和敲响手中的连响，先转三到四圈，再用上半截连响敲击左臂，下半截敲击左腿，反复表演。

打连响服饰头饰都有，主要道具是竹棍。打连响没有伴奏乐器，凭连响发出的声音，自打自唱，一般是两人，在舞台上有多人参演。

白马镇石头寨社区竹蓬里的村民侯春生（1931 年 1 月出生）自幼跟梅门第八代传人舒洪金学艺，掌握打连响过程和技巧，而且在当地也获得了不少称赞，在周边地区都很有名。

· 道情

道情，又称渔鼓，民间曲艺的一个类别。源于唐代道教的"道曲"，以道教故事为题材。南宋时是用渔鼓和简板为伴奏乐器，因此也叫渔鼓。元人杂剧《岳阳楼》《舟叶竹》等剧中均有穿插演唱。清嘉庆末年，湖北襄阳、长阳、麻城等地出现了专业的道情班社，到了光绪年间，道情演唱的曲目越来越广泛，成为一种人们消遣娱乐的说唱形式。

溧水道情表演主要流布于白马、东屏等地。源自河南，清末由客民传入。

河南的道情流行于河南东南部。尤以太康道情出名，太康道情剧团被文化部命名为"天下第一团"。其特点是将渔鼓、道情和坠子相结合，并吸收了秧歌和花鼓的曲调。

道情多以唱为主，以说为辅。有坐唱、站唱、单口、对口等表演形式。道情的伴奏乐器由主要是渔鼓、简板。常见的渔鼓用长约 92 厘米，直径 6 厘米的竹筒制作，一端蒙油膜（猪肠衣），有条件的可蒙蛇皮。简板即两片竹板，每片厚三分，宽八分，长二尺二寸，一端弯曲为弧状，两片分上下，以手持之，互撞发音，用以制造节奏。

白马镇浮山社区上聂自然村龚正富，出生于 1931 年 5 月，目盲，随弟弟一家生活。为了减轻弟弟一家的生活负担，他自小拜一流浪客民艺人为师，学习说唱艺术，会唱道情，说书等，年轻时经常到茶馆场卖艺，以后年纪大了，渐渐减少了外出的机会，偶尔会应邀进行一些表演。他会唱的曲目主要有：《薛仁贵征东》《薛丁山征西》《薛刚反唐》《响马传》《青龙传》等。

东屏街道的于浩瑞，出生于 1932 年 3 月，从小跟老人学唱道情，长大后常独自表演。他所唱渔鼓书无固定曲目名称和唱词，唱词多从龙船歌和花鼓戏中演绎而来。演唱时间主要在春节等喜庆节日中，走村串户即兴演唱，歌词也随编随唱"见花开"。所谓"见花开"就是演唱者针对不同家庭的不同情况而现场编词唱曲，比如商人、工人、军烈属、干部、教师、普通居民等，其唱词就不同，因户而宜。

第八章　方言特征

　　溧水客民大多来自河南信阳地区，信阳地处大别山北麓与淮河上游之间，东与安徽的阜阳、六安相连，南同湖北的黄冈、孝感接壤，被人誉为"鄂北豫尾"地理位置十分重要。

　　明末高迎祥、李自成、罗汝才、张献忠起义，血洗光州（州治今潢川县）一带，当地百姓死散大半。故清朝皇帝下令以江西等地百姓填之（时值湖广、闽、赣填四川），移民多来自江西南昌、九江等地（如瓦屑坝、筷子巷等地）。清朝初期信阳地区的主体方言可能为赣语与官话混合，在学术上信阳方言被统一划归为西南官话鄂北片，与片内极其相似的湖北省北部的襄阳、十堰、丹江口、老河口、随州共同为一套语言系统。

　　1929出版的《河南新志》卷十三记载："惟南部光山、罗山、新县三县，地近长江流域，较为活泼，言语稍为捷给，非他县所能及也……全省语言……就其小异之处，可分为五派……罗山以东，淮河以南，地接长江流域，故与荆扬接近，其发音之沉着不如北，而语尾延长，抑扬不尽，能以文盛；轻倩圆转不如南，而能坚忍持久，少活泼进取之机，聆其音而知其性，已可轻得其梗概矣。信阳南北，西以桐柏山为界，大抵皆然。至于乡村土语，多有书不成字者，或书之而为字书所无，或有之而非其本义。各处土音皆有之。最习闻者，如发语词、歇尾词、嗟叹词、惊而知其意，欲求之于文字则不可得也。"

　　叶祖贵先生在其著作《信阳地区方言语音研究》中认为："信阳地区是一个方言混合带，不能都归为中原官话。其北部与西部属中原官话，包括浉河区、平桥区、罗山、潢川、息县、淮滨。东部属西南官话，包括固始、商城（南部的长竹园除外）。南部属江淮官话，包括光山、新县及商城南部的长竹园。"

信阳地区的客民来到溧水后，至今保持着他们特有的方言，一百多年来，并未有多大的改变，与溧水本地原住民的江淮官话可谓"泾渭分明"。

字音

信阳方言字音的特点之一是"h""f"音不分，譬如"花"读作"发"，"飞机"读作"灰机"，"辉"读作"飞"，"辉煌"读作"飞房"，"湖"读作"扶"。

再者信阳话"l"与"n"音不分，譬如"奶奶"信阳很多地方读作"lai，lai"，"脑袋"读作"老袋"等等。

信阳人鼻音很重，比如"信阳"读作"xing ying"。

信阳话大多没有卷舌音，以固始县，罗山县最为特殊，完全没有卷舌音和翘舌音，与信阳其他各县区差异明显。"zh""ch""sh"与"z""c""s"读音完全没有区别，譬如说"二十"信阳话读作"爱思"，"吃饭"读作"刺饭"，"尺子"读作"刺子"，"直线"读作"子线"。

在光山话中，韵头 u 是混用。一是韵头 u 的丢失。普通话复韵母中以 u 为韵头的 u an、ui、un 凡是跟在声母 z、c、s、d、t、n、l 之后的，光山方言便失去韵头 u。如"团"读作"坛"，"段"读作"蛋"、"暖"读作"懒"等；二是韵头 u 的变音。普通话音节中的单韵母 u 凡是跟在声母 z、c、s、d、l 之后的，光山方言变 u 为 ou，如"苏"读作"搜"、"祖"读作"走"，"赌"读作"抖"等。

词意

溧水客民话跟河南信阳地区的光山、罗山方言为主，如果不加注释，听惯普通话的外地人很难理解，容易犯糊涂甚至产生歧义。下面以光山话举例说明。

1. 亲属称谓

父亲：大、大大

母亲：妈妈、妈

岳父：老丈人、爸

岳母：丈母娘、妈

妻子：媳妇儿、屋里

丈夫：当家的

曾祖父：老太

曾祖母：里老太

祖父：爷爷

祖母：奶奶

外祖父：姥爷

外祖母：姥娘/姥姥

祖父的兄弟：大爷、二爷……

祖父的嫂子、弟媳：大奶、二奶

祖父的姐夫、妹夫：姑爷，姑奶

祖父的姐妹：姑奶

祖母的兄弟：舅爷

祖母的嫂嫂：舅奶

祖母的姐妹：姨奶

外祖母的兄弟：舅姥爷

外祖母的姐妹：舅姥娘

爸爸的哥哥：大伯/大爹

爸爸的弟弟：小姥，其妻称小娘

爸爸的姐妹：姑、姑妈

妈妈的兄弟：舅舅；其妻子称：舅妈/舅娘

妈妈的姐妹：姨，姨姥；其丈夫称：姨爹

妻弟：小舅子

妻妹：小姨子

哥哥：大哥、二哥

弟弟：兄弟，其妻称"兄弟媳妇儿"

姐姐的丈夫：姐夫哥

妹妹的丈夫：妹夫

爸爸的兄弟的孩子：堂兄弟姐妹

爸爸的姐妹的孩子和妈妈这边兄弟姐妹的孩子：表兄弟姐妹

儿子/女儿：娃儿

儿媳：儿媳妇儿

女婿：女婿

孙子：孙儿

孙女：孙女儿

姐姐妹妹的小孩：外甥儿、外甥女儿

兄弟的小孩：侄儿子、侄女子

2. 人体名称

脸庞：称脸泡儿

牙齿：称材料子

胳膊：称手杆子

手指甲：环手叵

手腕：称手颈子

膝盖：称客膝包

胃部：称胸口

乳房：称妈儿

肛门：称屁股眼

后脖颈：称后颈窝

汗毛：称寒毛

颧骨：称脸旁骨

儿童脑门：称天命囟

舌头：称赚头

牙龈：称牙花子

手指：称手指伢

拳头：称捶头子

踝骨：称螺蛳骨

肾脏：称腰子

睾丸：称卵

后脑：称后脑壳

耳光：称耳巴子

脚后跟：称脚苑

常用字字意

河南话，相当于半个普通话。以下摘取的河南话（主要是指信阳地区，下同），都是在《现代汉语词典》（第7版）有案可查的。

以下是从《现汉》中摘录与河南人生活息息相关的汉字，仅供大家了解。

騃：读皑。义为傻。这个人騃得很。

拔：把西瓜放在凉水里拔一拔。

屁：屎；粪便。小孩子又拉臭屁屁了。

稗：一年生草本植物，是稻田害草。稗子与稻子区别在于，前者叶子与主秆接合部不长毛，后者则相反。

半彪子：不通事理，行事鲁莽的人。

龅：龅牙，指突出嘴唇外的牙齿。

鐾：读备。把刀的刃部在布、皮、石头上面反复摩擦几下，使其锋利。

钢镚子：硬币。河南人还说钱（读kan）角（读过）子。

秕：秕子。指籽实不饱满。一般不写作瘪子。

抱小鸡、抱窝。也说孵小鸡。母鸡孵小鸡时，也称之为嫲（念犯）蛋。孵鸡蛋时，常用一根鸡毛穿过鸡的鼻孔，目的是保其早点从抱窝浑浑噩噩中清醒过来，以便早日进入下蛋状态。

滗：熬制中药最后一道工序，就是用一根筷子或其他工具把汤药滗出来。

煸：把葱、姜或肉丝等放在热油里炒，不必太熟。

膘：肥肉。长一身膘。

摽：双放因赌气或竞赛等憋着劲比着干。

驳：把岸或堤向外扩展。如驳塘埂。

醭：读 bú。醋、酱油等表面生出的白色的霉。

表：俗称用药物把感受的风寒发散出来：吃服药表一表，出身汗，病就好了。

孱头：软弱无能的人（骂人的话）。也说：小张不是个孱王（也可能用旺字）东西。

蹅：读察。（在雨雪、泥水中）蹅：蹅了一脚泥。鞋都蹅湿了。

刬：读忏。这屋家具都是一刬新。

焯：读超。把蔬菜放在开水里略微一煮就拿出来。

耖：读 chào。一种像耙的农具，能把耙过的土块弄碎。耖田。

抻：读 chēn。如皮筋越抻越长。他抻着脖子看什么啊？

辰光：时候。辰光与晨光不同哟。

称心：也写作趁心。指符合心意。

盛：读乘。有盛饭、盛菜。

程子：这程子很忙。与这阵子很忙相似。

舂：读充。舂米、舂药。

睏：困极小睡。如睏盹儿。

跐：读 cī。脚下滑动。脚一跐，摔倒了。登跐了，摔了下来。

呲：读 cī。挨呲了。

慈姑：也写茨菇。据说饥荒年代，一位姑姑挖出野生茨菇救活侄子侄女而得名。

氽：读蹿。氽丸子、氽汤。

皴：读村。皮肤上积存的泥垢。

忖摸：大约模。我忖摸着他九点钟能到。有时也说忖量着。

打：读达。十二个为一打。一打铅笔。

沓：读达。一沓信纸。

大约莫：也作大约摸。

掸：读胆时，鸡毛掸子。

凼：读荡。水坑，如水凼子。

刀：计算纸张的单位，通常一百张为一刀。一刀纸。

捯气儿：指临死前急促、断续地呼吸。

得亏：幸亏。得亏我来得早。

定规：一定（专指主观意志）：叫他不要去，他定规要去。

腚：屁股。

扽：读督。用指头、棍棒等轻击轻点：扽一个点、点扽（画家随意点染）。

屁：读督。河南人念兜。1. 屁股：～子。2. 器物的底部，如碗～子。米饭盛少了，都盖不住碗～子。3. 紧跟（在后面）：～住追上来了。

独：自私；容不得他人。这个人真独，他的东西谁也碰不得。真独不要写作真毒。

短路：拦路抢劫。不写断路。

发棵：分蘖。植株逐渐长大。

发物：指富于营养或有刺激性，容易使疮疖或某些病状发生变化的食物，如羊肉、鱼虾等。

戆：读杠。戆头戆脑。

跟脚：大小合适，便于行走。

跟手：随手。

凫：凫水，也写作浮水。他能一口气凫到对岸。

擀：读感。擀面杖吹火一窍不通。

袼褙：用碎布或旧布加衬纸裱成的厚片，多用来制布鞋放样子。小时候，我母亲常常要做这项工作，很是辛苦。

胳肢：在别人身上抓挠，使发痒后发笑。

牯：牯子，就是公牛。

掴：读乖。用巴掌打。掴了他一记耳光。

鳏：读官。鳏条子，指男光棍。

掼：读惯。掼跤。掼桶、掼稻子（见图，我小时候还有，现在早不知掼到何处）。掼蛋（扑克游戏）。

桄子：读逛。一桄线。

鬼画符：比喻随意涂抹等。也指虚伪的话。

鳜：读桂。鳜鱼，上等好鱼。因为桂花盛开时节最肥，也写作桂鱼。严格说来还是写作鳜鱼好一些。

害口：害喜。指怀孕。

憨：憨子。傻子。

鼾：打呼噜。

夯：打夯。夯他一顿。

绗：绗被子。

薅：读蒿。~草。猛一看，薅字从草从女，离拔草相去甚远。

荷包蛋：也叫卧个鸡蛋。

桁：读横。桁条，水泥桁条。

齁：太甜太咸。齁死了，盐不要钱了吗？

烀：用少量的水，盖紧锅盖，加热，半蒸半煮，把食物弄熟。烀一锅山芋。

灰不溜丢：也说灰不溜秋。酸不溜丢。

服：一服中药。不要写作一副中药。

戽：戽水。

划拳：喝酒行令。也说搳（读划）拳、豁（读划）拳。

攉：读豁。把东西攉到一堆。

伙：把东西伙在一起。合伙。几个人搭伙做事。

尖：吝啬；抠门。这人可尖了。可尖了不要写作可奸了。

搛：用筷子夹：搛菜。溧水此地人也说搛，但常说搛点吃吃（吃吃读切切）。

蛱：茧子。也说趼子。

豇：标准读姜。河南人读作岗。豇豆子。

疖：读节。疖子，就是皮肤上长得东东。

褯：读借。褯子，指尿布。

筋道：指食物有韧性。不要写作精道、劲道。

剂：面剂子。

连襟：指姐妹丈夫之间。北方称之连桥。

粳：读晶。河南人读作更。粳稻、粳米。籼稻、籼米，河南省念得对。

阄：读究。抓阄。生产队经常采用这个办法，公平公正。

酒盅：也写作酒钟。

猪圈：读猪卷。

亲眷：亲戚。当地人称亲眷（菊）。

 锩：刀剑等的刃弯曲。

 撅：当面使人难堪；顶撞：撅人。撅一根柳条当马鞭。

 噘：噘嘴。

 橛：木头橛子。

 揩（读开）油：比喻占公家或别人便宜。

 囥：读抗。把东西藏起来。把糖囥在米糠里。

 㸑：用微火使鱼、肉等菜肴的汤汁变浓或耗干。也写作焆。

 河南人好说：kao si。想必是不是写作㸑死（慢慢煎熬至死）啊。也可能是尻（念 kāo，古书上指屁股）屎。屁股上有屎，可能更接近本意。

 搕：把东西向别的物体碰，使附着的东西掉下来：把筐里的土搕一搕。

 磕打：把东西（主要是盛东西的器物）向地上或较硬的东西上碰，使附着的东西掉下来：他磕打了一下烟袋锅；抽屉里的土太多，拿到外边去磕打磕打吧！

 嗑：唠嗑。

 旮旯儿：指角角落落。

 罱：读览。罱河泥。

 㴪：柿子放在热水或石灰水里泡，除去涩味。㴪柿子。老家好在生柿子上插一根芝麻秆，促其快点熟透。

 啷当：左右；上下。二十啷当岁。

 捞：读老。绰（读抄）；抓取：天一亮，他就捞起锄头出去了。捞与捞有区别。

 哩哩啦啦：零零散散或断断续续的样子，如他挑水哩哩啦啦洒了一路上。

 楝：读炼。楝子树，老家常见。不要读作柬子树。

 缭：把衣服边缭上。

 尥：读料。尥蹶子，骡马等跳起来用后腿向后踢。

 撩：读料。撩荒、撩挑子不干了。

 令：原张的纸五百张为一令。

 熘：烹调方法。炸或炒后，加上作料和淀粉汁，熘猪肝。

 绺：读柳。一小绺头发。好几天没洗了，头发都打绺了。

 馏：馏馒头。

 砻糠：稻谷砻过后脱下的外壳。

垄：一行一行的土埂。几垄地。

娄：身体虚弱，他身子娄了。西瓜娄了，指熟过了变质。注意：娄不要写作篓，尤其是他捅了大娄子不要写作大篓子。

搂：搂柴火。

卤：读鲁。卤水、卤菜。

栗暴：指手指弯曲起来打人头顶叫凿栗暴或打栗暴。也说栗凿。河南人把凿栗子念作捆栗子或者凿（含琢）你个捆栗子。

猛孤丁：猛然；突然。

缅：义卷，如缅上袖子。向上卷衣服，用挽起袖子。把长条形的东西盘绕起来打成结，叫绾，如绾个扣子儿。把头发绾起来。

捋：读吕。捋胡子。

络：丝瓜络。

撵：把鸡撵的到外跑。

沤：沤粪。

耙：铁耙、钉耙。耙也能搂草，但主要用于整地。

笆子：搂柴草用的工具。与耙不一样。

耪：用锄头锄草并翻松土地。耪地。

髈：大腿，如蹄髈。

嗙：自夸；吹牛：开嗙，胡吹乱嗙。

奅：读疱。1. 大。2. 说大话：大佬奅。把巴结人家称作和卵奅。

纰漏：产生差错。

披：（竹木等）裂开。这根竹竿披了。

劈：（木头等）裂开：板子劈了。铅笔尖儿写劈了。

擗：用力使离开原物体，如擗棒子。

谝：夸耀；显示。

笸：读 pǒ。针线笸箩。不要写作簸箩。

抔：读 póu。量词，把，捧。如一抔土，小孩拉了一抔屎。

潽：稀饭潽锅了。

搡：推。

磉：柱子底下的石磉。

痧：刮痧。

色子：游戏用具或赌具。也叫骰子。

膻：读煽。羊肉气味。

讪脸：小孩子在大人面前嬉皮笑脸。讪花脸。笔者以前一直写作三花脸。

苫：苫布，遮盖货物的大雨布。

骟：割掉牲畜的睾丸或卵巢。

绱：读尚。绱鞋。也作上鞋。

筲：读稍。水桶，多用木头或竹子制成。有人说水筲。

潲：雨点被风吹得斜洒。也指猪潲水。

赊：赊账。赊欠。

虱子：读诗。虱子。

螺蛳：大的为田螺，小的为螺蛳。

馊：饭馊了。馊主意。

嗉：嗉子，如鸡嗉子。

唆：读梭。吮吸。婴儿唆奶头。

蓑衣：笔者小时候常见，现在很少了。

趿：趿拉着鞋出门。

溻：读塌。汗湿透（衣服、被褥等）。

蒜薹：不要写作蒜苔。

邋遢：不干净不利索。

溏心：蛋煮或腌过后蛋黄没有完全凝固的。

笤帚：打扫卫生工具。

煺：宰杀后，去掉毛。煺毛。

褪：褪色。也作退色。也说脱色。

酡：读驼。喝了酒脸色发红。

搵：舀。从缸里搵几勺子水。

崴：崴脚了。不要念作威啊。

绾：把头发绾起来。绾个扣子。

旺子：用作食品的猪血、鸭血等。河南人避其"血淋淋"。把鹅（避"我"字）头称作龙头，把鸡爪叫作凤爪。

搣：使细长的东西弯曲。

煨：沙罐煨猪蹄。

160

圩：读围。圩埂。河南人念于。

齆：读瓮。齆鼻子。说话齆声齆气。

莴苣：河南人称作莴笋。

瘩：脸上长了个瘩子。指隆起的痣。

搂：往墙上搂个木楔子。注意"搂""楔"极其微小区别。

楔：木楔子。

歇：河南人好说歇个 pan。这个 pan 怎么写，还请大家帮忙找找哦。

醒：和面后，放那儿醒一醒。不要写作饧。饧是人们不愿意看到的，醒是人们想要的。

擤：读醒。擤鼻涕。

絮：给被子再絮点棉花。

暄：物体内部多而松软。馒头很暄。本来用壒，后来大概是嫌土腥味太重，改为暄。想想也是，这个馒头很壒，看到都不想吃。

旋：口语。临时（做）。旋用旋买。客人到了旋做，就来不及了。现在一般写作"现用现买"。

芫荽：读 yán suī。香菜。河南人读作延溪。

咱：用在"这咱、那咱、多咱"里，是"早晚"的合音。

拃：读眨。张开大拇指和中指（或小指）来量长度，一拃长。注：古人尺子在身上。手腕寸口穴位到腕底就是一寸。然后就是拃。再就是手腕到肘是一尺。再就是一臂长，接着就是一庹、一抱、一搂……

撺：读寨。把衣服上附加的物件缝上。撺花边。

瞻节：节日期间，带上礼物去看望。

蘸：蘸糖吃。大葱蘸酱。

褶：读者。衣服褶子。手上、脸上有一道道褶子。

胗：读珍。鸡胗儿、鸭胗儿。

肫：读谆。也指鸟的胃。河南人读作君。

砧：读真。砧板，切菜用。

招呼：留神。路上有冰，招呼滑倒了。

炷：一炷香两炷香。不要写作一柱香。

赘：使受累赘。孩子多了真赘人。

缒：读坠。用绳子把东西从上往下送。

拽：读 zhuāi。义指扔；抛，如把皮球拽得很远。还指胳膊有毛病，活动不便。

跩：读 zhuǎi。由于身体肥胖不灵活，走路摇晃。如鸭子一跩一跩地走着。

（注：本节文字由吴永亮编撰）

第九章　家族记忆

我的老塆

在 2019 年 6 月 22 日之前，我只会说"塆"，但不识更不会写"塆"这个常挂在嘴边上的字。

2019 年 6 月 22 日中午十二点过了一刻钟的样子，我和我的朋友顶着烈日，驾车从千里之外的济南来到我的老塆——河南省新县苏河镇政府。

进入新县地界，时不时见到路边的指示牌上写作"张塆""李塆"什么的。好奇的我，习惯性打开手机上《现代汉语词典》（第 7 版）网络版，在对话框内手写"塆"字，手机屏上立马跳出：塆 wān 山沟里的小块平地（多用于地名）。在溧水老家，我们将"塆"念"歪"。我想，塆是典型的形声字，从土从弯（表声）。弯其实也表意，说明那是弯弯的、曲里拐弯的小地方。在苏河镇政府门前，见到老家人吴永斌大哥后，好一阵握手寒暄。在河南人口里，塆不仅仅用于地名，更多是代表曾经居住或正在居住的地方。那一声带拐弯的塆，说不清、道不明对屋、人、物、事的惦念，品不完、嚼不尽对家温馨、温情、温暖的回味。

对上了，终于对上了，不仅我与在苏河镇政府门前久等的吴永斌大哥等几位对上了，更对"塆"这个字的字形、读音、含义对上了。

永斌哥告诉了我们这一支吴氏大概来历。康熙年间，本选、本朝、本立、吴四先后出生在湖北省红安县桃花乡板仓塆村一普通家庭。本选读书两年。父亲几年前病故，清明祭祖本选三兄弟误烧了别人的灵棺，无奈之下，母亲罗氏挑着箩筐（吴四幼小放在箩筐里）趁黑夜携四子往湖北大悟方向出走。

到大悟县四姑墩时，老母亲忍痛将吴四送给了一户吴姓人做儿，随后母子四人继续北逃要饭至光山县罗陈乡青山村后王畈的王家闲屋借住。母亲有病在屋守候，三子在周边村庄讨要度日。这年冬天罗氏在饥寒交迫中，活活冻死在马槽里。房子主人王家人行善积德，将罗氏用草帘子包裹送到河边安葬。三兄弟回来后，只落得抱头痛哭，从此母子天各一方。

好在本选公用智慧和勤劳于返堂洼支撑起吴氏家庭，从而衍生出如今遍布全国各地几千人的大家庭。

我是 1962 年 1 月 28 日（农历腊月二十三，牛年的小年。这里需要补充说明一下，1998 年我转业办理身份证时，错将出生日期写成 1962 年 1 月 27 日，后来想改，据说非常麻烦，也就将错就错了）傍晚时分，出生的塆是江苏省镇江专区溧水县云鹤公社杭村大队吴家生产队。后来，几经变更，现在老塆改为江苏省南京市溧水区晶桥镇杭村吴家。不管风雨如何变化，不管住地上级行政机构咋变，吴家这个名称一直岿然不动。

1980 年 9 月，我经过地方高考，终被济南陆军步兵指挥学校录取。从上军校那天起，我一直在齐鲁大地从军十八年。1998 年 9 月，我经过考试，以省直机关笔试前十、面试第一成绩转业到山东省政府工作。后因机构改革，终到省委宣传部（省新闻出版局）就职。2020 年 3 月，经组织批准提前近两年光荣退休至今。

我出生的塆处于两座丘陵之间一块平地，村子不大，周边全是肥沃良田。按理说是个好地角，但存有一个致命缺陷，就是每年雨季来临，老塆下游石臼湖水泄不出只好逆势顶上来，老塆上面来水顺势直流而下，两水在老塆处汇合，因而老塆常常被淹。所以每到汛期来临，全村老少个个提心吊胆，惶惶度日。20 世纪 70 年代初，我叔叔带头把家挪到三百米外的山冈上，从而摆脱了水的困惑与刁难。叔叔牵头，大伯家、我家，以及其他二十多家，都相继搬到新址聚在一起。原来那个地方就成了"底下塆"，新村自然就叫"高头塆"。后来"底下塆"先是变成一片农田，近些年成了养虾、养鱼的池塘。

在高头塆，奶奶常给我们讲过，我们从四五里地以外一处山脚搬到底下塆的，那里才是我们家真正意义的老塆。奶奶说，新社会小村并大村。不知是巧合，还是同姓的号召力、吸引力，从河南移民的姓吴的纷纷从山里各个犄角旮旯儿汇聚在了一起，吴家村这个名称平地而起。吴家村，姓吴占比例最高，此村非吴家村莫属了。

　　奶奶口中的老塆，我多次去过，因为我爷爷等老一辈先人坟地在那。奶奶说老塆孤零零，离大村有点远，当年也经常受到日本鬼子、还有一些不三不四的撮火（骚扰）。不过，老塆也有好处，图个静，还有最大好处房后面有一个小水塘，水塘地脚高，种庄稼、xīn小菜（种蔬菜的意思，笔者多方寻找找不到一个合适的字，只好用拼音代替）、吃水都非常便利。老塆靠山，放牛、放羊、养鸡方便，早上开门放养就成。2017年清明节，由于格田成方，爷爷等先人坟终于迁回到高头塆后面祖坟所在地，这样爷爷奶奶总算在分隔六十五年后又走到一起。2019年10月3日，我与永国哥、永坤专程去了一趟老塆。永国哥带我来到一片栽有树苗的地上，他说这就是我们的老塆。背后是郁郁葱葱的山，前面是一冲田地，那田地正在进行农田改造。

　　站在老塆，我遥想当年。这就是我奶奶年轻时，从五六十里外的溧阳娘家远嫁而来的地方。奶奶曾悄悄告诉我，当年我爷爷长年在奶奶娘家当长工，抽空做做道士挣点钱贴补。不知什么原因，我奶奶的父母竟然相中我几乎一无所有的爷爷。是勤劳，是憨厚，是智慧，是机灵……奶奶的娘家那是有着两千多亩土地的大家啊。我大舅爷（孙传芳手下一名团长）骑着大白马送我奶奶前往我家。左走不到，右走还不到，大舅爷本来对这门亲事就有些微词，一路上铁青着脸，极少说话，说也就是问还有多远。离老塆还有三四里地，我大舅爷终于爆发了，执意勒马回返。我奶奶急得掀下红头从轿车跳下来下跪，说：哥，你千万不能回。回了，妹往后日子咋过啊?! 我大舅爷翻身下马，扶起我奶奶。奶奶跟我私下说，我大舅爷双手抖得不行不行的。大舅爷强忍着来到我爷爷老塆。老塆，虽然有九间整齐土坯墙稻草房，外加张灯结彩，好一派喜气洋洋，但是我大舅爷坐在上龛子（上龛子，就是上桌主座位），几乎没有话语，没动筷子，端起酒杯，那也是象征性意思意思。仪式一结束，大舅爷催马而去，从此再没有来过我们家一次，哪怕他部队驻扎地离我老塆只有区区十多里地。从此，我奶奶在老塆播洒汗水、泪水甚至血水，即便到老，依然带着大家闺秀的风范，岁月、艰辛的岁月始终没能摧毁我奶奶皎洁、清秀、明快的面孔。在老塆，奶奶生育八个子女（由于条件限制，最后只存活下三位，那就是我大伯吴克宽、我父亲吴克正和我叔叔吴克胜）。在这里，奶奶独当一面（我爷爷是独子，加之体弱多病48岁就去世了。我爷爷的母亲还是一位盲人），全家重担压在我奶奶瘦削的双肩之上。我奶奶靠那三寸金莲，一步一步丈量生活艰辛、日子漫长。我奶奶一一送走我的外太太

（爷爷的父亲）、内太太（爷爷的妈妈），还有我的爷爷、大伯母以及其他投靠在我家的远房家人。

我母亲八岁的时候来到我们家，成为吴家的童养媳。于是，我奶奶和我母亲，一老一少，相依为伴，共同支撑起那摇摇欲坠的家。

我打记事起，我就知道包括我奶奶在内的所有河南移民都有一个共同愿望，找回河南老塆。但由于受经济条件的制约，几乎只有想法没有行动。在我幼小的时候，我二姥爷将寻找付诸实施。他们坐汽车从公社到溧水，再到南京，从南京坐火车到郑州，又从郑州到信阳，信阳到光山、罗山，结果无功而返，从武汉坐船回到南京，继而回家来。虽然不成，但寻找的脚步一直没有停歇。时间到了2008年有了转机。当年，我妹夫一行数人，千里迢迢来到湖北省大悟县宣化店寻亲。他们找到分离一百多年的家人，闲谈时机，问起周围有无吴氏家族。巧合的是，竟然有我们本家。寻寻觅觅不成，按老塆话说眼睛眍眍子都盼大了没成，结果没承想，得来全不费功夫。2009年，我哥哥他们怀着激动、幸福的心情来到河南信阳市新县苏河镇，找到心中念念不忘的老塆。

一直以来，我对奶奶的艰辛爱恨有加，爱的是我奶奶能够瞬间完成从大家闺秀到贫穷家庭主妇的角色转变，爱的我奶奶用"自己吃了压茅缸，别人吃了传四方"的理念善待邻里亲朋；恨的是命运对我奶奶的不公，恨的是家族不该将千斤重担压在我奶奶一人身上。但是，当时间的年轮转到2019年6月22日，我对奶奶的艰辛有些释怀，原因在于我奶奶毕竟还享受到新社会四十多年阳光灿烂的日子，毕竟膝下有三个小家几十口儿孙满堂，而我老祖太一直泡在苦难之中，不见光亮。

2019年6月22日，定会成为我终生难忘的日子。那天新县苏河镇永斌大哥一行盛情款待我们几位。酒桌上，我热情迸发，本来想好的词却一下子断了片，但我稍作镇静，站起来娓娓道来：我奶奶一直告诉我，我们说河南话，按河南规矩行事，我们的根在河南。从小，我就牢记我们是河南人。今天我终于来到我根脉所在地。第一杯，我敬我的祖先……我把酒沿着墙根洒下，洒下是我作为后代的敬意、怀念，我眼里含着泪，心中揪着疼。我说，虽然我不曾来过新县，不知道老塆在何处，但我和所有在外的河南人，对远方老塆念兹在兹。特别是1975年8月，我们听闻河南发大水，说是有的水库大坝塌了，淹死了很多人。那时候，交通不便，通信不畅，都是通过口口相传得到的迟来的、不太准的消息。在江苏的河南人见面都是相互打听消息，可以说寝食不安，着急但有没有办法。从这件事情可以看出，天下河南人是一家，更何况都是姓吴，都是一脉传下来的。说完，我一仰脖子，将满满一杯足足有二两高度白酒干了，算是对永斌大哥们热情招待的感谢，也算是对列祖列宗一种敬爱表达方式。

饭后，永斌大哥一行陪着我瞻仰了返堂洼旧居（我们就是这支衍生的），随后我们来到房后那层层叠叠祖坟，我没有一点迟疑跪下磕头凭吊。返回路上，不一会儿，永斌大哥说：右边就是你老祖太当年居住地方，就是从那里，老人家带着六个儿子去了江苏。

我立即让司机停车，急急地下来。此时，水泥路面在烈日炙烤下，足足有五六十度。永斌哥指着离路边四五十米外一片山坡，只见树木葱茏，外加路与那边山地有水田相隔，只好把走过去的念头掐灭。我当即跪下双膝，向着那边曾经是老祖太老屋方向重重磕了三个响头。眼泪啊，止不住滴在水泥地面，眨眼间就被水泥地面吸收，吸收得只剩下浅浅印痕，但我心里却烙下深深酸楚。

上车后，车走了很远，我的目光还忍不住久久凝视着那块山地……永斌哥说，不知为何，你老祖太非要拖着六个儿子（依次名叫吴广用、吴贵用、吴清用、吴新用、吴安用、吴乐用。字辈放在最后边也是比较少见）远赴千里之外，按理说，你看看这里条件，日子也能混得下去的。我们也问了一些长辈，当年你老祖太也没犯啥子事啊?!

后来，我通过学习，了解到一些当年历史背景，原因可能在于1864年轰轰烈烈的太平天国运动失败，长江以南地区人口骤减，大片土地荒芜。为此，大清政府出台了一系列招垦政策，鼓励湖北、河南等地人们迁徙到江浙一带，繁衍人口，恢复生产。也许老祖太听说了这些政策，也许是有先去老家人打回信来（河南话把写信、寄信叫作打信。说江南日子好过，也许还有妯娌不和、婆媳关系不谐，也许还有我们至今不知的原因。总之，大概在1864年之后某个日子，老祖太（我爷爷的爷爷因病离开人世）带着六个儿子离开当年属于光山的老埻向东，向东一直向东……笔者打开电子地图惊奇发现，新县与溧水同处于一条北纬线上。

老祖太，你离开老埻大概年纪四十岁冒头吧。我是从您大儿子尚未成家这个角度推算出来的，如果算得不准请您老人家别怪罪。老祖太，我只知道我爷爷的爷爷名成瑞，只知道您贵姓黄，其他无从考证。怪岁月久远，怪后人传承不到位啊。

老祖太，你带着六个儿子离开时间大概是在秋收之后吧，收拾完庄稼换成钱，变卖好房产田亩，处理好债务往来，告别左邻右舍，让孩子抄下字谱，带着"祖宗昭穆神位""宝鼎呈祥香结彩，银台报喜烛生花"香火，也许包袱里裹着一块门前水井里淘起后晒干的泥土，挑起简陋的铺盖卷，上路了。您肯定会让孩子们记住老塆的名字，老塆的方向，老塆的一切的一切。您可不知，当年老塆所在的光山后来改名了。1933 年 10 月，国民党政府为加强对鄂豫皖边区的统治，析光山、黄安、麻城各一部，以国民党河南省政府主席刘峙的字"经扶"为县名，以新集镇为治所，设置经扶县。1947 年 8 月 28 日，刘邓大军六纵一部攻克新集后，设置经扶县爱国民主政府。12 月，根据刘伯承、邓小平提议，改"经扶县"为"新县"，意即人民获得新生，过上幸福生活。所以从您那儿开始，直到我们这一代，只知道老家在河南信阳罗山、光山一带。1990 年，希望工程兴起时，我自愿资助一位罗山小女孩直到小学毕业。我爱人问我为什么选罗山，我说那里有我的老塆。爱人从此非常支持，给孩子寄钱寄书，孩子逢年过节，也给我们寄来的核桃、板栗等等。

老祖太，您离开的时候，您是一步三回头呢？还是决绝地头不回眼不眨地走了。

老祖太，您可知，原来老塆现在叫苏河镇，江苏的苏，河南的河，冥冥之中是不是隐藏着什么玄机。

老祖太，您可知，从光山老塆，到江苏溧水那个新塆，一千里路啊。翻山越岭、爬坎过沟，哥哥驮着弟弟，大手牵着小手，那该是一道移民路上回头率极高的场景，辛酸中有幸福，无望之中有希望。老祖太，白天您要管孩子一日三餐，晚上您要顾娃儿们何处歇息。风来了，雨下了，甚至秋霜泛起，是不是还有雪花飘舞，老祖太您像老母鸡护着一窝小鸡苗。跌跌撞撞、磕磕绊绊，您把白天分成早中晚揣在怀中，您把漫长夜晚掰碎了揉进不敢合上的眼睛里……老祖太啊，这是我假想的秋后出发，如果是冬季出门奔生活呢？如果是炎炎夏日弃家而走呢？不敢再往深处着想了，我的老祖太啊。

老祖太，一路的坎坷那是自然条件，只要迈脚总能过去，但在兵荒马乱年代，守护一家人安全多么不易。不知道前行途中遇到土匪侵袭了没有，不知道跋涉行程里遇到流氓挑事了没有，不知道您是怎么带着孩子们渡过那波涛汹涌、一眼望不到边的长江？老祖太您担心过吗？您后悔过吗？您有没有想着掉转身子打道回府呢？

上天啊，您总算开眼。我亲爱的老祖太，人世间伟大的老祖太，好在您挑着盛满苦涩、辛酸、艰难还有对好日子向往的箩筐，终于挪到了位于南京东南的溧水县一个叫姑塘拐的地方安下家来。

河南人下江南，山东人闯关东，山西人走西口，都是值得历史记载史册的大事件。河南人到了江南，找一些当地人不屑要的边边角角。为了生存，他们要抱团取暖，所以河南村里基本没有当地人居住。河南人找对象，第一要务就是问对方是不是河南人，如果是那坐下茶水伺候接着谈，如果不是婉言谢绝打发走人。我六个妹妹（包括堂妹）只有最小的妹妹找了当地人（我们称此地人）。随着新中国七十年脚步，河南人与此地人相融、相亲，隔阂基本消弥。

老祖太在溧水安下家后，六个儿子一天天长大长高，旧愁未解新忧又添。二儿子贵用大概是为了减轻老母亲的负担，只身前往江西，从此下落不明，杳无音信。四儿子安用终身未娶，孤寂一生。老二、老四的事，是您老人家一块心病，至死都是挂在心里，攥在手中。好在其他四个儿子相继成家，给您老人家满是愁苦的脸上增添一抹喜色。

2010年4月4日（清明节前一天），借大面积现代化农田改造的机会，我们把老祖太您和您仙逝的后代都请回到你大儿子后裔居住地赵家埠。那天，我恰好回中学母校讲课在溧水，有幸参与整个迁坟的全过程。

老祖太的坟茔在山坡最上端，其后裔依次向下延伸排列（这大概也算作祖宗昭穆神位），颇为壮观。罗盘几经调整，最终整体墓园方向朝西，说是有利于后人繁盛、兴旺。其实我知道，那是老祖太您选的方向，因为那个方向的远处有老祖太做梦都想回去看看但终其一生都不可能实现的光山老埠。

老埠，一个山沟沟里的小平地，一个生活在此不足惜远离断舍不得的地方。若现在有人问我的老埠在哪里，我会毫不犹豫地说：在江苏溧水，在河南新县苏河镇返堂洼，在罗氏、黄氏、我奶奶、我妈妈几代母亲的言行中，在我心灵深处，更在那厚厚的吴氏家谱的字里行间……

（本文作者：吴永亮）

七碗米的故事

我的高祖阮徵再，生于河南省光山县（新县）新集镇彭河村兰河。高祖的父亲阮方武，其祖父阮明远，我们的《阮氏家谱》从这一代开始。高祖家境贫寒，拖家带口沿大别山迁徙到湖北红安落脚，两年后混不下去又回到老家。后听说有本家在江苏句容一带，用箩筐挑着三个儿子逃荒下江南，落户在句容县天王镇老唐村（三个儿子泰宜、泰宏、泰定）。安家后由于自己勤劳肯吃苦，日子过得不错，置了一百多亩田地，还参股（七分之一）购房产建了祠堂。后染上了毒瘾，大部分田地吸光，生活再次返贫。

天王家庭返贫后，太祖阮泰宏，分家分得七碗米。此时约 1897 年，太祖已生长子永福，太祖带家眷只好投靠岳父，后租住在溧阳同官西蒋村（太祖母陈氏，同官岗头上人，大概在河南订的娃娃亲，随太祖来江南）。太祖勤俭持家，发奋图强，依托溧阳山区竹料冬季需下山上船的时机，专门推小车贩卖竹料，收入与山主分成，赚了一些钱。太祖开始在横涧大竹棵村购房购山置地，与亲家彭氏同村安家（彭乃父亲的外公，村中富户，对阮家有所帮助）。至此，太祖一大家及三个儿子（永福、永禄、永寿）定居溧阳。大太祖泰宜在天王发家，育子永和，孙观昌（非亲生），亲生观景、观昇、观昱。三太祖泰定妻子亡故，一双儿女寄居在岳母家（溧阳城边一大户人家），十几岁时相继夭亡，泰定亦随太祖生活。

大竹棵村位于山涧小冲，田地分散，靠天收获，没有大发展。一大家人的生活只能勉强维持。穷则思变，泰定空闲时到处打听可安身落脚之处。后来游逛至溧水，有老乡反映西横山边上有不少空地抛荒多年（估计是太平军撂荒的）。遂与天王泰宜的养子及河南来的一本家观有，在西横山（泰定起名老虎头）垦荒种地，费尽周折，最后太祖花四百大洋买断老虎头七十亩田产及面山（向彭氏借了 200 大洋）。三个儿子分家抽签，永福、永禄分到溧水，永寿分溧阳，另加溧水五亩田。

太祖母人缘好，贤惠有加（1959 年故，88 虚岁，约生于 1872 年）。大竹棵彭氏头房妻子生有三个女儿。三女儿出生八个月时，其母病危，母亲弥留之际，将三女儿送到太祖母手上寄养，后成为我的奶奶（1962 年故，虚 66 岁，约生于 1897 年）。彭氏续弦生一男一女，女儿很小时被病故前的母亲，又送给太祖母，养大出嫁未生育，在娘家亡故，父亲叫她蛮小姑。彭氏的儿子就是洪坤的父亲。彭氏后取第三房另生有儿女……

太祖母有一侄儿明让，跟着姑妈讨生活穷困浪荡一生，后娶陈沿村周家寡妇，生一女年娣子后出走马鞍山另嫁。年娣子嫁溧水程来金。

祖父永福，有两双儿女，大姑出嫁溧阳西岕，未生育即亡。二姑出嫁本村傅文明，留我现在的三个表姐。大爹观晞，1921 年生，1970 年故。

祖父于 1932 年 38 岁时病故（约生于 1895 年）。翌年，奶奶带着 3 岁的父亲回溧阳娘家，并送 16 岁大姑去溧阳完婚（大姑未生育病故）。在西岕大姐家玩时，其大姐介绍本村本家中年壮汉蔡氏并结婚，生有一儿一女，即我溧阳的小姑和叔叔。

二祖父永禄，字华庭，约生于 1902 年。二奶奶姓陈，太祖母的亲侄女，童养媳，他们生有五子一女：观旭、观昕、观昶、观昭、观曜（字少卿）。二祖父有文化，曾当私塾先生，脑筋活络，为人正派，徒弟众多，在当地颇有威望。当年新四军小部队曾经借宿过他家多次，二祖父均给予方便，并严格保密。二祖父于 1956 年 55 岁病故。

三祖父永寿（约 1905 年生）定居溧阳，1935 年 31 岁病故，有三子一女：观晌、观皓、观映及住当涂新市姑妈。三祖母纳本村刘汉填房，育一子一女。伯父观晌于 15 岁来溧水耕种当年分家所得的五亩田。

我的父亲观旸，1931 年生，1932 年祖父病故，1933 年奶奶带着嫁溧阳蔡家（旧称拖油瓶）。11 岁（约 1941 年冬）与伯父观晌一道回溧水阮家生活，与其奶奶兄嫂同屋，由阮氏大家庭供上学至小学毕业，考取溧水县中，后负担不起辍学。

阮家虽然清贫于世，但家规祖训亦严格规范。父亲 15 岁时，二祖父教诲他，人要三不能：笔不能乱写，手不能乱伸，情不能乱种。违反者就不算正人君子，必遭周围人的防范和唾弃。我认为至今不算过时，值得我们小辈借鉴传承。

截止到目前，太祖属下的 10 个观字辈孙子，按年龄排序，尚有老五观晌老七观旸和八婶九婶在世，我们共同祝愿这些长辈安享晚年，健康长寿。成字辈成年成家后去世的有成栋（2017）、成彬（2007）、成忠（2012）。

阮氏家族字辈派行为：远方徵泰，永观成祥，景崇先志，福善荣昌，传家忠孝，道庆民良，承宣宝定，德裕乃康。

这就是我太祖母在世时常挂在嘴上的"七碗米"的故事，也是她老人家引以为豪的资本，我们永远怀念她。

以上为本人在父亲口授下整理的阮氏发家史，很粗糙、很琐碎，就算是我太祖以下家族变迁史吧。闲来无事读此颇为辛酸，感慨良多：首先，新中国成立前，政局动荡，战火不断，百姓居无定所，食不果腹，民不聊生，温饱不能保证，以至逃荒要饭四处漂泊，是谓河南人三年不发财就要搬家。这也是我国底层民众当时生存状况的真实写照。第二，那个年代各为生计奔波，青壮劳力体力严重透支，都没有长寿，就算我太祖母活到88岁实属罕见个例。第三，20世纪70年代以前医药很不发达，人的生存全靠天命，生孩子就是过鬼门关，婴儿成活率难以保证。现如今，时代在发展，社会在进步，老百姓再也不用为温饱而发愁奔波了，民众生活逐步提高，幸福指数亦不断上升，祝愿明天更美好。

（本文作者：阮成根）

溧水合德堂潘胜户潘氏来源

年幼时，我只能通过长辈的言语，零星地知道自己的祖上是从河南过来的。清明时间上坟祭祖，我也只对着那几座不起眼的坟包想象着祖先的状况。稍大后，我从家族长辈那见到了太爷潘天恩在1973年手书下来的草谱。纸张并不多，但比较详细地记述了我的家族是从哪来的，他的父亲、祖父名讳，以及家族成员、子女信息。更重要的是，太爷在首页记录了家谱中最重要的信息——潘氏字辈排序。字辈排序有如现代生物学的DNA遗传信息，严格规定了家族的长幼顺序，记载了家族成员的组成，也为家族后代之间寻亲提供了依据。

随着电脑网络信息化的普及，很多家族信息也从民间走向了网络，我一次次在网络上浏览，查看了很多别的家族的家谱或族谱。在网络的作用下，我足不出户，在潘东网友、潘斗喜（河南光山）的指导下查到了与我的家族一样的家谱。这就像 DNA 的信息比对成功，是非常重要的一步。潘东网友又介绍认识了溧水的潘生彪宗亲。潘生彪宗亲极为豪爽的拿出了他收藏的《潘胜户宗谱》，正是在这谱上，我找到了溧水山口和东庐潘氏的相关信息与联系方式。

《潘氏宗谱》堂号为"合德堂"，潘氏也居湖北黄陂东乡，分胜、贞、寿三户裔。非常感谢潘胜户的历代族人，从明朝初年分户始，每隔几十年潘胜户族人就收集成员信息，并为之作序。潘胜户宗谱 2000 年版本中的序有多个族人所作：清嘉庆九年（1804）序、清嘉庆丙寅年（1806）序、清嘉庆丁卯年（1807）序、清咸丰九年丁卯年（1859）序、清光绪二十年甲午年（1894）序、2000 年序。序中对潘胜户的来历进行了说明，并对家族的文化进行了宣扬，教诲子孙。

2019 年 6 月 3 日，在家族长辈焕平先生的带领下，我们拜访了东庐（原溧水东庐乡，现划属永阳街道）秋湖社区潘家村潘姓宗亲，并进入了祠堂，见到了东庐潘姓保存完好的十几本家谱。每份家谱我们都小心翼翼地打开用手机拍几张照片，总共拍了八十几张。东庐潘姓和山口潘姓，从字辈上是完全一致的。而且，从家族经历上到溧水后一直是相互联系的。这在长辈的讲述中一直存在。目前两村字辈最大的是焕字辈。

经比对东庐潘家祠堂家谱与《潘胜户宗谱》完全一致，而且东庐潘家祠堂家谱是清末的印刷本，清咸丰九年丁卯年序（1859）、清光绪二十年甲午年序（1894）都在上面，其余都是家族成员信息。东庐潘家祠堂家谱与潘天恩手书草谱中的字辈完全一致。两者都是从河南光州（光山、罗山、潢川）到江南的。从谱上看家族成员从湖北武汉黄陂到河南光州后对家谱字辈进行了修改，但前面 20 个字辈是一致的，从"光天焕斗，秀士清明……"改为"光天焕斗，学士多才……"修改原因不明。

通过潘东宗亲（湖北潘氏文化研究会访问团副秘书长）介绍，我联系上了潘怡庚宗亲（湖北黄陂潘氏胜户副会长）。潘怡庚是胜户宗亲，是《潘胜户宗谱》2000 版的主要编辑成员。

经过他确认，我们溧水东庐潘姓和山口潘姓确实是潘胜户宗亲。而且他回忆他寻访时到过潢川仁和镇亚港村，接触了几个潘胜户宗亲。下面是他的微信记录："潢川县仁和镇亚港村东潘营潘焕武、前丁营潘天池。潢川县白店乡潘焕林、潘焕楼兄弟。2000年时,他们都没有电话。潘天池有一套2000年的《潘胜户宗谱》,他参加了迎谱大会。"

"另外,我们在南亚港访问到一个村庄,有我胜户宗亲,男的出外打工,只有女的在家,无人接谈,无法登谱。"

我太爷潘天恩手书草谱中记载:"我父所说我故在河南光州黄川,出小南门亚匠保仁和集陈家营后刘老湾,傍地名大棵树旁边坟墓左右上下一连五座坟。山向西南向,王家硚上水又向邓家庄便是。故先祖父坟在内,先祖考公讳恢银。故先祖母王氏同我父亲下江南江苏省溧水县,出北门十五里山口村,向东山又名叫牛尾巴山,山向坐东向西乙山辛正向,迁移在山后白池塘背山嘴向西大南小坟壹座便是。"

从百度地图上查看,潢川县仁和镇亚港村刘老湾确实存在,潘天恩手书草谱中地名稍有不同的是:亚匠保可能是亚港的旧地名。但明确写出了潘天恩父亲是光发、祖父是恢银。而潘怡庚叙述和《潘胜户宗谱》P266、P684都记载了光州南亚港潘家营子(刘老塆附近村子),有兄弟四人"恢金郭氏、恢银、恢有、恢钱"。恢金郭氏已成家,恢银、恢有、恢钱三兄弟未有记载(实际上是下江南了)。

据时间推算,溧水东庐潘姓和山口潘姓应是在清朝末年1870年左右到溧水(太平天国运动1864年结束,当时溧水县志记载全境人口仅为3.8万人左右)。河南光州(光山、罗山、潢川)潘姓当时应该是保持联系的。

从合德堂《潘胜户宗谱》序中知晓,潘姓始祖为季孙公,以地名荥阳潘封为姓。遵季孙公为潘姓始祖,至今有110世有余。黄陂东乡潘姓始祖乃宣二公。明朝初洪武二年(1369)由江西饶州府余干西筷子巷瓦屑墩过籍来黄陂立基。至今有650余年。(《潘胜户宗谱》合德堂资料复印件附后)

关于《潘胜户宗谱》合德堂资料上潘氏新订四十字派考,是湖北武汉黄陂潘姓(胜户、贞户、寿户)后人(元户在江西德安),于1947年在潘正道的主持下三户合祠联谱而成,从季孙公105世开始改用。

湖北武汉黄陂潘氏新订四十字派考:

从兹伦彝笃　　惠迪法常经　　礼乐绵先绪　　诗书裕后昆

(天焕斗学士,对应原谱字辈,从季孙公105世起用)

兴邦惟俊杰　　建国重知行　　祖武箕裘绍　　长流万代芬

河南光州（光山、罗山、潢川）到溧水潘姓原谱：

良子应昂	于时楚怀	龙文大有	景宗方恢（来）
光天焕斗	学士多才	立朝从政	勋烈洪开
显起先绪	祖德延培	道在承继	作育元魁

湖北武汉黄陂潘胜户原谱：

良子应昂	于时楚怀	龙文大有	景宗方恢（来）
光天焕斗	秀士清明	崇学重道	圣德宽宏
克振先绪	功业维贞	广延世泽	自受恩荣

溧水山口潘姓，因卧龙水库兴建而搬迁，在城北各村辗转居住，人员开始分散。在卧龙水库兴建结束后，潘天恩、潘天德携后人又迁回卧龙水库边牌楼村居住，附近涧西吴、孙家边等也有潘姓族人。2002 年溧水县建设征地拆迁，牌楼村潘姓大都安置到溧水开发区中城花园，有些因工作、升学等原因分散到其他地方。溧水山口地名现已不存在，现为开发商建设的卧龙湖风情小镇，牌楼村原址现在尚未开发，已经荒芜。卧龙湖东侧小东山有数座祖坟依然存在（东庐潘姓和山口潘姓均有）。东庐潘家，西邻 246 省道，村周土地复垦、土地流转。潘家、老屋村的潘姓族人还能邻里相聚。

（本文作者：潘学才）

来自商城的陈氏客民人

自 1950 起，我们家一直居住生活在东屏乡爱国大队（后改名为徐溪行政村）前芦家庄。我生于 1957 年，从我记事起，我们村里的人讲两种口音：俗称此地话与客民话。我再长大一点又发觉，我们家讲客民话，我们陈姓本家全部讲客民话，我家亲戚除姑妈家讲此地话外，全部都讲客民话。居住在城郊、东屏、东庐、白马各乡的姑奶奶、姑姥娘、舅舅、各位姨妈及我姐姐妹妹各家都是讲客民话的人。后来又发觉，我们村里讲此地话的人家几乎都是地主成分，讲客民话的人家多是贫下中农成分，而我们村里地主成分的家庭几乎占大半且是大姓，贫下中农成分的家庭几乎都是单门独户，都是 1950 年后陆续迁徙来的。后来又发觉，在溧水以东，居住山边小村庄的人家都是讲客民话。直到中年以后，我开始关心家族事务并且参与修谱后，才逐渐知悉了讲客民话的人的苦难历史和来历。

所谓"客民话"，即河南西南部信阳地区移民带来的家乡口音，经几代人的传承，到我这代人已经接近普通话，上口不饶舌，"客民话"比较缓慢。当地人口音是淮扬调，讲话时感觉憋舌头，语速效快。"客民话"与当地人口音语音语调区别十分明显。

我是溧水客民人的后代，我家来自河南省商城县，那是约在 150 年前，我的高祖启礼、启约、启义三兄弟结伴来到了江南。

我的高祖自河南省商城县迁徙至宜兴张渚一带，我爷爷又自宜兴张渚一带来东屏一带做雇农，新中国成立初在前芦家庄分了田地就定居下来。

一、生活在商城的陈氏先祖

我的祖先在历史上也是多次迁徙，约于明朝嘉靖年间，居住浙江丽水义门第十五世陈度，官派迁居河南商城县。陈度约出生于公元 1504 年，陈度公迁徙商城因是岁贡生由官派来商城县，所以携二位夫人及幼子跋山涉水，到那遥远的约二千里外的商城县履行典史职务。典史相当于现在的县公安局局长加监狱长，当年仅五万人口的商城县级五个官员中典史职位排第三位。在遥远的明朝嘉靖年间，丽水县至商城县直线距离二千多里，交通极为困难和不便，须在丽水城水码头乘船顺大溪河向东至入海口换大船，沿海岸航线到上海由吴淞口进入长江。轮船沿长江过镇江、南京、安庆、九江、黄石到大埠镇古渡口停靠，换小舟沿举水河由大埠镇沿古河道过辛冲镇、凤凰镇、到麻城，至此水路结束。水路弯曲遥远，但不用出体力还可携带家眷和多带行李。麻城到商城约 200 里路，有两条古道可走，应走平坦的西线过黄土岗镇、沙窝镇、余集镇、吴河至县城，一路舟行轿走，昼行夜宿，时间约一个月的时间。而任一地方官后而家庭壮大，财产应有增加，回乡路途遥远且家业大增，而定居当地是普遍的现实存在。

陈度卸任后到去世，再也没有回过浙江省丽水的故居，而是定居在了商城，而后在商城县城外又购得一点田地，其后人就生活在了商城县，经历几代人，家道逐渐中落和因天灾人祸，陈度的后人也就沦落为贫穷的农民。

陈度公后经五代单传，传至义门陈第二十世陈盛公才生育二子，居住在商城的陈氏家族人丁开始由衰转旺，家族男丁也越来越多。

又经历三代的繁衍，到义门陈第二十三世陈学资，陈学资出生于1731年八月初四日亥时，卒于1802年七月十四日子时，享年72岁，葬于姚大冲五山未向。学智公妣夏氏，生于1729年六月初六丑时，卒于1804年三月初一日申时，享年76岁，与夫同葬。学资公生子两：士彦、士傅。

陈学资生前做了三件重要的事：

一、确定了我们陈氏有了二十字辈派：

学　士　兴　万　启

立　家　孝　维　先

福　德　恩　广　大

忠　厚　保　平　安

二、我们陈氏在商城县有了固定的墓地，沿钟铺镇北面的水泥路走约十里路，到姚大冲村，约一亩大小的向阳坡就是我们祖坟地。

三、陈学资同辈七兄弟共生育二十位男丁，陈氏在商城人丁才兴旺起来。陈学资虽然仅生二子，但其后代可用：百子千孙、儿孙满堂、本枝百世、人丁兴旺、瓜瓞绵绵来形容。

二十五世陈兴蒂，是我天祖的父亲，自陈兴蒂开始移住在鲇鱼山群山脚下的黑石山大队黑山村。黑山村是很古老的村庄，杂居着多个姓氏，村东一条黑石山河，河上有一座古老的石拱桥，这是通往县城城关的捷径。

二、陈氏家族人丁兴旺

陈兴蒂兄弟三人，他排行老二，老大兴发及老三兴鱼虽然有老婆，但均没有留下男丁后人，年纪轻轻的陈兴蒂于1809年娶亲成了家，次年七月十五日生下长子陈万全，接着又一连生下四个儿子：万国、万元、万松、万清。

后来他的五个儿子又给他生下十二个孙子。二十六世陈万全，生于1810年7月15日，距今210年了。陈万全作为家中的长子，家中还是早早地给万全订了亲，姑娘是当地胡姓人家的，比万全大2岁，万全18岁那年，即公元

1828 年的冬月十八迎娶了胡家女儿，万全的长子启乐于次年十一月初十日出生在他们家的茅草屋里。万全复制了父亲生育基因，十二年间一连生了五个儿子：启乐、启礼、启约、启义、启泰。

万全二弟万国结婚后也一连生了四个儿子：启玉、启福、启富、启生。

万全三弟万元结婚后仅生了一个儿子：启林。

万全四弟万松结婚后也生了一个儿子：启海。

万全五弟万清结婚后又生了一个儿子：启春。

大家庭如不分家近三十口人，长子次子结婚后就分家为三个小家庭，待老三、老四、老五结婚又分别另起炉灶独自过日子。穷家好分，舅舅都不用请来，和和气气分家也没有家产可分，就这样兄弟五家先后各起炉灶了。

后来，陈万全在世时，终于给其中长子、次子、五子分别成了家娶了老婆，后来三子及四子也成了家娶了老婆。兄弟五人娶妻生子添孙，各家子孙如下：

陈万全长子陈启乐，生子二添孙七。

陈万全次子陈启礼，生子三添孙十一。

陈万全三子陈启约，生子二添孙三。

陈万全四子陈启义，生子四添孙五。

陈万全五子陈启泰，生子二添孙八。

陈万国那支也是如陈万全这支人丁兴旺。

以上一连串的数字，说明我们这支陈氏家庭的人丁极为兴旺。

三、千里跋涉结伴下江南

清光绪十三年（1874）时，几年间在信阳一带的农村就掀起了移民江南讨生活的大潮，人们纷纷拖家带口下江南。在江南立足了的乡亲又回家乡带亲戚朋友到江南讨生活。受乡亲们的影响及接到先到宜兴张渚本家的口信，我高祖兄弟五家商量一番后，决定大高祖启乐和五高祖启泰留守商城伺候老母亲。由老二启礼、老三启约及老四启义到宜兴张渚一带去投奔先到江南的宗亲。同行的还有二高祖启礼的二位舅兄弟，他们姓李，和我们家既是亲戚又同村邻居。

光绪十三年秋的一天，启礼一家五口人、启约一人、启义一家五口人、加上李姓兄弟两家大人小孩共二十多人，出了黑山村。胡老太君领着一众家人及李姓一众人送行。大家在鲢鱼河二百多米的古石拱桥上告别，胡老太君对远行的儿子儿媳孙子们千叮咛万嘱咐，启礼一行最终告别留在商城的家人开始了千里的路程。一路上吃着带来的锅巴、咸菜，喝冷水，晚上宿土地庙。两架独轮车分别坐着怀抱幼儿的女人，放着随身的行李。其他人有的挑着箩筐，有的背着包袱，能带的家当都带了。他们伴着独轮车木轮的吱吱声，走古道，沿城关、酆集、峡口、方集、段集、武庙集、过祖师集就出了河南商城地界。进入安徽地界走叶集、姚李集、江家店、徐集到六安市。走三十里铺、四十里铺、金桥、官亭、新农集、烧脉岗、到肥西县城。南下走义城、桥头集、花集、上李村、环城集、半汤、清溪、到含山县城、再走西埠到和县。在和县金家庄古渡口渡过长江到当涂，再过丹阳、博望古镇进入江苏溧水境内。到明觉寺过洪蓝埠，到县城走大桥，到官塘，走白马桥出溧水境。过溧阳上兴埠、南渡、茶亭、戴埠，终于走到了目的地宜兴的张渚，见到了本家宗亲。他们靠双脚走了近三个多月，走走停停歇歇，一天至多走二十里，有时停下来打几天短工，女眷则带着幼儿去附近讨米要饭。

二高祖启礼，1874年时43岁，携老伴李氏及三个儿子立明、立兴、立荣。那年立明约13岁，立兴约10岁，立荣约7岁。

三高祖启约，1874年时40岁，尚未娶妻成家。启约挑着一对稻箩，装满了简陋的生活用品。

我的高祖启义，1874年时37岁，已娶梁氏成家，携老伴梁氏及三个儿子立田、立厚、立宽。那年立田约7岁，立厚约4岁，立宽约1岁，坐在独轮车上由父亲推着一路风餐露宿，走走息息。

约经半年时间的跋涉，高祖启礼夫妻、启约、启义夫妻一行人面黄肌瘦，人人破衣褴褛，沿路打听了多少人，终于到达宜兴县张渚镇西与溧阳交界的丁家村，投奔早先下江南且已经在张渚乡丁家村立足的本家兄弟，而李姓兄弟则投奔去了溧水县现在的东屏梁山岗一带，那有他们先行到达的亲戚。

四、立足江南靠帮工讨生活

1864年至1874年，苏南的田地已被逃亡回乡的地主、湘军小军官及当时衙门里大小官僚所瓜分霸占，后来到达溧水、溧阳、宜兴、句容一带的信阳人及湖北人，都没有抢占和分到田地，下江南后只能打长工做短工租田耕种。

启礼、启约、启义兄弟仨历尽艰辛来到江南落脚在宜兴县张渚镇最西边的丁家村后，初到时在村庄不远处搭盖仅能容身的草棚子，将就着安顿下来。丁家村一带地广人稀，是黄土低矮丘陵地带，有很多可开垦的旱地，三兄弟先是就近开垦一点荒地种南瓜山芋等。男劳力主要还是给地主做长工帮短工维持生活，女家属在家照顾小孩洗衣做饭，有点小钱又开始养猪养鸡，就这样在宜兴张渚镇丁家村落下了脚。

三兄弟一开始租地主的田种，没有牛和农具，更没有水车，耕牛借或租，实在没有耕牛就用钉耙翻耕。农具和水车只能用人力替代，租田除了要把最好的稻子交租子。还要交苛捐杂税，还须留下来年的种子。那时生产力又极落后，亩产仅200—300斤，三下五除二后口粮所剩无几，生活十分艰辛。

几年后，二高祖启礼带其子立明、立兴、立荣一大家投奔二位舅兄弟，迁居东屏一带，靠给地主家帮长工谋生。李姓兄弟的后人至今仍居住东屏街道梁山岗李家棚子，直至2017年拆迁。如今李姓贵字辈见我们陈姓维字辈仍亲切呼唤老俵。这是因为苦难中结伴下江南而结下的情谊，不会因"一代亲二代俵三代就拉倒"而自然断绝关系。

我的高祖启义仍留在张渚一带，再后来，高祖启义二儿子立厚移居到东屏张村一带，立宽、立春又移居到袁村一带。

而我的太爷陈立田继续留在宜兴张渚丁家一带谋生。约于1915年前后，我爷爷陈家友兄弟俩也由宜兴张渚迁居到东屏一带。先在徐溪保倪家塘地主家帮长工，居住在地主家牛棚里。直到我爷爷34岁时，我奶奶的前夫死了，我爷爷才娶了我奶奶，并住到我奶奶的王家房子里。1930年生我姑妈，1933年又生我父亲。我的姑妈和父亲，曾多次随我小脚奶奶出门乞讨要饭。1939年我奶奶病故在乞讨要饭的路途中。我奶奶病故后，我爷爷只能离开王家又居无定所地在地主家帮工。当时我父亲七岁、我姑妈十岁，由二爷爷陈家生接到崇庆寺庙里抚养。我姑妈因为是女性不方便在寺院里久住，很快她就给了沟沿村任家做童养媳。

后来做和尚的二爷爷于1944年帮我爷爷在赤虎山北山脚下，买下七亩不长庄稼的水田及一个小水塘，还帮助添置了农具及一条耕牛。我爷爷便在田边盖了间简陋的茅草屋，我父亲从崇庆寺回到我爷爷身边来帮家里放牛。且不知那七亩水田十分贫瘠，任种什么都不生长，栽种水稻也是苗黄不发育，一亩田收成不足100斤稻谷。1949年1月，我二爷爷又给我爷爷买下了竹山一片约二十亩的山地。我爷爷又搬迁到竹山，在山脚下开荒，挖水池存水种水稻，又种果树等，但还是以打工为主。1950 年土改后，我家分到水田旱地、水塘沟渠共十五亩，我爷爷才真正地有田种能吃饱饭，盖起了适合人住的三大间草房，还盖了猪圈羊圈，真正过上丰衣足食的生活。

至 1949 年，我们商城迁移来江南的陈氏本家，经历约 75 年繁衍至第四代，散居在上兴陈塘村、天王斗门村金山凹、白马新塘头村、东屏芦家边、前芦家庄、袁村。我陈氏本家，虽然分住各地，一辈又一辈陈氏一家人，皆相互来往和走动，逢婚丧大事必相互往来。1963 年起，大家组织冬至聚会祭拜逝去的先祖，每年冬至那天陈氏家族子孙从各地赶到承办酒席那户人家相聚一堂。

启礼、启义兄弟俩下江南快 150 年了，几代人根植于江南，安居乐业。

五、返回商城为母守孝

1886 年 9 月 12 日，启礼、启约、启义兄弟的老母亲，已 79 岁的胡老太君在老家商城黑山村去世了。当他们接到噩耗的讯息，决定回老家奔丧守孝。此时启礼已 55 岁，启约 52 岁，启义也已 49 岁。兄弟仨昼夜赶往老家，离家已经整整 12 年了。自那年石桥别了老母亲，再也没有见过面也没有尽到孝。回到老家时老母亲已安葬在姚大冲祖坟地，兄弟仨在兄长和五弟及侄儿们的陪伴下，先去老母亲坟前烧香烧纸，跪拜磕头哭诉。又去张冲老父亲坟前烧香烧纸，跪拜磕头，兄弟仨商议百年后落叶归根，葬回老家。

守孝期满，启礼、启义兄弟俩准备起身返回江南。三高祖陈启约再没有返回江南而留在了商城。他与老婆梁氏带儿子立山留在了商城，就在匡店村马鞍山一带扛长工打短工，安家在匡店村马鞍山。130 多年来，立山的后人世代散居在商城县鲇鱼山乡框店村马鞍山组，这个小村庄处在半山腰上，以前闭塞交通相当不便。

返回江南时，万重支其长子启隆卒于 1878 年，留下 19 岁妻子张氏与刚 2 岁幼儿陈立生，孤儿寡母相依为命，在老家商城生活异常困苦，也打算离开商城下江南去讨生活。直到 1886 年见到两位远房哥哥自江南回来奔丧，奔丧后仍回江南，便央求高祖启礼、启义两位哥哥带她们母子下江南讨生活。当年 27 岁的张氏带着 10 岁的陈立生，随两位哥哥来到东屏一带，在陈氏本家人的帮助下安生下来。后来张氏靠给当地富人家当佣人养大了陈立生。陈立生大约在 30 岁娶了老婆，陈立生生子二：家喜、家富。张氏于 1911 年去世，年仅 51 岁。

启礼、启义兄弟俩回来江南后，因路途上奔波劳累，加之老母亲离世的伤感，55 岁的启礼大病一场，身体日渐消瘦。启义路过东屏在二哥家暂住了两天后，又独自回到张渚。

又过若干年，启礼、启义兄弟俩相继在东屏、张渚去世，他们的儿孙辈遵照俩人落叶归根的遗愿，将他们的遗骨送回老家商城，合葬在祖坟地张冲。

六、陈家宏独自下江南

陈家宏出生于 1861 年，自小生活在商城县黑山村，陈家宏兄弟三人，上有哥哥陈家廷，下有弟弟陈家福。一家人生活贫穷至极，更不幸的是哥哥陈家廷少年时，在菜园采摘豇豆时被毒蛇咬伤，毒发身亡。陈家宏 16 岁那年在商城当地一家糟坊（私人酒厂）学徒，却干着成年人的重体力活，第一年学徒按行业规矩是没有工钱的，回家过年两手空空。

第二年又干了一年，按行业规矩可以领到半个劳力的工钱，可是陈家宏耐不住酒香的诱惑，经常偷着喝糟坊里的酒。年底东家告知陈家宏，工钱抵消了他偷喝的酒钱，父亲见陈家宏两手空空回家过年，十分气愤。陈家宏遭到了父亲陈立本的责骂。

第三年陈家宏又继续在糟坊干，二年学下来他已经是酿酒师傅了，不但身体强壮了，重体力活也不在话下，酿酒的整个过程和相关技术也学得差不多了。这一年，他又是经常喝糟坊的酒，东家警告陈家宏，若是天天喝糟坊的酒不但没有工钱，来年也不会要他干活了。陈家宏却不管不顾，照常天天喝东家的酒，酒量越来越大还有了酒瘾。到年底果然一分钱工钱也没有。回到家里，等待他的不仅仅是父亲的责骂，父亲陈立本还拿着扁担追打陈家宏。陈家宏此时后悔莫及，看着家庭困窘，像他这么大的男子早该娶妻生子了，可是年已 19 岁的陈家宏和弟弟却无人提亲。

1879 年春节刚过，19 岁的陈家宏带了点简单行李和干粮，孤身随下江南的人群，徒步往溧水溧阳的方向走呀走。很快干粮吃完了，他就帮别人挑挑子，推车子，那个能给点吃食，年轻力壮的他就毫不惜力给别人当帮手。过了长江，陈家宏终于按地址找到了早几年先来的家人。不久又在溧水张家冲找到私人酿酒作坊，先帮工后当了酿酒师傅。他给自己立下了誓言，决不再喝东家的酒了，这一干就是三年。三年后陈家宏带着省吃俭用的全部工钱，徒步回到了家乡。他将全部的工钱交给了父母，要求父母将他挣的工钱给弟弟陈家福娶亲，家里凭着陈家宏的工钱很快给弟弟陈家福娶了亲。

不久，陈家宏又辞别了家人，回到溧水张家冲，又是埋头苦干了三年，又带着三年的工钱徒步回到家乡，此时弟弟陈家福已经生有女儿。这一次陈家宏只是交了一部分工钱给父母，另外一部分工钱，由他亲自为父母置办了两副棺材，陈家宏像是完成了心中大事，是年为1886春节。临踏上返程时，兄弟俩彻夜谈心。陈家宏交代弟弟，他这一去可能不再返回了，自己也该成家了，回江南后打工挣的钱他要盖两间容身的草房，娶妻生子，养家糊口，以后也没有钱带回来了，所以双亲的赡养送终都交由弟弟了。家福也应承了下来，弟弟又安慰哥哥放心回江南去。再次分别是心酸和痛苦的，当陈家宏在家人的陪伴下出了黑山村，过了100多米的鲢山河石头大桥分手时，也忍不住号啕大哭。他跪拜了父母，又哭别了家人，在沉闷痛苦中陈家宏再次徒步返回了江南溧水。

后来他又到了溧阳竹箦镇白马岗一带私人酿酒作坊帮工，又过了几年，将近30岁时终于娶萧氏成家，后育有三子一女。起先居于溧阳竹箦镇白马岗一带，而后迁居溧阳上兴镇上沛陈塘村。陈家宏曾三次用脚板走路往返在河南商城与溧水、溧阳之间，在饥寒交迫中共走了6000多里的路程。

2021年3月30日，我们一行12人，在清明节前去河南商城祭拜祖先和烧纸。当天晚饭后在宾馆里，我与陈维友聊天时问他："哥哥，你听说过你爷爷下江南的故事吗？"维友哥回答："维银弟，我出生时我爷爷死了多年了，后来我爹给我多次讲过爷爷下江南的故事。我爷爷喜欢喝酒，过去过年有守年夜的习俗，吃完过年酒，爷爷要求儿子孙子陪伴他守夜，在那漫长的冬夜，儿孙们鼓动半醉半醒的老爷子，要他讲讲下江南的老古经。于是老爷子多次讲述了他下江南的情况，儿孙们一遍遍追问，你没有吃的？你是怎么走过来的呢？爷爷慢吞吞地讲我帮人家挑担子、推车子，哪怕给一块山芋干吃也行，没有吃的我也帮人家挑担子、推车子，一路上走的都是穷苦人呀，有点吃的都是大家分享。又问你没有钱你是怎么过长江的呢？爷爷又慢吞吞地讲，等呀，一等好多天呀，那时长江上有给穷人渡江的船呀，可是少呀，不知道多少天有一条船，可是要过江的穷人太多了，得排队等呀等呀……"

2021年3月31日，天气阴沉沉的，由陈家宏最小的孙子陈维友带着9位本家兄弟，来到商城县城西南方向一处叫老鼠刺的山岗，祭奠他们的先祖陈立本。陈立本的大坟为五人合葬，分别是陈立本及太夫人花太君，长子家廷，三子家福大人及夫人刘太君，延绵百余年的祭拜仍将继续下去。

七、千里归葬故里

自清光绪十三年（1874 年）时下江南，此后很久时间，在宜兴张渚、溧水丰庆一带，我们陈氏都没有属于自己的田地。我的高祖启礼、启义兄弟俩约于清光绪三十三年（1894 年）前后逝世，宜兴张渚、溧水丰庆一带却没有安葬的墓地，按照河南商城的习俗，死后悬棺不入土，待尸身成尸骨，择日将尸骨千里送回河南商城，安葬陈氏祖坟地。又因为太过贫穷，没有钱立碑，仅靠家族代代口传，我才知道和确定启礼、启义老弟兄俩合葬在商城张冲祖坟地的最后右边角处。1911 年陈立生的寡母张氏去世后，也是被千里送回商城东陈湾后山腰祖茔地，与夫君陈启隆合葬。

我的太爷陈立田及太太徐氏，约于 1910 年先后去世，停棺于棚子内，尸身完全成尸骨后，我爷爷陈家生遵照我太爷的嘱咐，照我太爷生前告知去商城的大概路线，独自千里挑着我太爷陈立田及太太徐氏的尸骨，送回河南商城，葬在钟铺西响山凹祖茔，那年爷爷刚刚 20 岁。我爷爷给我父亲讲过那个辛酸的往事，我父亲后来又复述过那个辛酸的往事给我。我爷爷去商城的路途中，朝着商城的方向，白天有时停留住在土地庙里，去附近乞讨吃的，晚上回土地庙暂住。过长江时一等几天等免费的官家渡船，有时下雨找附近的土地庙，忍受着饥饿又停留几天，去的路上整整走了三个月的时间，方到达商城县。由于出生在宜兴张渚，他在商城连陈氏宗亲都不认识，人生地不熟，靠强记的商城县钟铺响山凹这个地名，一路问询，千辛万苦，终于将我太爷陈立田及太太徐氏的尸骨，葬在钟铺西响山凹祖茔。回来的路上，爷爷又是白天乞讨或做短工，晚上住土地庙，历时三个月，才回到宜兴张渚。直到 1949 年后，生活好转有了钱，我爷爷跟我父亲讲，想回一趟老家。1958 年 3 月我爷爷生病去世，却没有实现再次回老家上坟祭祖的愿望。

1915 年前后，我们陈家用三石稻谷向老亲李家置换了一块长约 10 米、宽约 3 米山岗地。这块山岗地位于梁山岗西北，李家如不是老亲，根本不会置换的。这一小块山地，安葬了我们的高祖太及维贵哥的太爷等陈氏 7 人。我的奶奶于 1939 年去世，也是无地安葬，是安葬在卢家边姑奶奶家给的一块不足 10 平方米的山边地，位于卢家边村后山坳里。当时为什么没有葬到梁山岗去，估计与我奶奶前夫王家及其前面的已成年儿女有关，即不能葬去王家的祖坟也不能葬陈家的祖坟。在大觉寺当和尚做主持，法号长波的我二爷爷陈家生，于 1943 年买下赤虎山北山脚下贫瘠的 7 亩田。1949 年 1 月，他拿出 800 元买下我村东竹山一片山地，我家才有了属于我家自己的土地，爷爷在山下开荒种地。1958 年 3 月，我爷爷去世后安葬在了属于自己家竹山南坡地里，终于有了安息地。

八、新中国成立后穷人翻身得解放

1949 年 4 月，解放军打过了长江，随即溧水农村也解放了。1950 年开始，进行土地改革，没收了地主阶级几千年来所拥有的土地，分配给穷苦农民耕种。

1950 年评定成分时，除我家是下中农成分外，我们陈姓本家全部是贫农和雇农成分。

按照 1949 年以前阶级划分标准，贫雇农没有房子，没有土地，也没有完整的生产农具，靠租地主的土地耕种，靠给地主做长工或短工勉强维持半饥半饱的生活。下中农生活来源靠自己家里少量的土地里的粮食收益，没有其他经济收入，生活水平仅能维持温饱。

1949 年之前，即使是经历约 73 年的时间，我们下江南的陈氏本家族人也没有摆脱贫穷的命运。不光是我们陈氏，所有 1866 年后移民到江南一带的贫苦客民，到 1949 年绝对多数仍然是贫下中农成分。那是因为贫穷的人家子女，没有钱进私塾读书识字，而且贫民子女只能与贫民子女联姻。大多数贫民没有自己的田地种，更没有青砖瓦房住，只能年复一年，一代又一代租赁地主绅士家的田种，一生做佃户受地主们的盘剥。

我所在的前芦家庄，任家独家居住着前后三进青砖大瓦房，两侧二层楼房连起二进天井，任氏地主一家住在里面，只有家里的男女佣人才可住庄园外面黑暗潮湿的草房里，所有的佃农不许可住在庄园里。庄园里用红木家具，摆设花瓶字画，出入高头大马，所有子女年少时上私塾读四书五经。与我父亲同岁一任姓男子，是前芦家庄任姓大地主且是甲长的大少爷，1949 年已 18

岁。18 岁之前读书上学，一直有佣人使唤，从没有做过家务干过农活。我少年时记得，爷爷遗留的一只小方台子、三条小矮板凳、一只小长桌，其粗糙程度堪称原始家具，腿脚歪歪斜斜，已经是我爷爷全部家当了，可想 1949 年以前我们家有多穷。

土改工作队进驻本村后，很多客民产生了深深的忧虑：地主的土地能让咱们分掉吗？要是分不成功，到时把地主彻底得罪了，那我们岂不遭殃了？我们分到了土地后，会不会很快又失去？我们陈家两户以及与我们家一样贫穷的农户，只参加土地的分配，分得盖房子的宅基地。而地主家的砖瓦楼房、家具、衣物、农具及耕牛牲畜均不敢参与分配。我们村里部分胆子比较大的客民不仅分到土地，还分到一至二间砖瓦大楼房，部分家具、衣物、农具及耕牛。我要特别强调，村里客民人结束了蜗居山坡荒野的历史。1950 年，没有分到地主砖瓦楼房的贫苦客民人，在老村庄的西面及后面的空地上按规划排序，每户分得了约 300 平方米的土地，建了三间草顶土墙房子，还有配套的猪圈房，真正的挺起了腰身。每个人还分得约 5 亩田地，才真正有房子住有饱饭吃。贫协主席及村组长都由过去地主家的长工及贫苦客民人担任。也就是说，贫苦客民人不但有了田种，有了地建房，政治上也彻底翻身了。

1950 年，村里人平均每人分到了五亩田耕种，我家分到十五亩一分水田，八亩五分山地，还分给了宅基地。我家能分到土地是以前几代人不可想象的，再也不用交租子了。头二年粮食有了很多盈余，1952 年，我家在分得的地基上盖了三间打板墙草房，结束了 78 年来在江南没有房子住的悲惨状况。后来我父亲进了识字班，还有很多本家人也像我父亲一样，生产队成立后当队长，在大队当干部。到了我们这辈人，进入了大队办的中小学免费读书班接受教育。如果没有毛主席共产党的领导，我们这辈人还是不会逃脱当佃农的命运，是毛主席共产党把我们陈氏家族及生活在溧水的客民解救了出来，有了房子，吃饱饭穿暖衣，政治上也翻了身。我们客民记得毛主席共产党的恩情，要世代铭记和感恩毛主席共产党。

目前我们陈氏家族分而居住，截至 2020 年，住东屏街道徐溪前芦村 34 人，住东屏街道山口袁村 40 人，住东屏方边芦家边村 4 人，住白马镇新塘头村 37 人，住句容天王斗门村 9 人，住溧阳上兴新塘村 18 人，我们陈氏家族移民江南的后裔目前共 142 人。

上一辈老人经常串门，到一村吃饭住宿聊天，生活好起来后每年组织祭祖吃冬至酒。而今我们这一辈也每年冬至祭祖吃冬至酒，建立微信群和通信录，这样的方式可以将家族宗亲成员连接在一起。

九、客民人的通婚

客民人大都经济条件不好，所以大多数客民人之间通婚，可谓门当户对，比如我们家族亲戚的婚姻，基本上是在客民人之间通婚：

1. 我母亲娘家在永阳庆丰社区大觉寺村，我舅舅朱纪福的老家是河南光山县，大概与我们家同年代移民来江南的。我姥娘娘家的老家也是河南光山县。

2. 姑妈因为是童养媳，买家也是有点经济基础，我姑夫家那时是破落的小地主，家在永阳庆丰社区沟沿村。姑父任天君他们祖上是明代自山东来的，来的原因竟然是祖先是承命押犯人去海南充军，因犯人路过溧水境内时病逝，所以在溧水报官后就留在了溧水。我村上大户任家是姑父任天君他们一支的，我的所有亲戚中唯姑夫家算是老溧水人了。

3. 我舅妈的娘家老家是河南罗山县，娘家在永阳中山社区中山村，大概与我们家是同时期移民来江南的。

4. 我二姨妈的婆家老家是河南光山县，我二姨父柯耀根的舅舅即是我的姥爷，所以是姑为婆，侄为媳，二代嫁柯家。他家在东屏方边社区芦家边村，大概与我们家时期代移民来江南的。

5. 我三姨妈的婆家老家是河南罗山县，我三姨父段国美家在永阳琴音社区王家店村，也是与我们家时期代移民来江南的。

6. 我姐夫兰峰的老家是安徽阜阳的，我姐夫兰峰的奶奶及母亲均是我们陈家姑娘，是三代姻亲，大概是1890年下江南，他们家在东屏金湖社区山口华村。

7. 我嫂嫂曾昭余娘家的老家也是河南罗山县，她的母亲也是我们陈家的姑娘。我嫂嫂曾昭余娘家东屏金湖社区山口华村，大概是1880年左右移民来江南的。

8. 我大妹夫汪心银的老家是河南罗山县，我大妹夫汪心银家在白马革新社区王家边村，大概是1890年左右移民来江南的。

9. 我小妹夫黄宏金的老家是湖北，黄宏金家在永阳工农兵社区王家冲村，由于过去来往信件的丢失，现在也不知道老家在湖北的具体地址了。他们祖上有做酒的技术，所以落户在县城郊区，但王家冲人都是讲客民话的湖北人，大概也是 1890 年左右做米酒生意来江南的。

10. 我前妻的娘家老家也是河南光山，她的奶奶是我们陈家的姑娘。前几年他们联合了老家人重修了他们邓家的家谱。

十、客民人的风俗

太平天国运动前居住溧水的原住民，口音近似淮扬语言。

客民人即太平天国运动后，为响应清政府招垦政策，各地先后迁徙来溧水居住的新居民。以河南省信阳地区的光山县、罗山县、商城县、潢川县、新县为最众多。安徽省阜阳市，湖北省随州市、襄樊市、黄冈市也为数不少。虽分为三省但地理上为三角区，其民俗语言音调相近，组成为客民的主体，150 年来三地客民，讲自己的语言，行自己的风俗，不但没有受此地人的影响，反而给此地人带来了很多影响。另有太平天国的湘军解散后落户溧水以及部分苏北逃荒、落户至此，他们也可称作客民。

溧水的东屏、白马、共和、东庐，及宜兴张渚、溧阳上兴、浙江长兴一带下江南的豫、鄂、皖三省的客民，人数超过了此地人。

来自湖南省宁乡县的 42 位青年光棍，15 岁至 45 岁，落脚在东屏一带，拆迁前的双泥塘村几乎全是湖南人，还有徐溪桥、坝上村、后昌村、丰庆村均有来自湖南省宁乡县的 42 位青年光棍的后裔居住。他们第四、五代后裔由于缺少湖南话的环境，逐渐讲我们河南人的口音，这 42 位青年分别姓曾、李、陈、徐、贺、王、谭等。

来自苏北淮安、盐城地区的客民，也散居东屏的各村庄里，而苏北淮安、盐城地区的客民迁徙时间较晚，他们的语言与此地人相近。我所知道的苏北淮安、盐城地区客民的后裔，均与此地人讲类似的口音。

此（本）地人与客民人在生活中的语言，仍然是各讲各讲的，但都知道各自所表的意思。

本地人称丈夫为"老板"，客民称丈夫为"当家的"；本地人称老婆为"马马"，客民称老婆为"屋里"；当地人称叔叔为"歪歪、哇哇"，客民称叔叔为"佬佬"；本地人称外公、外婆为"家公、家婆"，客民称外公、外婆为"姥爷、姥娘"。本地人称姑姑为"姑歪"，客民称姑姑为"娘娘"。凡此种种，至今仍然各叫各的，意思都懂。

我所在的村庄是本地人与客民各半，好几户家庭夫妇俩由此地人与客民组成，生活中夫妻俩各讲各的方言，因语音巨大的差异，有点滑稽，小时候我总憋不住偷笑。我的奶奶是本地人，受奶奶的影响，我父亲和姑姑两人单独时讲本地方言，如果我插话，他们对我又讲客民话。我姑姑13岁到任家做童养媳，我姑父家庭是本地人，他们沟沿村全部是讲当地方言。我姥爷、姥娘家是客民，两村相距一里路，小时候过年由我随父亲去姥爷、姥娘家拜年，初一到初五我都在姥爷家疯玩。那时真不懂事，我父亲要我顺便随他去姑妈家拜年吃饭，我总是躲起来坚决不去。因为我姑父和表哥也不会信阳方言，我从小就不会讲本地方言，他们跟我讲本地方言听得别扭，所以小时候就不愿意去姑妈家拜年。结婚后我每年必须去给姑妈拜年，我才发觉我姑妈一家是多么渴望我和我哥去他们家做客。每年的正月初一近中午，我姑妈站在高坡上，向我们来的方向望啊望，当看到我们的身影，她一路小跑回家拿酒菜上桌，见邻居就讲我侄儿来了，随后跟邻居炫耀好几天。吃饭时姑妈姑父也不吃，尽看着我们兄弟俩吃，还不时地为我们夹菜，走时依依不舍送出好远，并约好下次再去的时间。

客民特别好客，家里来客人吃饭时，一定让客人坐上岗子东边座位，即客人背靠香几脸对门的位子。吃饭时不许自家小孩上桌子，主人不断往客人碗里夹菜显得特别热情。客民还有"扣饭"的做法：当客人碗里还有小半碗饭时，主家的"屋里"会盛上满满一碗饭，趁客人不注意时，偷偷在背后将饭扣在客人碗里。吓得客人只有用左手五指扣在饭碗上面，从大拇指与食指间扒饭吃，防止主人家再次扣饭。其实有时主家招待客人的米还是向别人家借来的，因为大家都穷，怕来客吃不饱，所以就有扣饭待客的习俗，以显示主家的热情与大方。

客民把家乡的习俗也带到了江南，甚至一些当地人也采用了客民的习俗。比如结婚前夕要办提媒酒、央媒酒、准酒、团圆酒、暖房酒等；腊月、正月不许说不吉利的话；孝子守孝期不能去别人家；家里的母鸡学公鸡叫及晚上公鸡叫，意味着不祥之兆；狗哭及狗爬上屋脊要倒大运；新人结婚时不能请没有儿子的妇女或寡妇做新郎新娘的参拜奶奶；出嫁的姑娘不准在娘家生孩子；女儿、女婿严不准娘家同床睡觉，否则影响娘家兄弟的家运；出嫁的姑娘在正月十五不能看娘家送灯；不借房子给别人男女同宿，有"宁给别人停丧，不给别人成双"之说；家人死在室外或外地，尸体禁忌入屋内，只能停在屋外办丧事，意在野鬼不上神龛；家里如有小伢夜间磨牙，过年杀猪时将猪尾单独煮熟，然后把大门打开，叫小伢站在门板后面吃完猪尾巴，说是不再磨牙；家里男孩十五、六岁时，家里再穷也要杀一只童子公鸡连同鸡血、鸡内脏，清蒸给他一人吃，还要趁热一次吃完；家里小孩发高烧，傍晚时母亲在门口反复喊"小伢吓到了不怕回来嗷，回来啰!"，给小孩叫魂。随后装一碗水，拿几根筷子，一部分筷子立在碗口，一部分筷子立在碗口下面，一只手握住筷子，一只手舀碗里的水淋在筷子上，水的张力使筷子立住了，意味着小伢的魂回来了；大人在外面受了惊吓，傍晚时分家里的长辈带一孙子辈，去受惊吓的地方，将带去的竹箅子由长辈在前面拖着走，长辈喊"某某吓着了回来嗷"，孙子辈跟在后面应"回来啰!"，反复不停直至到家，把竹箅子竖立在受惊吓人的床边等等。这些习俗都是我从小经历过或见识过的，现在大多消失了。

客民还把家乡春节期间玩的龙船完整地带到江南并继续发扬光大。玩龙船有技术，有唱腔，还是个力气活。表演人员至少有四个，还有跟在龙船后面敲锣打鼓伴奏的。四个表演人员一是"船娘子"，"船娘子"由身材中等脸庞俊秀的小伙子穿着花衣服装扮，脸上化着妆，头上戴自制的串珠子彩色帽子在船中掌舵，配合着说唱，有模有样地转上几圈做出浪中起伏样，甚是有趣。二是拿着快板说唱的，立于龙船两侧，唱着故乡民间小调，唱罢一段，锣鼓响起，龙船围绕说唱人花样式转二圈，换那边的人接着说唱。三是脸上抹黑装扮奇装的小丑跟在船尾，一会调戏船娘子，一会打逗说唱的。白天一行人走村串户到各村庄里拜门子，在各家门口表演一会，各家主人会送几包香烟以示谢意。晚上可能在某村打地场，不要任何报酬，只要村庄里管饭就行，晚上整个村庄里男女老少围在空旷的场地看玩龙船，有3—4小时的表演和唱小曲，唱曲内容最后越来越黄色，大姑娘们只好提前退场。有两种说法：一是龙船拜门子宁可冇一村，不可冇一户。二是龙船拜门子要连续三年。最后玩龙船领头的要提前在各村找好带路人，带路人会提前告知要拜人家的情况，了解情况后拿着快板说唱的会即兴编词唱颂主人家。

客民把信阳盖草房子的方法也带到了江南，客民会选择在山边向阳的地方盖房子，墙体是用就地挖取黄土或砂土，洒水湿润后用秧篮一筐一筐吊上去倒入两块木板内，用木榔头一遍一遍锤打木板内的土。一人双手握住约一米五长杂木做的捣锤，用扁尖头顺木板内边沿捣土使其泥土密实。夹土用的两块木板长二米，高五十厘米，木板下由两组粗木棍组成四方形套住两块木板。土墙一层压一层自下而上，每一层墙体下面略窄上面略宽。为增加墙体的强度，打土墙时加入一定比例的碎砖和小石头及稻草。三间房屋的顶是四面坡的，屋面盖草前要铺泥饼，泥饼是就近在地面上用方木做一框，长约三米，宽约二米。先在框内撒草灰起隔离层作用，将和好的半干泥浆铲入框内铺匀约三厘米厚，压入稻草拍打结实，再撒草灰，木框内做完泥饼一层又上面反复一层又一层做满木框。泥饼上屋要多人合作，随着一阵一阵的号子声，一张又一张泥饼铺上屋顶，随后再铺盖茅草或稻草。草屋面因夏天太阳的强烈照射，灰化很快。屋面插草翻新也是客民的一项绝活。我小时候见过盖草房子的全过程，作为幼年的我，最激动的时刻是上梁时能抢到一块米糕。草房冬暖夏凉，外形是名副其实的草棚子。

开秧门也是客民的绝活，由插秧高手在田中间先插一趟六行，下田后弯腰用眼光透过裤裆看一眼目的地，然后飞快地插秧，边插边唱山歌，几十米长的一趟秧在田中间又直又顺。其他插秧人在两边顺序排列追逐插秧。

客民带来的种种习俗，讲也讲不完，但如今白马、共和、东屏、东庐一带许多农田被开发建厂盖了房子，大片苗木早已占据了农田，近十年来农业生产和村庄在工业化进程中已经逐渐消失，我们已经开始和适应了新生活。1864年以后移民来溧水客民的后人，早已经是溧水的居民和主人，但我们客民人都没有忘记我们的先祖来自那里。

（本文作者：陈维银）

迁徙途中的记忆

1909年深秋的一个凌晨，河南省光山县曾店村，村外端站着一双老人，曾家修和妻子杨氏，在凛冽的寒风中目送着自己三个未成年的儿子曾胜厚、曾胜忠、曾胜发随着他们的三位舅舅一同逃荒远去的背影。从此，三兄弟跟随着舅舅开启了一场用生命与自然博弈的旅程。

从曾店村下江南

明朝末年，一群挑着柳框，从江西吉安因战乱逃荒而来的曾姓人，沿途乞讨来到了河南省光山县，并在县城南大河的南岸边住了下来。多年后形成村落，当地人称为曾店村。

经过数代人的努力，其中有一户人家繁衍至曾龙才时，住有豪宅，田地有数百亩，娶有妻妾二人，妾的娘家是光山县里的大户人家。一天因生活中的琐事与小妾发生口角，失手将小妾踢死，从此他的人生与这个的家庭如同巨石跌入深渊。

当血脉延续至曾家修（曾龙才的长子，我的曾祖父）时，原先丰厚的家产早只剩下三间草房和一块三亩大的水田及田边的一间庄房，他生有四个儿子和一个女儿，给四个儿子从大到小分别起名为胜传、胜厚、胜忠、胜发。

1909 年，春夏之交，洪水暴发，南大河溃堤，仅有的三亩田水稻全部被淹，秋季颗粒无收。入秋后，接连数月干旱，秋种的三亩胡萝卜没有长出几棵小苗。这年的秋末冬初，迫于生计曾祖父曾家修决定让儿子们外出逃命，由于三儿子曾胜忠视力极差，逃荒不一定能保住性命，与其让他死在他乡，倒不如让他死在自己面前。一天，曾祖父将三爷爷曾胜忠哄到位于田冲的那间庄房里把他关了起来，欲将他饿死。到了第三天，被去县城办事途经曾店村的舅舅杨氏救出。与妻舅经过一番商量后，曾祖父将除老大以外的三个儿子托付给妻舅逃荒保命，数天后三个儿子随着他们的舅舅踏上了独立生活的生命旅程，这便有了本文开头的那一幕。

因走得匆忙，曾祖父事先准备好给每个人的一串（一百个）铜钱都忘记带走。他们穿越山林、田间与河流，一路风餐露宿，来到溧水县石湫乡臧村头村。

小杨家村的由来

三位爷爷随着他们的三位舅舅在到达臧村头村不久后，又迁至新庄村至熊家村之间的西山坡住下，至此一个全由河南人居住的新村落在山坡下形成，当地人将它称之为小杨家村。

若干年后，河南老家的长兄胜传（我的大爷爷）病故，老家人托逃荒过来的人带来口信,让二爷爷胜厚回去顶茬。由于没有赶上时间,嫂子汪氏改嫁,二爷爷便留在老家,再也没有回到溧水,他终身未娶。

三爷爷曾胜忠身体单薄,两眼视力极差,在熊家村一个名叫熊大根的大户人家做仆人,终身未娶。

爷爷曾胜发成年后与石湫乡姚庄村的一秦姓大户人家的闺秀秦氏结婚。

两位爷爷一生视他乡为故乡,终生未能回到老家河南省光山县曾店村。

爷爷、奶奶及三爷爷分别于 1941 年、1946 年、1949 年因饥寒而死于疾病。熊家村的熊大根先生念在三爷爷做了他家一辈子仆人的情分上,出资并亲手为我的三位先人料理后事。

20 世纪 70 年代,小杨家村被格田成方变成了农田,所有住户迁至新庄村。小杨家村消失,小杨家村所在的山从此被称为杨家山。现如今当地很少有人知道,曾经的小杨家村也留下过曾姓人行走的足迹。

一封信开启寻根之旅

1965 年春,父亲凭借幼时的记忆,通过写信找到了老家河南省光山县曾店村。信封的收信人地址是河南省光山县曾店村,没有收信人姓名,信封背面写了寄信人是新中国成立前曾氏兄弟逃荒至江苏省溧水县的后裔,信的主要内容是曾氏三兄弟厚、忠、发逃荒时的家人、家境及由谁带出逃荒等方面的情况。一个多月后,父亲收到了一封来自河南省光山县曾店村堂兄曾凤朝的回信,至此父亲寻找老家的目的得以实现。

这年冬天,父亲踏上了寻根之路,当父亲到达老家曾店村时,迎接他的堂伯父曾凤朝与父亲挥泪相拥,久久不愿分离。

1966 年春,堂伯父曾凤朝带着所有同姓本家人的问候和礼物(一包手工纳的鞋底、鞋垫和土布)来到了新庄村我的家中。

直到 20 世纪 80 年代,两位相隔千里的同族兄弟几乎每年都有往来。

1984 年夏,我和妻子带着八个月大的儿子,来到老家探亲,受到所有亲戚和本家的热情款待。当时非常贫穷落后还没有通上电的老家人招待宾客的盛情让我永远难忘。

因儿子不服水土,三天后我与妻子携儿子踏上了归途。在光山县的长途汽车站里,堂伯父亲看着徐徐远去的汽车,挥泪与我们告别。这满脸的眼泪,一如南大河的丰年之水，演绎的是血脉亲情！

2013年8月中旬我和三弟等十多人租了一辆小型客车，去老家曾店村。呈现在眼前的老家不再是贫穷而是富足，一进村受到了堂兄弟曾广生、曾广贵、曾广虎、曾广辉、曾广义，堂侄曾强、曾和、曾勋，侄孙曾宪坤等人的热情接待，其情景至今令我难忘。

旧时的光山县流传着这样的歌谣：进了光山城，稀饭两大盆，盆能照见碗，碗能照见人。来客莫翘嘴，多加两瓢水。如今的光山县环境秀丽，气候宜人，风调雨顺，林茂粮丰，生活富裕。

正月十五是中国传统的元宵节，数百年来，老家光山县有着"十五大似年"的风俗习惯。2014年2月12日农历正月十三，我和儿子、三弟一行三人回到了老家光山县曾店村，首次为我的祖先送灯，

2月13日，天空飘起了小雪，在堂兄曾广贵的陪伴下拜访各位本家。2月14日农历正月十五，天空放晴，地面薄薄的春雪在阳光的照射下渐渐融化。下午三点，在堂兄曾广贵的安排下，为我们运来了一小车由同族兄弟共同出钱购买来的烟花和爆竹，临近黄昏，坟前人头点点，烛光闪闪，天空中闪烁着烟花的五彩缤纷，隆隆的鞭炮声，随着空中飘移的白云传至远方。这是一次我与祖先相隔百年的重逢。

数十年来我们与老家不仅有形式上的往来，更有心灵上的契合。2015年2月9日农历正月十九，是父亲的第三个祭日。为祭奠父亲，老家在堂兄曾广贵的安排下，一行十多人提前两天来到溧水，带来故乡最真诚的问候，令我们这些行走在他乡的游子倍感欣慰。

同姓联修共祭曾氏祖先

自从找到老家后，父亲多次向居住在安山嘴村和田家村的曾姓本家提出联修家谱事宜，都因对父亲的排辈存有疑虑，一直未果。1988年，在田家村的曾广生和安山嘴村的曾广龙、曾昭龙三人的劝说下，愿意接纳父亲联修，但有一个条件，必须有光山县老家人拿出父亲的辈分依据。

1988年年底，我与老家的堂伯父曾凤朝和堂兄曾广荣取得了联系，证实了父亲的辈分为纪字辈。

1989年清明，父亲多年的联修心愿得以实现。从那一年起，每年的清明

节，发脉于两个不同源头的同姓本家在同一场所共祭曾氏祖先。

100年来，我族先人在与自然的博弈中赢得了生命，血脉得以延续。百年时光，每一代人凝神聚气，低吟前行，行走的脚步在各自人生的道路上都留下了深深的足迹。

（本文作者：曾年生）

洪蓝安山嘴曾氏简介

清同治年间，先派伯洇房后代曾毓诗携妻邓氏（湖北省公安县人）及四幼子（传美、传高、传贤、传源）与二宗亲（后代一居洪蓝街道田家，一居安徽省宣城市洪林桥），由湖南澧县（当时称澧州）界溪桥曾家嘴沿江河顺流，一边以捕鱼虾为生，一边往东迁徙，后定居在思鹤乡石涧口（以上信息主要摘自石涧口邓老夫人之墓碑碑文及访问广云等前辈整理）。

本族来溧水后，在天生桥胭脂河边搭茅草棚落脚。此地贫瘠，山冈旱土，交通不便，外姓欺生。但曾姓族人抱团取暖，互帮互助，吃苦耐劳，继承先辈渔业技能，经过两代人打拼，终立足生根，子嗣繁荫。民国前后毓诗公仙逝，民国十年六月曾母邓氏辞世，子孙立碑勒铭，记录本支迁徙经过，脉络清晰，实属不易。现天生桥景区石涧口三座坟，东面是我祖曾母邓氏之坟，中间是我祖毓诗公坟，西面是他们第二子的（这个信息是访广云爷爷得知），坟地是曾姓族人自购。

新中国成立前后，我们曾氏家族人口兴旺，稍积资本，族人置换田地，离开恶水穷山，向南越过小茅山，定居洪蓝街道塘西铺社区安山嘴庙庵旁。初来乍到，前后大村原住民见我族刚来，处处设难，山不给放牛，水不给灌溉。我广字派十多名先辈，年轻力盛，性情彪悍，立锹竖锄，据理力争，拼打出一片生存空间，赢得了乡民的尊敬和应得的利益。曾姓人不好欺，不怕欺。本乡新庄村曾氏一支由河南光山县迁来，与我族联谊，敦睦亲和，认我一支为宗。天下一曾无二曾，曾姓本是一家人。

新中国成立后，我族全属贫民，分得田地，安分守己，历三年自然灾害，也未有乞讨自弃之迹，仅有前辈纪祥与我四爷爷广财迁安徽省宣城市狸头桥镇云洋村，其后代开枝散叶，有的向南京、合肥迁徙发展。

曾氏本是耕读传家，子孙聪慧。1988年，宗亲宪胜考入南京大学，分配国有第898厂。企业改制后，自主创业，成立科信磁业有限公司，事业蒸蒸日上。青出于蓝胜于蓝，其子逸杰于2016考入北京大学，一时传为佳话。宗圣后裔，忠孝为本。20世纪80年代初，对越自卫反击战，我族宗亲昭花入伍对参军，英雄顽强，斩敌立功。

先辈外迁谋生，怀山念水，不忘根本。1949年前，我爷爷（广荣）从湖南澧县曾家嘴老家取来家谱，共十二本。遗憾的是，"文革"中损失，现仅存一本，且破损严重。幸甚，存本即是记载本房本系之谱。

时代巨变，社会变迁。原来的界溪桥乡，已更名双台乡，以至现在我族很难找到祖籍地。20世纪80年代初，台湾曾广元爷爷回大陆省亲，几次去湖南寻根未果。幸而网络发达，2009年我在"曾氏宗亲网"发布了本族概况，被远在北京的曾家嘴宗亲广林前辈读到。与我联系上，后经他介绍又与澧县曾家嘴曾华与庆松联系上。经过对比族谱，确定我族正是曾家嘴外迁一支。

2013年清明，应湖南澧县双台乡曾家嘴宗亲（曾庆松、曾广林、曾华、曾弘等）之邀，本人及伯父曾昭龙参加了"曾氏宗亲重修族谱理事会"成立大会，瞻仰了先辈居住生活的故地——牛奶湖畔的曾家嘴。了解了曾家嘴曾氏的迁徙、定居、生产、生活发展的历史。

今在曾家嘴曾华等宗亲倡议下，再续宗谱事业将告完成，特撰本文以志本族变迁史。慰先人开业之功，功虽平凡，却是后人广阔大道；告后代奋发图强，定要家族长青万年。

（本文作者：曾宪军）

溧水马家园潘氏来历

我们潘家迁居马家园是在新中国成立前，由我爷爷从湖北逃难而来。爷爷的老家在湖北武汉的黄陂县（今黄陂区）潘家冲。抗战前，因为家乡水灾，爷爷跟老乡来到溧水投靠早先移民而来的亲朋，爷爷以做皮匠为生。1937年，日本侵略军空袭溧水，爷爷吓得跑回了家乡黄陂。1938年，日军又攻占武汉，爷爷只好待在黄陂乡下艰难度日。1945年，日军战败投降后，爷爷又来到溧水，他没有固定的住所，带着家人在溧水大东门城墙底下搭棚居住。接着，又在弯子口村的张氏宗祠住过，还住过杨家园的陶氏宗祠，再后来又到东庐集镇一户姓朱的人家租房居住。新中国成立后，爷爷开始在县城通济街摆摊做皮匠，给人修修补补，维持生计。或许是因为爷爷最小的女儿（我的小姑妈）嫁给了马家园村的王作富，因为姻亲缘故，爷爷得以在马家园村的村西头盖房定居。

笔者收藏的湖北黄陂合德堂《潘贞户宗谱》记载，我们潘氏远祖聪四公，字伯兴，原为江西饶州府余干县筷子巷瓦屑墩人。元至正二十一年（1361），朱元璋起兵讨伐陈友谅，攻占江州，陈友谅退守武昌。"太祖受困，粮草匮乏。客商于楚的聪四公感慕其义，倾资以晌，并筐迎之。"聪四公有四子，其中次子宣二公随父加入了朱元璋的义军。朱元璋大破陈友谅于鄱阳湖，宣二公及父因功受赏，定籍黄陂。宣二公也生有四子：良卿（胜户始祖）、良信（元户始祖）、良辅（贞户始祖）、良佐（寿户始祖）。黄陂地区潘氏胜、贞、寿三户繁衍发达，由聚居黄陂东乡发展到湖北省武汉、麻城、襄樊、沔阳、老河口市等湖北各地，以及河南省的光山、罗山、潢川、固始、商城，乃至全国各地。

潘氏人口越来越多，为追本合流，敬宗收族，从1924年起就有潘氏子孙代表呼吁合祠联谱。直到1947年，在黄陂籍白漠港人潘正道（新中国成立初任武汉市副市长）等人牵头下，湖北黄陂潘氏才真正联宗合谱。也正是在修谱时，我爷爷及其先人的名字才得以录入家谱。而此际，我爷爷已离开家乡黄陂，来到了溧水做皮匠讨生活。

我爷爷名叫金海，谱名厚魁，其父名为忠善，谱名伦善。在潘氏贞户家族世别中，爷爷为108世。潘氏贞户104—115世字派为："美家传忠，厚德立本，永赐福荫。"1947年，湖北潘氏胜、贞、寿三户联宗合谱，新订字派，其中105—124世字派为："从兹伦彝笃，惠迪法常经，礼乐绵先绪，诗书裕后昆。"

我爷爷娶妻熊氏，生有三子三女。长子德旺迁居妻家溧水云鹤乡缸窑上自然村。次子德胜与季子德云（即我父亲）共同居住在马家园村西。德旺生一子五女，德云生一子一女。

马家园村西是一片空旷的田地，原为溧水古代的演武场。1971年，我出生在马家园，马家园也历史性地成为我的故乡。

（本文作者：潘惠明）

第十章 传说故事

送灯的来历（之一）

溧水客民人至今仍保留着正月十五上坟给去世的亲人送灯的传说。

传说明代开国皇帝朱元璋很小的时候就成了孤儿，不知父母是谁，更不知道他们的尸骨埋葬的具体位置。从小讨饭的朱元璋做了皇上以后，特别想去祭拜自己的父母，可是，怎么才能找到自己父母的葬身之地呢？为此，他闷闷不乐，特别是看到文武百官都有自己的父母孝敬和祭奠，而作为一国之君的他，却没有尽孝的机会，更是吃不香，睡不着。

这天，有个专看天象、占卜的钦天监官员向朱元璋进言说："皇上，您是真龙天子，这个事情说难就难，说易也易，下官可以帮您想办法。"

皇上一听非常高兴，赶紧就问道："你有什么好办法啊？快说。"

钦天监官员说："只要您记得父母葬在哪个山上，我就能找到是那个坟。"

"君子面前无戏言啊，找不到我可要拿你是问了。"

"为臣不敢犯欺君之罪，说办成一定能办成。"钦天监官员说。

七七四十九天后，钦天监官员经过寻访，来到了皇帝朱元璋父母逃荒去世的地方——河南商城一个叫银山畈的地方。他命几百个士兵，在正月十五的晚上，将漫山遍野所有的坟前都插上一根蜡烛，并且一一点亮了。然后，请皇帝朱元璋来到山脚下，虔诚地跪倒，朱元璋根据钦天监官员的授意祷告说："皇天后土，过往神仙，我乃大明天子朱元璋，今天前来寻找父母遗骸，这座山所有的坟前都点了蜡烛，朕跪拜三次，是我父母的坟，蜡烛不灭，其他不是者蜡烛马上熄灭。"

祷告完毕，朱元璋一个头磕下去，顿时地动山摇山上的蜡烛马上熄掉三分之二。第二个头磕下去，整个山野只有两盏灯仍然亮着。第三个头磕下去，剩下的那两盏灯更加亮堂了，像天上的明星。

钦天监官员一看，高兴地说："皇上，这两个坟毫无疑问是您父母的坟。"朱元璋走到坟前痛哭流涕，终于找到自己父母的遗骸了。他立刻下圣旨，将父母遗骨迁葬到老家，同时下旨赏赐钦天监。

原来啊，钦天监官员知道朱元璋是真龙天子，是天上的星宿下凡，只有他的亲生身父母能够承受他的跪拜，其他都承受不起。那么，还有的坟承受了天子一个头的是什么缘故呢？说明此人活着的时候是善事做得多的大善之人。

从那以后，就流传下来正月十五给祖上送灯的习俗了。清朝末年客民人下江南时，把送灯这一习俗也带到了溧水，一直流传至今。

送灯的来历（之二）

河南信阳地区以及百年前下江南的客民人很少把正月十五叫作"元宵节"的，而是直接叫"正月十五"或是叫"过十五"。这天是一个全家团聚的日子。这一天除了中午要吃团圆饭，晚上玩龙舞狮庆祝外，当天傍晚还有一个十分重要的仪式，那就是去本族坟地给逝去的先人们"送灯"，风雨无阻。

为什么正月十五要"送灯"？正史上无从记载。民间倒是有个关于正月十五"送灯"起源的传说。

相传秦始皇嬴政统一六国后，为加强统治，抵御北方匈奴族入侵，就连年强征民夫修建万里长城。有一年初秋，淮河边有一个叫范喜良的文弱书生在新婚不久就被官兵抓去修长城。长时间繁重的体力劳动，加上风寒，范喜良一病不起，没多久就死在了修长城的工地上，并被胡乱地埋在了那里。而这一切，远在家乡的新婚妻子孟姜女浑然不知，她只是日夜思念着她的新婚丈夫。

眼看冬天就要到了，孟姜女一想到远方衣着单薄的丈夫，至今还杳无音信，就愈发思念和牵挂。于是，亲手为丈夫缝制了一身棉袄棉裤和其他衣物带在身边，踏上了千里寻夫的道路。她历经千辛万苦，走过千山万水，终于找到了丈夫修长城的工地。让她没想到的是，她的丈夫范喜良已经在一个月前去世了，连丈夫的尸骨都未见着。孟姜女肝肠寸断，眼泪顿作倾盆雨，哭昏在丈夫埋骨的地方。等她醒来后，在心里暗自发誓，丈夫生前不能回家，死后一定要让他的魂魄跟着自己还归故土。有了这个信念，让她感到丈夫身虽死，但他的心和灵魂此生永远与她同在。

于是，孟姜女带着对丈夫的无限思念和悲痛又踏上了返乡路。白天，她一路呼唤着范喜良的名字，晚上，则在她的歇脚处点上一支蜡烛，彻夜不熄。这么做，为的是能让她心爱的丈夫魂有所依，一路跟着她，不至于迷路而找不到回家的路。就这样，经过一段时日，终于返回了家乡。孟姜女在离家很近的地方，找了一块地给她的丈夫范喜良立了一个衣冠冢。

第二年正月十五到了，孟姜女看到别人家都是欢声笑语，而自己家却是孤零零一个人，就不由得暗自心伤，越发思念自己的丈夫，眼泪不由自主地掉了下来。可丈夫已经不在了，这可怎么办呢？这时，她想到了在寻夫回来的路上，每晚点的那些蜡烛！于是，她来到了丈夫的坟前，焚化了纸钱，并在坟前插了一根蜡烛，点燃了！可是这个夜里，虽有明亮的月光，但刚点亮的蜡烛就被风吹灭了。点了又灭，试了好几次都是这样。这可怎么办才好？看到随风吹动的衣襟，孟姜女灵机一动，她用力撕下了自己外衣的一截袖口，随手捡了几根细长的树枝。接着把这几根树枝插在蜡烛的周围，并把撕下的那截袖口套在插好的几根树枝外，再重新点亮蜡烛。果然，这一次蜡烛再也没有被风吹灭！孟姜女很欣慰，她满含热泪，对着点有蜡烛的夫坟说："夫君，我接你回家！我们回家团聚吧！"孟姜女重新燃起一根蜡烛，小心地伺候着，一路走回了家。

到家后，孟姜女把家里的大门两边，以致每个房间，都点上蜡烛。一时间，烛光闪亮，家里顿时亮如白昼。此刻，仿佛她的丈夫已经归来，一家人正在团聚，其乐融融。

从此，每年正月十五，孟姜女都会到亡夫范喜良的坟前"送灯"，接丈夫"回家团圆"，以寄托思念，直至终老。不过，当年那"罩灯的袖口"后来被改作纸糊的小灯笼。她的痴情也感动了周围的邻居们，他们也纷纷效仿，在正月十五晚上去给自家逝去的亲人、祖先们坟前"送灯""点亮"，并作为正月十五元宵节的一个重要活动传播和继承开来。

如今，正月十五"送灯"已成为客民人履行孝道、怀念先祖的一项标志性的重要活动。

玩龙船的来历

玩龙船，也称划旱船、跑旱船，就是在陆地上模仿船行动作。旱船不是真船，以竹条扎成两米多长的船形，再蒙以彩布，套系在船娘子的腰间，如同坐于船中，并做划行的姿势，一面来回跑，一面唱些地方小调，边歌边舞，这就是划龙船了。有时还另有一男子扮成坐船的船客，搭档着表演，则多半扮成丑角，以各种滑稽的动作来逗乐观众。旁边还有人伴奏、伴唱。玩龙船广泛流行于河南、湖北地区，并由客民人传入溧水地区。

玩龙船是人们喜爱的一种民间文艺活动。春节期间，大家玩上龙船，庆祝五谷丰登，祈求风调雨顺。玩龙船人沿街串乡拜新年、送恭贺，边划边唱，热热闹闹。这种民间文艺活动形式是怎样兴起的？其中有一段传奇的故事。

古时候，有个秀才进京赶考，路过一条河时，正好渡船驶向了对岸。秀才赶路心切，大声地喊着船老板，可渡船还是慢悠悠地驶过来。秀才上船后，叹气道："我若来日中榜，誓必先架此桥。"

会试、殿试之后，秀才中得头名状元。他拜谢皇恩，衣锦还乡祭祖，到了河边，跟走时一样，仍是一只小船来往渡人。他下了决心："本官返朝时，只能桥上走，决不舟中渡。"回到家中，他一不拜官，二不请客，一门心思地筹划捐款架桥。

谁知道事不从心，捐款远远不够造桥，一年过去不见桥影，二年过去还是老样，皇上已两次催他进京做官，眼看第三年快过，河上还是一只小船渡来送往的，不但没架起桥，还会有丢官问罪的危险，老百姓更是怨声载道。苦于捐款的匮乏，状元一阵烦恼，便在堤坡上躺下睡着了。

这天，观音菩萨掐指一算，知道了这件事，便脚踩祥云，来到河边。她摘下一下柳叶，抛于河中，化成一只小船。观音菩萨左手一招，树枝和绿叶从空中飞来，落在小船上，成了一个好看的船棚；右手一指，四方鲜花飞来，落在船棚内外，再配上五色绫罗彩帘，把一只小船打扮得五彩缤纷。观音菩萨也变成了一位年轻漂亮的姑娘。她往船正中一站，招来本方土地，变为艄公，在河水正中上下不停地划着。艄公边撑船、边唱歌，姑娘抖动彩带跳舞，边跳边对岸上人说，若有人用金银珠宝打中了本姑娘，便同他成亲。

消息传开，许多的富家公子、阔家少爷，车拉的、马驮的，满载金银珠宝，来到河两岸投宝求婚，那金银珠宝就像下雨一样，朝柳叶化成的小船飞来。只见姑娘手舞彩扇，四面招架，不论远近高低，扔过来的财宝，全部落进了船舱，一连几天，没有一个人打中姑娘。有些憨头呆脑的家伙，把所带来的金银珠宝全扔光了，还恋恋不舍地不想走。

到了第三天，八仙之一的吕洞宾来到河岸，他带着醉意一看："哎呀！什么事这么热闹。"又朝河里小船一看，这一看不打紧，他十魂落了九魄，这样的美妙佳人，何仙姑都比不上。今日真算走运，不能轻易放过她。再一想，这么多的人打了几天没打着，这姑娘总有点名堂，便一手招来金山，一手招来银山，趁姑娘转身的时候，黄白亮光一闪，正好打中了姑娘后背。观音一惊，往河岸上一看，认出是吕洞宾酒后撒野，暗骂一声："坏家伙，菩萨能好饶你。"转念一想，筹集桥款要紧，此仇还是留作来日再报。现在，修桥款已经绰绰有余，又采得金银二山，可算得上是锦上添花了。

正当河岸众人拍手呼叫时，一个漩涡浪头，将船打沉于河底，只听得"轰""轰"两声，一座金山、一座银山露出水面，变成了两座桥墩。观音又请鲁班下界，立刻修好了桥梁、桥面、桥栏。然后，观音菩萨把收到的金银珠宝，撒遍沿河两岸，驾起云头走了。

再说，状元一觉醒来，梦中的事还在他脑壳里转。当他站起身来，只见遍地是金银，百姓正热闹地争抢着。他大步来到河边，一座宽敞的大桥跨河而过，他以为自己还在做梦，就叫随从来掐他的人中："哎呀！好疼！"醒过神来后，他听人议论着观音菩萨的事，心想：怪不得梦见来了一只漂亮的采莲船，原来是观音菩萨下凡来搭救百姓的。

状元面朝南方三行大礼，然后来到桥上观景。这时，他一算时间，离皇上延期的日子只有三天了。于是，他一面差人向皇上报喜交旨，一面传令百姓，按照采莲船的样子，每家每户各扎一只。在每年春节的年初一到十五，有姑娘的打扮姑娘，没有姑娘的打扮中年媳妇，男人打扮艄公，来到桥下，大划大唱，尽情庆贺，以感谢观音菩萨的大恩大德。

后来，这种形式越传越广，传到了全国各地。没有河的地方，改成了玩龙船。发展到加锣鼓、编唱腔，成了一种人们喜闻乐见的民间文艺形式。

中圩的客民

在石湫街道明觉西庄西北头上，跟安徽省当涂县搭界的地方，有个叫中圩的村子，太平天国以后，种田的人少了，中圩就荒废了。这时候，西庄一带主事的是张有德。张友德15岁中秀才，人能干，做事精明，人们都敬重他。

有一天，博望长流嘴的主事人张家石，特地到西庄来找张有德，俩人边喝茶边谈心。

张家石说："春上过来了一批湖南人，有二三十人之多。他们原来是湘军，后来湘军解散了，没回老家，见到中圩草长田荒了，砖头瓦片到处都是，就搭了棚子，日耕晚耙，翻过来大概百来亩土地了。"

"我也听讲了。"张有德说。

接着张家石又讲："张兄，中圩有田三百六十亩，现在这个时候你家人少不要多少田，日后长流嘴、西庄、孙家庄、邰庄的小辈们发起来，人多地不够种，要骂我们的。"

张有德问："那依你的想法呢？"

张家石就将茶杯一摔，说道："我们最好马上就动手，趁他们脚跟没站稳、房子没完全搭起来，拆他们的棚子，赶他们走。"

张有德到底是秀才，想想不妥说："不能蛮来，先跟他们讲讲好话，劝他们离开，要是真不走，再想想办法。"

张有德派人到长流嘴、孙家庄、邰家庄把村上主事的喊齐，把中圩土地的利害关系讲了，大伙还算齐心，决定就跟随张有德去湖南人的棚子里讲话。

光来软的，湖南人不吃，死活要留在中圩开垦种田。这下就弄火了张有德一班人。

"真是敬酒不吃吃罚酒。"张有德派人把几个村的男人全部叫来，要驱逐湖南人。

湖南人想："反正兵荒马乱的，到处去不了，死就死在这里吧。"他们蹲在自己搭建的草棚子里，谁也不出来，谁也不讲话。

张有德眼睛一翻，卷起衣袖吐口水，带人冲进去棚子，拆了湖南人的棚子，牵走他们的牛。

湖南人倚仗上面有朝廷的移民政策，到官府告状，不告旁人，专告张有德。

湖南人一告就告准了，官府要来抓人。

张有德闻讯，赶紧派人去找张家石来商议，哪晓得张家石听说闹出官司来了，却把头一缩，不肯出来。

幸好，官司是在溧水县里打的，张有德的丈人在县城有点来头。张有德到了溧水城，银子花了不少，后来，官司既没打赢也没打输，不了了之。

湖南人见斗不过当地人，生怕日后遭报复，就跑到西横山那边去了。

面粉变成雪

在河南光山县，人们都传说冬天下的雪是由面粉变成的。在溧水小茅山一带，也有个同样版本的传说。

相传很久很久以前，每逢数九寒冬，天宫中的王母娘娘为了帮助人们度过漫长的寒冬，就下令天兵天将打开天上的粮仓，降下一层又一层面粉，供人们冬天度日。勤俭持家的人很珍惜面粉，但也有少数人不爱惜。有的用它喂猪、喂狗；有的用它做饼当坐垫。

人间的这些情况被土地神看得一清二楚，他便把情况一五一十地告诉了王母娘娘。王母娘娘不相信会有这回事，便来人间看个究竟。

这一天，王母娘娘变成个叫花子，来到人间私访。她身穿破衣烂衫，一手拄拐杖，一手端破碗，踉踉跄跄地朝村里走去。

一路上，人们看到她这种邋遢样子，感到恶心。有人朝她吐吐沫，小孩子也学坏了，朝她背后砸砖头，驱赶她。

她走进了一个村，站在一家正在给孩子喂奶的妈妈家乞讨，乞求道："我快要饿死了，求求你给块粑粑吃吧，行行好吧！"

妈妈正在边喂奶边逗孩子玩，很不高兴地说："到别人家要，我把粑粑当尿布给孩子用，也没得给你这个懒婆子。"

王母娘娘很伤心，她挨家挨户讨遍了全村，可是没有一家肯施舍她。王母娘娘十分恼火，想不到人间还有这么一群不讲人情的人，情愿把吃食当小孩的尿布，也不肯给一个就要饿死的老人。她忍了一肚子气回到了天上。

第二年的冬天，她不再让天兵天将开仓下面粉，而是念经作法，吐了一口唾沫。一时间天上飘下白色而冰冷的东西，不过已经不是面粉，而是现在我们看见的"雪"了。

吕蒙正的传说

吕蒙正是河南人，北宋的贤相，著有《破窑赋》《命运赋》等作品。传说，吕蒙正发迹以前是个穷儒，他的生活来源都是靠朋友接济的，可以说是一天三餐没有保障，吃了上顿没有下顿。穷书生吕蒙正肩不能挑担，手不能提篮，家里亲人老的老，死的死，日子越来越干巴了。他对大事小事都不闻不问，只顾用心读书，一心想着中榜，出人头地，他每天读书到深更半夜，日复一日，年复一年。

有一天，他正在做文章。突然一只黑乎乎的东西，从上头掉了下来，原来是只大蜘蛛，晃来晃去，打乱了他的思路。于是他就用笔杆子戳死了它，戳旁样东西不要紧，可这次戳死的是只蜘蛛精。后来，他三番五次去京城应考都不中，要想再应考哪有那么多钱啊？

吕蒙正后来吃都吃不饱了，只好去讨饭填肚子，到了下雪天，就跑到人家草堆里暖和暖和，但还在念诗嚼文，思忖道：我身蹲草堆头顶瓢，还不知穷日子怎么了。熬到腊月二十三，家家户户烧香点烛，送灶老爷上西天。吕蒙正没钱买香，就拿了根松枝点着代香，插在破土地庙的墙边，边磕头边念："土地菩萨有眼，我一根松枝一根香，我送灶老爷上西天，请为我吕蒙正奏一本，我在人间受苦寒。"

灶老爷一阵清风上了西天，如实地禀告了玉皇大帝。玉皇大帝叫管生死薄的判官查查"吕蒙正"的名字，但翻前倒后总也查不到吕蒙正的名字。灶老爷着急了："按理讲吕蒙正早应该到时候了，可现在怎么连个名字也没有呢？"

"不要急，再查查。"掌管生死簿的讲。

当翻到最后一张一看，纸角上有层厚厚的蜘蛛网，揭掉一看，正是吕蒙正三个字。

灶老爷点点头。他下到人间后问吕蒙正："你以前是不是捺死过一只蜘蛛？"

吕蒙正想了半天才想来说："是有这回事，问这回事做什么？"

"随便问问，你再烧两只香。"

吕蒙正又拿两根松枝烧了，边烧还边祷告上天保佑他。

又到赶考的日子，吕蒙正一想：讨饭都讨了好两年了，还考什么考？又一想："讨饭又不能讨一辈子，还是碰碰运气看。"

他又借了些盘缠去京城应试，后来果然考中了，就在京城当了官。

有一年冬天，吕蒙正奉旨出巡，坐着八抬大轿上街。他跷着二郎腿，听外头的脚夫讲："唉！倒霉，今朝出门碰了个鬼天气冻死了。"

"是啊，西北风呼呼叫，多冷啊！"其他人讲。

"抬轿的都冷，不要讲行路的人，不知有多冷呢？"

无意的几句话，吕蒙正听见，就问："今朝真的那么冷吗？我怎么热乎乎的？"

"哎！官爷，你是坐轿的，不晓得外面冷啊！出来就知道了。"

吕蒙正掀起轿帘子，把头一伸，还没来得及搭话，寒风迎面扑来，冻得他连忙放下轿帘子。吕蒙正被冷风吹了一下，就得起病来，出巡不成。返回后就卧床不起，请了多少医生，把脉诊治，都无效果。

一天，来了个云游的僧人，僧人看着他脸色说："可怜啊，这是个不治之症，已经病入膏肓了，还是准备料理后事吧！"

吕蒙正问："我到底得了什么病，就是死，也要死个明白。"

僧人说："因为你忘了本，上天要惩罚你，这是你的报应啊。"

吕蒙正一听，大吃一惊，吓出一身冷汗。

僧人讲："行了。"转身就走了。

此后，吕蒙正什么药也没吃，病一天比一天好，几天后就复原了。

原来吕蒙正得的是伤寒病，被僧人的话吓出一身汗，汗一出，寒气一除，就好了。他不晓得，还真以为上天报应他。不过，吕蒙正自大病一场后，就一直记住做人的根本，一身清正，两袖清风，为老百姓做了不少好事，留下了好名声。

三月三吃蒿子粑粑

蒿子粑粑，信阳人称蒿子馍馍。关于蒿子粑粑的传说有很多，在豫南信阳地区，主要的说法还是当地人把"三月三"称为鬼节。

传说三月初三晚上，阴间的街市跟人间的春节一样热闹非凡。因而在这天晚上，活人的魂魄经受不了阴间的诱惑，纷纷到鬼市去游玩。他们有的游荡于街头巷尾观灯看戏；有的在酒楼茶肆喝酒听曲；有的趁机去拜望从未见过面的列祖列宗。

待到雄鸡报晓，鬼市收市时，大多数的游魂心满意足地回到各自的躯体。少数游魂乐而忘返，就留在阴间了。翌日，阳间一片哭声。他们为那些魂魄不归的亲人请来和尚道士念经画符招魂。亲人撕心裂肺地呼喊及和尚道士的经文符咒能招回一些不贪玩的游魂，一些玩性大的在七天身体腐烂后，就长离人间了。因此，农历三月初三就成了人间恐怖不安的日子，被人称为"鬼节"。

不管人们如何恐惧，每年三月三的"鬼节"还是照常举行。"鬼节"前夕，人们都拥到庙里烧香磕头，祈求神灵菩萨保佑。观音菩萨知道人间烧香的原委后，有一天便托梦给一位老奶奶："我是南海观音菩萨，知道人间有难，特来拯救你们。我赠你仙草一株，用它和糯米面做馍馍吃下，可以粘住人的魂魄，三月初三保管无恙。"

老奶奶一觉醒来，手里果然拿着一株绿茸茸的小草，仔细一看，跟地里长的菁蒿一样。她把观音菩萨托梦赠草的事告诉乡亲，大家都很欢喜，忙到地里去采摘青蒿，磨米面做馍馍吃。说也奇怪，凡是三月三吃了蒿子馍馍的人都平平安安地过了"鬼节"关。这个消息很快传遍信阳各地，每年三月三日前夕，姑娘媳妇们就成群结队到山间地里采摘青蒿做馍馍粘魂。

直到现在，皖西豫南一带民间还有三月三吃蒿子馍馍粘魂的习俗，太平天国运动后这一习俗随客民人传入江南。

死邱成智杀活萧何

白马镇上洋村一带流传着一个"死邱成智杀活萧何的"故事。

传说，刘邦灭了项羽，建立了大汉朝，把京都安在咸阳城。因为没有统一的治国大法，很多事情不能以法办事。刘邦虽平了大乱，国内的小乱还是不断。为了保稳自己的江山，刘邦便命丞相萧何在全国大招能人贤士，修订律法。凡是有治国良策的，只要萧何看得中，马上请到京城，不是封高官，就是许厚禄。

咸阳城东二十里有个邱家庄，庄上有个人叫邱成。人长得很丑，但是很有学问。他听说萧何在咸阳城大招有才能的人，便写了篇文章，托人呈上。萧何看后，马上叫手下人把邱成请到咸阳，一看邱成身高不足四尺，满脸大黑麻子，连一句话也没说，便让手下人把邱成赶出了府。萧何以貌取人，邱成十分生气，回家后，便关上门写起律法来。

不幸的是，书写成后，邱成却一病不起。邱成死前交代老母亲："娘，等我死后，你拿我写的第一本书到街上去卖，第二本书用油布包好放到棺材里去，枕在我的头底下，千万不要对旁人讲。"

他娘安葬了邱成以后，就上街卖书，要价很高，没有人买得起。有人把这事报告给萧何，萧何派人把老太太请到相府里来。

萧何一看，正是皇上所要的立法书。忙问老太太："这本书是哪个写的?"

老太太如实作了答。

萧何又问："这本书只是上卷，下卷在哪里?"

老太太开始不肯讲，萧何反复追问吓唬她，老太太只好实说了。

萧何就派人偷挖了邱成的坟，得了下卷。萧何把书呈给了刘邦，还把找书的经过讲了一遍。

刘邦得了邱成写的书，十分高兴，读一句点一下头，当他读到"盗墓者为死罪"时，马上想到了是萧何盗墓得来的，就按照书中的法律斩了萧何，并将这两本书作为治国的法律，颁布全国。

老鼠嫁女的传说

客民人传说，正月十六晚上要早些睡觉，因为正月十六的这天晚上老鼠要嫁女儿，需要人类提供方便不打扰它们。假如你吵了它们这一夜，它们会吵你一年。

传说很久很久以前，有一对年迈的老鼠夫妇住在阴暗潮湿的黑洞里，眼看着自己漂亮的女儿一天天长大。夫妻俩商量，一定要为闺女找一个最好最有本领的丈夫，要让闺女摆脱这种暗无天日的生活。

于是，老鼠夫妇出门寻亲。刚一出门，它们看见天空中亮闪闪热乎乎的太阳。他们琢磨着，太阳是世间最强大的，任何黑暗鬼魅，都惧怕太阳的光芒。女儿嫁给太阳，不就是嫁给了光明吗？

太阳听了老鼠夫妇的请求，皱着眉头说："可敬的老人们，我不是你们想象的那样强壮，我怕飘动的黑云，黑云可以遮住我的光芒。"

老鼠夫妇哑口无言。于是，来到黑云那里，向黑云求亲。黑云苦笑着回答："尽管我有遮挡光芒的力量，但是只需要一丝微风，就可以让我'云消雾散'。"

老鼠夫妇寻思着，找到了黑云所害怕的风。风笑道："我可以吹散黑云，但是只要一堵墙就可以把我制服！"

老鼠夫妇又找到墙，墙看到他们，露出恐惧的神色："在这个世界上，我最怕你们老鼠，任凭再坚固的墙也抵挡不住老鼠打洞，最终崩塌。"

老鼠夫妇面面相觑，看来还是咱们老鼠最厉害。两个老人商量着，我们老鼠又怕谁呢？对了！自古以来老鼠最怕猫！

于是，老鼠夫妇找到了花猫，坚持要将女儿嫁给花猫。花猫哈哈大笑，满口答应了下来。

在迎亲的那天，老鼠们用最隆重的仪式送美丽的女儿出嫁。意想不到的事情发生了，花猫从背后窜出，一口吃掉了自己的新娘。

鱼头酒的传说

客民人向来好客，尤其是河南光山、罗山一带的客民人一直以热情好客著称，逢年过节，或遇有亲朋相聚，通常要摆设酒宴相庆。在此基础上形成了丰富多彩的饮食文化和酒文化。"鱼头酒"就是这座文化花园中的一朵奇葩，俗话说：无酒不成席，无鱼不成宴。

当一道鱼菜上桌时，总会提到"鱼头酒"。鱼一般为烧好的整条鲢鱼（鲤鱼、草鱼也行），意味着"年年有余"。将鱼盘放在酒席正中央，鱼头对着谁，谁就要先喝酒，鱼尾对着谁，也要陪着喝酒。然后喝鱼头酒的客人先动筷表示谢意——意为剪彩，此后其他人才能动筷吃鱼，为酒宴增添了很多情趣。鱼头摆放时一定对准席中最有身份的客人，客人要喝三杯酒，否则就是对主人的不尊重，这就是所谓的喝"鱼头酒"。这个说法是怎么来的呢？有关"鱼头酒"的来历，被大家广为接受的版本主要有两个。

其一，清代康熙皇帝有一回由大臣吴士友陪同微服私访。他们在一个偏僻小镇上吃酒，店小二无意将鱼盘放上，鱼头正对康熙。康熙看着烧熟的死鱼朝他张着大嘴，认为很不吉利。他正欲起身并示意随从拿下店小二。吴士友忙说："本人测个'鱼'字，诸位请看，它是刀字头，田字腰，火字尾。田，泛指种地的百姓，四点火，是打铁的手艺人，这刀嘛，多系领兵打仗的将官。酒桌上凡鱼头所指之人，将来必成大业。小乙（康熙代名）今日被鱼头所指，定是吉相，来来来，先喝三杯，以示祝贺……"

本来一场祸事，让吴士友几句话给破解，既救了店小二的命，又遮掩了康熙大帝的身份。从此，一传十，十传百，鱼头所指之人，多有官相或贵人。

其二，传说与李世民有关。唐初，皇帝李渊的太子李建成与三弟李元吉串通一气诽谤李世民，满朝文武大臣都想劝李世民除去这两个祸害，可谁也不敢轻易开口，因为他们是同胞兄弟。程咬金想出一条妙计，派人做了一碗鱼汤，亲自端给李世民。李世民打开一看，只有一个鱼头，一条鱼尾，顿感疑惑，摇头叹气说："这有什么吃头？"

程咬金乘机发话："主公好糊涂，不吃掉这一头一尾，你咋能太平？"

李世民猛然一惊，明白了他的意思，于是下定了决心。从那以后，故事流传民间，演绎成年龄较长者应喝鱼头酒的民俗。

腊八节的传说

光山、罗山县的客民一直保留着在腊月初八过腊八节、吃腊八粥的习俗。

传说很久很久以前，河南有一对老夫妻，一生勤劳，日子过得很红火，可就是没有儿女。老伴五十岁那年的腊月初八这天生了个白胖儿子，高兴万分的老两口给儿子取名叫腊八。因为老来得子，老两口对儿子从小娇惯，要啥给啥，说干啥就干啥，他说要往锅里洒尿，他父亲就说：洒吧，少洒些。他用划道的方法记数。母亲怕他累，就给他一把扫帚，一下可划好多道道。这样腊八从小就养成了任性、懒惰、饭来张口、衣来伸手的习惯。腊八长大成人以后，父母给他娶了媳妇，一心指望着儿媳妇会劝他改掉恶习。谁知儿媳妇和儿子腊八一样，也是好吃懒做。老两口没办法，只好让他们另开锅灶生活，想让他们知道东西来之不易，没想到过了一年，又懒又穷的儿子儿媳家连锅也揭不开了。到了腊月初八这天，人家都购买年货哩，可他俩却要米没米，要面没面，扫扫瓦缸底，掸掸瓦罐，凑了几样杂粮熬了点稀粥喝了以后就睡了，但仍然觉得又冷又饿。第二天，人们才发现他们二人冻死了。从那以后"腊八，腊八，冻死一家"的民谣就传开了。每逢腊八这天家家都熬腊八粥，让全家汲取腊八一家的教训，勤俭持家，劳动致富。为了记取懒的教训，叫人千万别忘了勤快节俭地过日子，从那以后，每逢农历腊月初八那天，人们就吃用五谷杂粮混在一起熬成的粥，因为这一天正是腊月初八，所以人们都叫"腊八粥"。

腊八节的传说故事很多版本，流传最广泛的，最被认可的一种传说是牧女乳糜救佛祖。这一传说被认为是腊八节由来的传说中最为真实的一个。

传说佛祖释迦牟尼成佛前，因不忍看着众生经历生老病死之苦，离开了自己的宫殿，修行入道，但是释迦牟尼苦苦修行多年仍然一无所获。一天他想到河中沐浴，清醒一下头脑，沐浴过后却因身体羸弱，无力爬回岸上。

这时一位牧女从旁边经过，将他拉上岸，牧女的名字叫苏耶姐，即为善生的意思，苏耶姐给他了一碗用米、栗等熬的粥。佛祖吃后精力充沛，来到菩提树下幡然觉悟。这一天恰巧是农历十二月初八。

从此以后，佛门弟子将腊八这一天称为"佛成道节"，同时在腊八节这一天，将粥视为良药，寺庙每年在腊八这天以粥供佛，并向世人布施。受此影响，我国民间也逐渐形成了腊八节吃粥的习俗。

灶王爷的传说

腊月二十三是客民习俗中的小年，也被称为祭灶节、灶王节。灶王爷要上天向玉皇大帝禀报人间善恶，到除夕夜再返回灶底，奉旨赏善惩恶，或赐福或降灾。家家户户要打扫得干干净净，供上灶糖，给灶王爷吃了嘴甜甜的，好让他"上天言好事，回宫降吉祥"。

灶王爷是级别最低的神仙，但他深入千家万户，千百年来，民间流传着很多关于灶王爷的传说。

民间流传着这样一个故事：说是古代有一户姓张的人家，兄弟俩，哥哥是泥水匠，弟弟是画师。哥哥拿手的活是盘锅台，东街请，西坊邀，都夸奖他垒灶手艺高超，方圆千里都尊称他为"张灶王"。他还能帮助垒锅台人家调解家庭矛盾，左邻右舍有了事都要找他。张灶王七十岁寿终正寝，正好是腊月廿三深夜。

张灶王一去世，张家就乱了套。原来张灶王是一家之主，家里事都听他吩咐。大哥离开人间，弟弟只会诗书绘画，虽已花甲，却管不了家人。有一天，他想出了个好点子。在腊月廿三张灶王亡故一周年的祭日，深夜里，画师忽然呼叫着把全家人喊醒，说是大哥显灵了。他将儿子媳妇全家老小引到厨房，只见黑漆漆的灶壁上，飘动着的烛光若隐若现显出张灶王和他已故的妻子的容貌，家人都惊呆了。

画师说："我刚刚梦见大哥和大嫂已成仙，玉帝封他为'九天东厨司命灶王府君'。你们平素好吃懒做，妯娌不和，不敬不孝，闹得家神不安。大哥知道你们在闹分家，很气恼，准备上天禀告玉帝，年三十晚下界来惩罚你们。"儿女佺媳们听了这番话非常惊恐，立即跪地连连磕头，忙取来张灶王平日爱吃的甜食供在灶上，恳求灶王爷饶恕。从此以后，经常吵闹的叔伯兄弟和媳妇们再也不敢撒泼，全家和睦相处，老少安宁度日。

其实，腊月二十三日夜晚灶壁上的灶王爷、灶王奶奶，都是画师预先绘制好的。他假借大哥显灵来吓唬儿孙们，万万没有想到此法如此灵验。所以，当乡邻们前来画师家打探情况时，他只好假戏真做，把事先画好的灶王爷像分送给左邻右舍。这样一来，灶王爷显灵之事很快传遍全国，家家户户的灶房里都贴上了灶王像。随着岁月流逝，就形成了腊月二十三给灶王爷上供，送灶王升天，除夕夜迎灶王回家，祈求灶王爷保护合家平安的习俗，一直延续至今。

第十一章 歌谣唱词

婚庆类

· 撒帐歌（之一）

新娘子房似天堂，红绫被子双对双；
一对枕头并排放，新郎新娘坐床上。
叫白兰，喊秀芳，手拿银盆来撒床：
一把撒的长命富贵，二把撒得金玉满堂；
三把撒得状元及第，四把撒得四季如意；
五把撒得五子登科，六把撒得禄禄大顺；
七把撒得七子团圆，八把撒得八仙过海；
九把撒得九世同堂，十把撒得十全十美。
撒帐撒到东，买田置地好几冲；
撒帐撒到南，早生贵子中状元；
撒帐撒到西，恩爱偕老好夫妻；
撒帐撒到北，掀了草屋盖瓦屋；
富贵双全幸福多，全家欢乐多祥和。

· 撒帐祝词（之二）

一进新房喜洋洋，恭喜新郎和新娘。
全套嫁妆摆满屋，金光闪闪报吉祥。

一报荣华共富贵，二报金玉铺满堂。
三报三元早及第，四报龙凤配成双。
五报贵子登金榜，六报松鹤共青长。
七报七七多长寿，八报八马转回乡。
九报夫妻同到老，十报全家享安康。

二进新房喜洋洋，我为新人来撒帐。
撒帐上，上有明月照高堂。
撒帐下，下有龙凤呈吉祥。
撒帐左，左有财宝涌进屋。
撒帐右，右有麒麟送子忙。
撒帐东，福如东海长流水。
撒帐西，鸳鸯枕上恩爱长。
撒帐南，寿比南山松不老。
撒帐北，百鸟都来朝凤凰。
撒四方，四方亲友来贺喜。
发步花钱还帮忙，今晚又来闹洞房。
洞房三天无老少，多谢新娘子茶烟糖！

·撒帐祝词（之三）

一进新房喜洋洋，东家请我来撒床。
举目抬头四下望，看见门帘真漂亮。
高挂门帘五尺五，上面绣的是鸳鸯。
低挂门帘三尺长，上绣牡丹配凤凰。
掀开门帘往里望，新人房里放豪光。
左边放的油漆柜，右边又放百宝箱。
上沿放的象牙床，做工精细又漂亮。
象牙床，造得美，四只金砖支床腿。
象牙床上红罗帐，帐子挂在金钩上。
象牙床上红绫被，搁在床的正中央。
还有一对鸳鸯枕，搁在两头靠床帮。

一铺新草铺新床，二配新娘和新郎。

瞧荷花，看海棠，你拿金斗我撒床。

头把撒的是长命富贵，

二把撒的是金玉满堂。

三把撒的是三得济，

四把撒的是四如意。

五把撒的是五子登科，

六把撒的是王母娘娘堂前坐。

七把撒的是夫妻团圆，

八把撒的是父母双全。

九把撒的长久富贵，

十把撒到床里边，

生个儿子做高官。

拍拍斗，拍拍床，过年生个状元郎。

四个角一摸，五子登科；

四个角一按，个个状元。

一把栗子一把糖，撒得儿女跑满床。

接着再撒一把枣，完亲就抱白胖小。

再撒花生一大把，又生妹头又生伢。

黑女白伢，都来吃我的栗子核桃枣。

撒床已了，白头到老。

这个彩，唱得好，

东家的一份喜钱少不了。

·送房歌（之一）

送房送到房门前，看见新房花门帘；

上绣鲤鱼龙门跳，早生贵子作状元。

走进新房亮堂堂，新娘房里好嫁妆；

大橱小橱来成对，一对椅子配成双；

红漆踏板雕花床，绣花枕头七彩被；

床上睡着状元郎，好好一个状元郎。

麒麟送子到府上，好男要送送五个；
好女要送送一双，五男二女生得全；
府上金龙配凤凰，凤凰就把金龙配；
恩恩爱爱传佳话，千年夫妻万年郎。

三哥在京为驸马，四哥殿点状元郎；
五哥生得年纪小，独坐书房念文章；
六妹千金仪表好，七妹做了正宫娘。
（演唱者：永阳街道石巷社区王朝晋）

·送房歌（之二）

双拜堂，进洞房，亲朋喝彩；
大家女，知礼节，可敬可爱。
学圣贤，读四书，经纶满怀；
夫今日，小登科，挂灯结彩。
子异日，大登科，八扶八抬；
宰一省，众黎民，人人爱戴。
三年后，迁调任，双亲健在。
千人上，一人下，权揽四海。
七十载，归田园，福寿无灾；
十个男，十个女，绕膝称怀。
（演唱者：永阳街道石巷社区王朝晋）

·送房歌（之三）

手捧花烛亮堂堂，我送新人进洞房；
一步走来二步行，穿过花厅到厅堂。
三步接着四步行，走了一厅又一厅；
五六两步并着迈，我送新人进房来。
七步八步来得快，喜灯喜烛台上摆；

九十双步彩云开，天仙送子下凡来。
送来好男有五个，送来好女又一双；
五男二女大团圆，荣华富贵万万年。

· 送房歌（之四）

鞭炮响，锣鼓鸣，贵府人人喜开怀；
金漆大门八字开，高高兴兴走进来。
走一进，又一进，当中一个大天井；
天井桂花满园栽，树大根深家旺财。
家旺财，贺喜来，喜灯喜烛喜花开；
喜花开在喜堂屋，喜席排排堂前摆。
喜富贵，喜万全，喜子喜孙喜万代；
喜娘房内贴喜字，跟我进房看仔细。
进喜房，亮堂堂，姑娘嫂子让一旁；
各路神仙来报到，要叫喜娘哈哈笑。
哈哈笑，真热闹，喜娘抿嘴不敢笑；
樱桃小嘴瓜子脸，乌云盖顶细眉毛。
遍绫罗，呱呱叫，婷婷袅袅细柳腰；
腰间系条金丝带，百里挑一世上少。
世上少，真是好，媲美西施赛二乔；
花容月貌人人夸，神仙也想瞧三瞧。
龙凤呈祥梳妆台，罗纱帐里美娇娘。
美娇娘，蛮大方，拿了喜烟又拿糖；
恭喜喜娘发大财，养个儿子状元郎！
（演唱者：永阳街道石巷社区王朝晋）

· 嫁姑娘哭嫁娶

一把花苗帚，
一送去，一送来。
东边姐姐要家来，
大哥接去接不来，

要姆妈亲娘花轿子去抬。

一抬抬到半路上，打盏火，照照头，
头上有只鸡冠花，打盏火，照照脚，
脚上有只牡丹花，姆妈亲娘花轿子抬回家。
拜大哥，大哥耕田不放犁；
拜小哥，小哥写字不放笔；
拜大嫂，大嫂织布不放梭；
拜小嫂，小嫂挑花不放针；
拜姆妈，姆妈牵起围腰哭起来；
拜爹爹，爹爹摸摸胡子笑颜开。

·坐嫁仪

一杯酒来敬公婆，孝顺公婆媳妇活；
古人行大孝，万古千秋名儿多。
二杯酒来敬丈夫，夫妻恩爱同偕老；
尊父母，敬哥嫂，和睦相处莫争吵。
三杯酒来敬四邻，早晚相见亲如宾；
远亲不如近邻好，婚丧喜庆都来到。
（演唱者：永阳街道石巷社区王朝晋）

·看新娘

树从脚跟起，先看新娘子脚板底；
左边脚底一枝花，右边脚底一颗胜：
大胜带小胜，妈妈带子孙。
新娘子，满头花，乌头黑发好鲜花；
金簪子，银耳扒，耳朵尖尖鸡冠花；
梳油头，戴翠花，嘴咬胭脂金磨花；
夏布褂子白莲花，八幅罗裙撒金花；
鞋口狗牙跷挂花，推开房门玉簪花；
脚踩跳板四边花，点了灯盏灯芯花；

再点上蜡烛蜡梅花，鸳鸯枕头戏荷花；
床上被单白映花，水竹簪子万子花；
联夏布帐子牡丹花，帐子流苏蔷薇花；
床里边，海棠花，墙脚跟头葡萄花。
新娘子生得真不差，赛过当年樊梨花。
（演唱者：永阳街道石巷社区王朝晋）

·拜堂歌

今日喜字挂厅堂，全家上下喜洋洋；
美男佳女结良缘，龙凤相配成鸳鸯。
尊长亲朋堂上坐，和合神仙笑呵呵；
今朝双双来拜堂，喜钱撒在喜堂上。
一拜天地同日月，二拜灶爷和家堂；
三拜祖先家兴旺，四拜公婆福寿长。
五拜家公和家婆，六拜舅舅和舅娘；
七拜哥嫂自家人，八拜亲眷朋友们。
九拜夫妻情谊重，十拜麒麟送子来；
新郎新娘龙凤配，早生贵子状元郎。

建房类

·暖梁

黄道吉日喜洋洋，锣响炮鸣敬天堂。
万宝楼中一炷香，一缕香烟升天堂。
查司行君抬头望，独有名主造楼房。
太白金星来张奏，玉皇大帝递文章。
鲁班仙师下天堂，垒墙竖架建华堂。
仙师指导选好梁，提栋梁来说栋梁。

栋梁制造在何方，生在中国大宝钢。
钢筋水泥当主梁，坚固耐用万年长。

本寄主梁三杯酒，仙师提酒下天堂。
第一杯酒寄梁头，子子孙孙中诸侯。
第二杯酒寄梁腰，子子孙孙穿玉袍。
第三杯酒寄梁尾，子子孙孙留美名。
大厦落成多恭喜，祝东家荣华富贵，万万年！

·拉梁词

天门开，天门开，鲁班仙师下凡来。
左缠三转生贵子，右缠三转考状元。
栋梁升到半天空，摇摇摆摆像活龙。
自从栋梁登了位，富贵万年财源滚。

·上梁开斗词

日头出来紫金开，我把仙龙请进来。
四大财神送宝来：
大财神送的是一缸金，
二财神送的是一缸银，
三财神送的是摇钱树，
四财神送的是聚宝盆。
（龙斌忠　提供）

·上梁歌（之一）

四方滴酒敬青天，刘海也来轧神仙。
左手托出太平钱，右手刘海戏金蟾。
一戏万年富，二戏万年兴，
三戏黄金铺满地，四戏地里铺金银。
太平福字落在金砖地，荣华富贵万万年。
一股香，七尺长，拜拜鲁班去上梁。

脚踏富贵地，手擎楠木紫金梯。

脚踏楼梯步步高，手折花树采仙桃。

采只仙桃何处用？今日上梁献蟠桃。

·上梁歌（之二）

脚踏云梯步步高，一对和合神仙往上跷。

一头往东跷，一头往西跷，代代儿孙戴纱帽。

手拉金绳提金梁，金梁抬头如凤凰。

凤凰不落无宝地，个个出在贵府上。

手拿大斧亮旺旺，我帮主家上新梁。

金镶玉，屋金墙，下磨地面乌金磉。

楠木柱子柏木梁，根根瓦檩赛檀香。

上面盖的金镶瓦，太阳一出放毫光。

主家府堂盖的宽，里面住的文武官司。

主家府堂盖的深，里面住的文武臣。

清早起来三通鼓，炮响三声开府门。

包子抛到东，代代儿孙在朝中。

包子抛到南，子子孙孙中状元。

包子抛到西，代代儿孙穿朝衣。

包子抛到北，代代儿孙在朝国。

·上梁歌（之三）

日出东方喜气洋，东家请我来上梁。

脚踏楼梯朝上升，好似登上紫金城。

门前既拴高头马，屋前又竖状元坊。

高头马来状元坊，子子孙孙状元郎。

手提金绳系金龙，摇摇摆摆半空中。

我问金龙哪里去，一心要登紫微官。

两条金龙盘玉柱，两只凤凰栖当中。

凤凰不落无宝地，诸侯出在你府中。

红色绫子绿色绸，披红挂绿好兆头。

多子多福又多寿，大富大贵度春秋。
脚踏楼梯步步高，手提花篮采仙桃。
仙桃采在花篮里，脱掉破衣换紫袍。
福锤一打应四方，东家请我造楼房。
前后两进高三丈，中间左右两厢房。
前进一造金银库，后进又造玉米仓。
金银库装无价宝，玉米仓中万担粮。

·上梁歌（之四）

手拿金绳吊金龙，
摇摇摆摆半空中。
金龙今欲去何处，
匍匐老板屋正中。

·整梁

一代斧擂出金鸡叫，
二代斧擂出凤凰飞。
三代斧、四代斧，
代代儿孙穿朝服。

·接宝

爷爷接宝笑嘻嘻，
好像当年郭子仪。
郭子仪、郭子仪，
代代儿孙穿朝衣。

奶奶接宝笑呵呵，
八片罗裙着地拖
左一拖、状元窝，
右一拖、子孙多。
爷爷挂拐棍，

奶奶揽子孙，
牵牵啦啦一大堆。

老板接宝笑盈盈，
接宝来年造长厅。
左一厅，右一厅，
当中一个大天井。

小老板接宝劲头足，
接宝回家快上学。
学习成绩考第一，
以后定能上大学。

板奶奶接宝笑哈哈，
抬人待客都不差。
又拿烟来又倒茶，
花生瓜子朝外拿，
里里外外一把抓。
人人夸她一枝花。

众亲接宝快点来，
八路神仙都有宝。
亲友接回家中去，
来年一定发大财。

·抛馒头

馒头抛到东，买田买一冲。
馒头抛到南，发财开当铺。
馒头抛到西，代代穿朝衣。
馒头抛到北，全家都享福。

生产类

·插秧忙

太阳一出红满天，肩挑秧苗到田间。
人勤春早插秧早，社员个个笑颜开。
水中彩云映笑脸，你追我赶干得欢。
山歌阵阵传天外，幸福苗儿栽满园。
栽了一冲又一畈，千亩良田绿浪翻。
春风送来百花香，今年又是丰收年。

（演唱人：陈东　采录人：刘绍来）

·十二月生产歌

正月里来是新年，全国人民笑开颜，跨入新一年。
二月里来是花朝，春耕生产掀高潮，打响头一炮。
三月里来是清明，培育壮秧要认真，丰收有保证。
四月里来四月八，整好秧田把肥下，抓紧把秧插。
五月里来是端阳，丰收小麦一片黄，日夜收割忙。
六月里来是伏天，薅秧锄草汗不干，再累心也甜。
七月里来七月七，多积肥料铲草皮，秋播不着急。
八月里来是中秋，金山银山报丰收，集中收好秋。
九月里来是重阳，秋耕秋种日夜忙，打好这一仗。
十月里来小阳春，三秋任务快完成，植树又造林。
冬月里来大雪飘，农田管理要搞好，来年收入高。
腊月里来腊月八，总结经验定规划，来年绽新花。

（演唱人：傅善银　采录人：胡庆海）

放牛伢对歌

小伢小伢你莫回，我出对子你来对；
叫我莫回就莫回，你出对子我就对。

哪家茄子二斤半？哪家韭菜二尺长？
哪个看过白苍蝇？哪个见过红螳螂？

张家茄子二斤半，李家韭菜二尺长，
万岁爷看过白苍蝇，放牛伢见过红螳螂。

什么穿白又穿黑？什么穿的黑锅铁？
什么穿的黄皮袄？什么头上三点血？

鸦雀穿白又穿黑，老鸦穿的黑锅铁，
狐狸穿的黄皮袄，野鸡头上三点血。

什么叫叫叫上天？什么叫叫在水边？
什么叫叫上街买？什么叫叫在面前？

天麻雀叫叫叫上天，蛤蟆叫叫在水边；
喇叭叫叫上街买，公鸡叫叫在面前。

什么出来尖对尖？什么出来两面掀？
什么出来捶打捶？什么出来放响鞭？

牛角出来尖对尖，牛耳朵出来两面掀，
牛腿出来锤打锤，牛尾巴出来放响鞭。

什么做窝做的高？什么做窝半中腰？
什么做窝在地表？什么做窝一条糟？

227

鸦雀做窝做得高，斑鸠做窝半中腰，
野鸡做窝在地表，兔子做窝一条槽。

什么出来双对双？什么出来摆四方？
什么出来中间坐？什么出来桂花香？

筷子出来双对双，酒杯出来摆四方。
菜碗出来中间坐，酒壶出来桂花香。

什么尖尖翘上天？什么尖尖漂水边？
什么尖尖上街买？什么尖尖在面前？

龙尾巴尖尖翘上天，菱角尖尖漂水边，
剪刀尖尖上街买，小脚尖尖在面前。

什么圆圆升上天？什么圆圆在水边？
什么圆圆上街卖？什么圆圆在面前？

月亮圆圆升上天，荷叶圆圆在水边。
烧饼圆圆上街卖，马篮圆圆在面前。

什么坐东又坐西？什么坐在古庙里？
什么坐在金銮殿？什么打鼓响天地？

太阳坐东又坐西，菩萨坐在古庙里。
皇帝坐在金銮殿，雷公打鼓响天地。

什么有嘴不说话？什么无嘴叫喳喳？
什么有腿不走路？什么无腿行天下？

菩萨有嘴不说话，锣子无嘴叫喳喳。

台子有腿不走路，太阳无腿行天下。

什么开花开得高？什么开花水中漂？
什么开花节节高？什么开花结银桃？

葵花开花开得高，菱角开花水中漂。
芝麻开花节节高，棉花开花结银桃。
（演唱人：永阳街道东庐王笪里村　王玉上）

·棉花歌

正月里来初几头，锣鼓喧天闹啾啾，
三兄四弟来商量，多种棉花少种豆。
二月里来暖洋洋，吩咐小郎下棉秧，
人家下了千百亩，我家棉籽挂高粱。
三月里来天气长，吩咐小郎去打宕，
打了十宕九宕空，天干日子补空宕。
四月里来麦草黄，吩咐小郎锄棉秧，
深深锄泥浅浅口，锄得草泥翻跟头。
五月里来遇黄梅，十天倒有八天阴，
叫声天公不要下，下得棉花黄蔫蔫。
六月里来似火烧，烧得棉花拦头焦，
叫声天公打个暴，赛如小郎挑油浇。
七月里来棉花青，吩咐小郎去打头，
打了正头冒杈头，从根结果到梢头。
八月里来花正开，大风大水落下来，
叫声天公不要下，打得棉花不敢开。
九月里来天气好，手拎花篮不敢采，
采得棉花篮里放，满心欢喜歌声高。
十月里来上高叉，一面出籽一面花，
弓槌弹得梆梆响，纺纱车里出细纱。
冬月里来上高机，织布娘子笑嘻嘻，

一天织了三丈八，全家大小换新衣。

腊月来来上高楼，收布客人听从头，

棉花不是容易长，从早忙到落日头。

（演唱人：东屏街道丽山村　丁公宝、丁道凤）

·放牛伢家苦歪歪

放牛伢家苦歪歪，半夜三更爬起来。

开开前门黑洞洞，开开后门雨蒙蒙。

摸到笠帽没有顶，拿起蓑衣没有领。

牵出牛来慢慢走，一脚高来一脚低。

走到前山狼又嚎，走到后山虎又啸。

上山放牛下山来，饿着肚皮往家跑。

端起饭碗冷冰冰，拿双筷子水淋淋。

夹起咸菜几根根，伴着眼泪肚里吞。

（演唱人：东屏街道丽山村　丁公宝、丁道凤）

·十二月放羊

正月放羊正月正，辞罢爹娘动了身。

羊儿赶在前面走，奴家抓棍后头跟。

二月放羊是新春，百样草儿往上升。

羊儿不吃东山草，赶到西山吃竹青。

三月放羊三月三，奴家放羊绣牡丹。

牡丹绣在荷包上，看花容易绣花难。

四月放羊四月八，奴家放羊代剥麻。

瞧着瞧着天黑了，手上还有一大把。

五月放羊端午节，糯米粽子蘸糖吃。

人家端阳多热闹，奴家放羊不得歇。

六月放羊三伏天，奴家热得汗淋淋。

羊儿热得不吃草，奴家急得心发毛。

七月放羊七月七，牛郎织女配夫妻。

二人相会在鹊桥，奴家隔田隔沙滩。

八月放羊是中秋，高山水向低处流。
变成小溪归大河，大河奔海有源头。
九月放羊重阳节，奴家放羊山上歇。
人家姑娘做针线，奴家忙得没空学。
十月放羊冬月冬，百样草儿又冒青。
羊儿赶得满山跑，奴家拿棍两不应。
冬月放羊冬月冬，天天刮起西北风。
冻得羊儿不吃草，冻得奴家脸通红。
腊月里来腊月腊，家家户户把羊杀。
杀了罢来杀了罢，奴家今生不放它。
（演唱人：东屏街道丽山村　丁公宝、丁道凤）

·十二月打铁

张打铁，李打铁，打把剪子送姐姐。
姐姐留歇我不歇，我到家堂学打铁。
打铁打到正月正，家家门口跳龙灯。
打铁打到二月二，家家门口龙抬头。
打铁打到三月三，三只喜鹊戏牡丹。
打铁打到四月四，一个零钱四个字。
打铁打到五月五，买个猪头过端午。
打铁打到六月六，蚊子咬掉我的肉。
打铁打到七月七，拔根羊毛做支笔。
打铁打到八月八，又杀鸡来又杀鸭。
打铁打到九月九，拽个肥猪往家走。
打铁打到十月朝，去赶庙会好热闹。
打铁打到冬月冬，寒风四起天地冻。
打铁打到腊月八，菜豆瓜枣煮腊八。
（演唱人：东屏街道丽山村　丁公宝、丁道凤）

·渔家生来爱船网

早踩露水晚顶霜，一年到头浪里闯。

虾兵蟹将统统管，胜过东海老龙王。
渔家生来爱船网，渔家日脚靠船舱。
船是粮来网是碗，有粮有网有指望。
鱼儿蹦蹦进了网，虾儿跳跳进了舱。
鱼虾不嫌渔家苦，装满船舱好度荒。
船儿最怕暗礁撞，网儿最怕刺槐桩。
渔家最怕三眼浪，渔霸水匪刮民党。
渔家最怕黑心狼，砸船戳网一扫光。
船通网破怎得了？渔家生活泪汪汪。
渔家命苦眼发黄，度日如年捱辰光。
铁树都有开花时，石榔何时把头纺。
早盼星星落船舱，晚盼月亮照渔网。
早飘云来晚作霞，渔家何时得解放！
（演唱人：东屏街道丽山村　丁公宝、丁道凤）

·长工四季歌

春季里来雨绵绵，扛着犁耙去耕田，
从早做到天乌黑呀！
苦呀苦，长工生活真可怜。
夏季里来热难当，车水栽秧忙又忙，
浑身皮肉都晒黑呀！
苦呀苦，长工生活不如马牛羊。
秋季里来秋风凉，金黄谷子挑上场，
东家稻谷堆满仓呀！
苦呀苦，长工家里空荡荡。
冬季里来下雪天，辛辛苦苦做一年，
两手空空回家转呀！
苦呀苦，长工家中冷灶膛。
（演唱人：东屏街道丽山村　丁公宝、丁道凤）

·织围腰

一织梅花坐当堂，二织杏花白似霜。
三织桃花满树红，四织杨梅紫汪汪。
五织榴花笑开嘴，六织荷花登彩楼。
七织菱花铺水面，八织桂花香喷喷。
九织菊花蕊头黄，十织芙蓉小阳春。
样样花色都织到，再织百鸟朝凤凰，
儿织围腰娘围身，儿报亲娘养育恩。
（演唱人：东屏街道陈家棚子 陈瞎子）

劝世类

·十劝郎（孟姜女调）

一劝我郎莫赌博，聚众赌博害处多。
输了银钱当家产，再输就要卖老婆。
二劝我郎少喝酒，是酒里面三分毒。
纵是朋友攀住了，少饮几杯该如何。
三劝我郎莫抽烟，抽烟害处大无边。
年轻你还不觉得，老来咳嗽气管炎。
四劝我郎莫骂人，人人都是父母生。
污言秽语伤和气，骂人等于骂自身。
五劝我郎莫行恶，行恶没有好结果。
纣王行恶失天下，项羽煮爹将颈割。
六劝我郎讲文明，办事待人笑吟吟。
你敬人尺人敬丈，"你好""谢谢"讲斯文。
七劝我郎莫护短，缺点错误敢承认。
早日改好进步快，自古世上无完人。

八劝我郎莫懒身，居家最怕懒汉人。
一日三餐茶饭菜，全是汗水浇灌成。
九劝我郎行孝心，尊老敬贤人尊敬。
董永卖身葬家父，感动仙女来配婚。
十劝我郎要正经，莫做眠花宿柳人。
喜心厌旧搞腐化，人家骂断脊梁筋。

·老来难

老来难啊老来难，劝人别把老人嫌。
当初俺嫌别人老，如今轮到俺头前。
千般苦啊万般难，听我从头说一遍。
耳聋难与人说话，七差八错惹人烦。
雀朦眼儿似鳔沾，鼻泪长流擦不干。
人到面前看不准，常拿李四当张三。
年轻人们笑话俺，说俺糊涂又装蒜。
亲友老幼人人恼，儿孙媳妇个个嫌。
牙齿掉光口流涎，硬食难嚼囫囵咽。
一口不顺就噎住，卡在嗓眼憋红脸。
憋得头晕脸色变，眼前生死两相间。
儿孙不给送热水，反说老人口头馋。
鼻孔烂漏流脓水，常常流到胸膛前。
茶盅饭碗人人腻，席前陪客个个嫌。
光头秃子头顶寒，凉气吹的脑袋酸。
冷天睡觉常戴帽，被子蒙头怕气钻。
侧身睡觉翻身难，浑身疼痛苦难言。
盼天早明睡不着，一夜拉撒七八遍。
既怕夜长又怕寒，时常受风疾病缠。
年老肺虚常咳嗽，一口一口吐黏痰。
亲生儿女都嫌俺，说俺邋遢不像前。
老成这样还不死，看你还活多少年。
双脚木麻腿又酸，行走坐卧处处难。

拄棍挪动不几步，上床如同登山难。
有气无力好忘事，常把初二当初三。
想起前来忘了后，颠三倒四惹人烦。
老来苦来说不尽，好儿好女应细参。
谁人不是父母生，谁人永世是华年。
对老人啊莫嫌弃，人生到老有几年。
日月如梭催人老，个个都有老来难。
今天你不敬老人，明朝叫你难上难。
劝君好好敬老人，尊敬老人美名传。

·劝世文

正月迎春花正生，劝人儿女孝上人；
人人都把儿女养，养儿育女读书人。
儿子要报父母恩，女儿要把父母敬；
房上滴下廊檐水，落地不差半毫分。

二劝杏花照早春，夫妻和气过光阴；
有缘千里来相会，无缘对面不相逢。
妻财子禄前生定，切莫错怪别的人；
命好不到穷家来，命孬难进富家门。

三劝桃花红到根，媳妇孝婆要真心；
婆婆待媳亲生女，媳妇孝婆当母亲。
十年媳妇十年婆，再歇十年做太婆；
孝顺公婆年年顺，门口大树好歇荫。

四劝梨花一朵英，隔壁邻居要同心；
邻居同心不吵架，淘米洗菜照应门。
倘若小人来嚼舌，各搀儿女回家门；
不要再吵把气生，打骂小人吓坏人。

五劝栀子花芳心，劝人姑嫂要齐心；
姑娘勤理尊重嫂，嫂嫂宽心对姑娘。
姑娘做事不要犟，在家都要依爹娘；
姑娘要听爹娘话，嫁出闺门讲道理。

六劝荷花吉利生，奉劝世上种田人；
少年种田要用力，必定换来好收成。
清早起来做到晚，省得拿钱佣旁人；
你帮人家春头上，人家还你六月心。

七劝菱花吉利开，富人不可笑穷人；
哪会穷人穷到底，哪有发财发到根？
世上有穷亦有富，世上有富就有穷；
贫穷富贵天下多，不可嫌穷爱富人。

八劝桂花正当生，三兄四弟要齐心；
兄弟同心家兴旺，叔伯和气家不分。
兄弟三人一条心，门口黄土变成金；
张公九代家不分，满朝文武定乾坤。

九劝菊花层层黄，人到中年望儿郎；
三十无儿平平过，四十无儿冷清清。
五十无儿无人问，六十无儿断了亲；
七十无儿孤零零，八十无儿苦伤心。
有儿无钱不为苦，有钱无儿空费心；
人家儿子苦大了，当家立业事事兴。

十劝梧桐层层低，善人就怕恶人欺；
人欺只要天不欺，人容恐怕天不容。
马背栽下英雄汉，监牢坐的是坏人；
虎头刀下杀强盗，善人不进牢房门。

冬劝雪花白玉霜，奉劝世上读书郎；
少年读书要用心，必定后来有功名。
读书要把龙门跳，脱掉蓝衫换紫袍；
有朝一日考中了，爹娘老师好功劳。
哪家文章要你做？哪家文章万里飘？
宰相文章要你做，孔夫子文章万里飘。

腊劝蜡梅正当生，老少诸位都来听；
听了没有旁的事，修子修孙好福气。
一修眼睛都明亮，二修身体多健康；
三修儿女多孝顺，四修媳妇贤德仁。
五修家中桩桩有，六修儿女好书文；
七修买田又置地，八修瓦屋造高厅。
九修子孙多兴旺，十修老两口永不分；
中央有道安民乐，今日唱的是"太平春"。
（演唱者：永阳街道石巷社区 王朝晋）

颂古类

·古人十岁歌

哪吒一岁会走路，老君二岁上山修。
孔子三岁拜了师，神童五岁私塾熟。
罗城四岁哭幽州，包公六岁中了举。
李存孝七岁打老虎，二郎八岁海上游。
孙膑九岁读兵书，关老爷十岁读春秋。
（收集人：溧水区白马镇共和社区 张国安）

·十二古人歌（之一）

正月里来喜洋洋，甘罗十二为丞相，
吕布十二戏貂蝉，刘秀十二走南阳。
二月里来龙拍头，七郎八虎闻南州，
金沙滩上双龙会，六郎困在三关口。
三月里来三月三，秦琼救驾临山，
薛仁贵救驾泥河，胡敬德驾御花园。
四月里来秧儿青，朱洪武坐镇南京城，
安邦治国多智谋，多亏军师刘伯温。
五月里来是端阳，把守三关杨六郎，
手下还有两虎将，多亏焦赞和孟良。
六月里来月儿明，夜打登州小罗成，
孟州城里打个探，瓦岗寨上头一名。
七月里来七月七，纣王娶了苏妲己，
自从听信妲己语，黄家父子反西岐。
八月里来八月末，太公钓鱼在渭河，
武王打柴长街卖，多亏姜尚救他活。
九月里来菊花黄，孟姜女千里送衣裳，
哭断长城八千里，不见丈夫万喜良。
十月里来小阳春，唐僧八戒和沙僧，
花果山上孙悟空，师徒四人去取经。
冬月里来雪满天，七姐私自下了凡，
七姐下凡配董水，夫妻百日又上天。
腊月里来一年整，杨宗保招了穆桂英，
樊梨花许配薛丁山，王金龙招了玉堂春。

·十二月古人歌（之二）

正月里来正月正，朱皇帝登基南京城。
前朝军师胡大海，后朝军师刘伯温。
二月里来龙抬头，王三姐抛彩球在高楼。

文武百官千千万，彩球落在薛郎手。
三月里来三月三，昭君娘娘去和番。
舍不得大汉真天子，声声哭出雁门关。
四月里来养蚕忙，姑嫂二人去采桑。
遇到崇王来打猎，抢到山上做娘娘。
五月里来是端阳，武松醉酒到山岗。
一拳打死猛老虎，五湖四海把名扬。
六月里来热难当，李三娘受苦在磨房。
白天挑水无数担，晚上推磨到天亮。
七月里来入秋凉，刘秀七岁出南阳。
姚期马武双保驾，二十八宿来帮他。
八月里来是中秋，隋炀帝乘船到扬州。
贪心只把琼花看，万年江山一旦丢。
九月里来菊花黄，包老爷陈州去放粮。
男女老幼成千万，齐夸清官包丞相。
十月里来十月朝，曹操带兵战马超。
马超本是西凉将，投奔刘备去反曹。
冬月里来冬月冬，薛仁贵领兵去征东。
救了唐王真天子，回头枪挑小青龙。
腊月里来过年忙，孟姜女为夫送寒装。
千里乌鸦来领路，哭倒长城望喜良。
（演唱人：永阳街道东庐王笪里村　徐良清）

·十二月英雄歌

正月里来正月正，革命烈士邱少云，
烈火烧在他身上，为救战士舍自身。
二月里来风光好，革命烈士罗盛教，
为救朝鲜小儿童，天寒地冻把江跳。
三月里来是清明，江姐重庆闹革命，
可恨叛徒蒲志高，出卖革命罪不饶。
四月里来麦穗黄，革命烈士黄继光，

舍身挡住机枪口，打贩美国野心郎。

五月里来是端阳，学习雷锋好榜样，

忠于人民忠于党，毛主席话儿记心上。

六月里来是骄阳，革命烈士刘胡兰，

面对铡刀无所惧，献身革命名远扬。

七月里来秋风凉，革命烈士刘志丹，

陕北老区闹革命，一枝半枪打江山。

八月里来雁南飞，革命烈士董存瑞，

手托炸药桥头堡，誓把敌人都报销。

九月里来菊花香，皖南事变第一枪，

叶挺遇难千古冤，丧心病狂国民党。

十月里来小阳春，革命烈士方志敏，

百般引诱冷眼对，高官厚禄不动心。

冬月里来冬月冬，革命烈士许云峰，

受苦受难三年整，立场坚定稳如钟。

腊月里来雪花飘，赵一曼啊女英豪，

为救国难抗倭寇，凛然正气冲九霄。

（演唱人：永阳街道东庐社区王笪里　徐良清）

· 王祥卧冰

太阳出来金晃晃，听我唱个小王祥；

三岁死了生身父，九岁照应老亲娘。

老娘得病在牙床，问娘可想什么尝?

红枣稀饭娘不吃，生姜熬茶娘不尝。

睡到五更后半夜，躺在被窝闻鱼香。

王祥听到这句话，慌慌忙忙穿衣裳。

手拿钥匙去开箱，拿上小钱十五双。

头阵出了家门口，二阵来到大街上。

东街跑到西街里，南街跑到北街上。

大街小巷全跑遍，没有鲜鱼在市上。

王祥心急如火烧，慌慌忙忙河边跑。
刚刚到了河东边，一头撞见打渔郎。
打渔郎啊打渔郎，可有鲜鱼在船上？
渔郎歇脚开言骂：骂声王祥马大哈。
河上冰冻三尺厚，哪有鲜鱼在市上？
等到明年春三月，不要你钱送几筐。
王祥开言来对答：骂声渔郎好心肠？
等到明年春三月，十个老娘死五双。
王祥心里更着急，慌慌忙忙往家跑。
一直来到家门口，洗洗小手去烧香。
上拜天，下拜地，再拜东海老龙王
王祥有心来孝母，乞求鲜鱼变冰上。
你若无心搭救我，宁愿冻死在冰上。
王祥卧在冰冻上，焐了三天带三夜。

王祥卧在冰冻上，悟了三天带三夜。
冰寒刺骨身冻僵，鲜鱼没得把泪咽；
王祥开言又说话，再求鲜鱼在冰上。
龙王这回开口讲：我是下江老龙王；
跟我一阵到下江，弄串鲜鱼回家乡。
王祥听了这句话，换换湿衣整整装；
跟着龙王到下江，一串鲜鱼带家乡。
大刀切，棋子块，小刀切，柳叶长。
放在锅里滚三滚，香气扑鼻喜心上。
勺子盛，花碗装，乌木筷子拿一双；
黑漆托盘捧上去，喊声老娘喝鲜汤。
头一口，香喷喷，第二口，大变样；
三口四口吞下肚，老娘病好起牙床。
昨天老娘牙床睡，今儿老娘精神爽；
数数猪，猪成对；数数羊，羊成双；
口口声声夸不尽，养儿要学小王祥。